Martia Nelson

Lebe dein Wahres Selbst

Martia Nelson

Lebe dein Wahres Selbst

HANS-NIETSCH-VERLAG

Übersetzt aus dem Amerikanischen
von Marita Böhm

Titel der Originalausgabe:
COMING HOME: The Return to True Self
© 1993 by Martia Nelson
All rights reserved
Translation rights arranged with
Nataraj Publishing, CA, USA

Deutsche Ausgabe:
© 1999 by Hans-Nietsch-Verlag
Alle Rechte vorbehalten

Lektorat: Martina Klose
Umschlaggestaltung: Peter Krafft, Designagentur, Bad Krozingen
Satz und Innengestaltung: Hans-Nietsch-Verlag
Druck: FINIDR s. r. o., Český Těšín

Hans-Nietsch-Verlag, Poststraße 3, D-79098 Freiburg
Internet: www.nietsch.de

ISBN 3-929475-83-9

In Liebe und Dankbarkeit
meiner Mutter Virginia
und Mrs. Tate
gewidmet

Danksagung

———————— ◆ ————————

Aufs herzlichste danke ich meinem Freund Satyen dafür, daß er mir den Anstoß dazu gab, mit diesem Buch anzufangen. Ich bin Mary Wyman, Carole Savoy, Siculi Deerfoot und Linda Thomas zutiefst dankbar für ihre Unterstützung und ihre Rückmeldungen in den Anfangsphasen; eure Ermutigung gab mir das nötige Selbstvertrauen, um weitermachen zu können. Zusätzlich möchte ich Linda Thomas meinen Dank dafür aussprechen, mir über den Ruf der Freundschaft hinaus großzügig am Computer beigestanden zu haben. Sue Brown, Karen Koshgarian, Stella Rhodes, Judy Norton, Brad Clark, Ginny Clark, Stephen Francis Martineau, Tom Swindell, Padi Selwyn, Denise Gardner und Barbara West danke ich für ihre wohlwollende und aufschlußreiche Kritik an meinem Manuskript.

Meinem Vater Bill danke ich dafür, daß er da war, wann immer ich seine Unterstützung brauchte. Bob Cronbach, ich schätze die unzähligen Gaben, die mir durch deine Gegenwart während dieses ganzen Projekts zuteil wurden. Und ich danke euch, Shakti Gawain und Manuela Adelman, für eure Freundschaft und euer ungebrochenes Vertrauen in meine Arbeit.

Meinen Lektoren Hal Zina Bennett, Leslie Keenan und Janet Mills sowie Katherine Dieter, Marcus Allen, Jane Hogan und Jim Burns gilt meine tiefe, dankbare Anerkennung für die Sorgfalt und Aufmerksamkeit, die sie in dieses Buch legten.

Ich möchte mich besonders bei meinen Klienten und Schülern bedanken, denn ihr alle habt mich gelehrt. Ich bin dankbar für euer Vertrauen und daß ihr mir die Ehre erwiesen habt, die Herausforderung, Schönheit und wertvolle Verwundbarkeit der menschlichen Rückkehr zum eigenen Selbst in einer solchen Tiefe miterleben zu dürfen.

INHALT

Einstimmungen und Meditationen

Um den theoretischen Stoff so praktisch und brauchbar wie möglich zu machen, sind im Buch zahlreiche Einstimmungen und geführte Meditationen zu finden. Zur schnellen Übersicht sind sie hier aufgeführt. Nehmen Sie sich bei der Arbeit mit diesen Anleitungen die schöpferische Freiheit, sie je nach Ihren Bedürfnissen und dem, was für Sie wahr und wichtig ist, abzuändern.

VORWORT

———————— ◆ ————————

Es ist mir eine große Freude, Martia Nelson als Rednerin, Leiterin von Workshops und Beraterin zu empfehlen. Ihre besondere Gabe besteht darin, Menschen zu helfen, ihr Wahres Selbst zu erkennen – das höhere, authentische Selbst, zu dem sie den Kontakt dadurch verloren haben, daß ihre Identität ihr ganzes Leben lang von der familiären und kulturellen Programmierung verformt wurde. Wenn Martia Menschen hilft, sich mit ihrem Wahren Selbst wiederzuverbinden, ist es so, als würden sie das reine Herz und die reine Seele ihres Wesens zurückgewinnen.

Martia besitzt die ungewöhnliche Gabe, zu erkennen, was Menschen über sich selbst wissen müssen, und ihnen diese Erkenntnisse voller Mitgefühl und Klarheit zu vermitteln. Sie begleitet sie auf ihrem Weg, wenn sie die ihnen innewohnende spirituelle Natur sowie ihre wahren Begabungen und aufrichtigen Wünsche wieder entdecken. Viele Menschen machen dabei die Erfahrung, daß ihre Selbstliebe und ihr Selbstverständnis zunehmen und sie sich frei fühlen, neue Entscheidungen zu treffen, die ihrem Leben Liebe, Bedeutung und Erfüllung wiedergeben.

Was Martia uns hier schenkt, ist lebendig und kraftvoll. Es gelingt ihr, ihr Wissen sowohl Anfängern wie auch fortgeschrittenen spirituellen Suchenden nahezubringen, und sie holt Menschen da ab, wo sie gerade stehen. Sie vereinigt Prinzipien aus verschiedenen spirituellen Traditionen und wendet diese auf die Probleme an, denen wir im Alltag gegenüberstehen. Erlebt man Martia bei einem Vortrag oder Workshop, so erwärmt man sich schnell für ihr sympathisches Wesen und öffnen sich dem, was sie anbietet.

Ich lernte Martias Arbeit vor über zehn Jahren kennen, und von Anfang an beeindruckte mich ihre Klarheit und Weisheit. Im Laufe der Jahre habe ich miterlebt, wie sie eine außergewöhnliche Verbindung mit der höheren Führung aufbaute und die Fähigkeit entwickelte, komplizierte spirituelle Prinzipien in praktischer und brauchbarer Form mitzuteilen.

Ich persönlich ziehe großen Nutzen aus Martias Beratungssitzungen, und meine Seminare werden in hohem Maße bereichert, wenn sie als Gastrednerin an ihnen teilnimmt. *1993 veröffentlichte ich dieses Buch in den USA, denn ich halte ihre Arbeit für so wertvoll, daß ich sie so vielen Menschen wie möglich zugänglich machen möchte.* Ich weiß, daß Menschen auf die von Martia Nelson angebotene Hilfe und Inspiration warten, und ich kann Sie nur dazu ermuntern, mit ihr Verbindung aufzunehmen.

Shakti Gawain

VORWORT ZUR 3. AUFLAGE

———————— ◆ ————————

Das Wahre Selbst ist unser Geist-Bewußtsein. Manchmal als das „Höhere Selbst" oder die „innere Gottheit" bezeichnet, ist es der Aspekt in jedem von uns, der bedingungslos liebevoll und mitfühlend ist und das vollständige Bild desjenigen wahrnimmt, der wir sind, und auch das, worum es in unserem Leben geht. Das Ich-Bewußtsein ist unser Ego, das begrenzte Selbst, das sich in der Kindheit entwickelte, um uns die Anpassung an die physische Welt und eine Umgebung zu erleichtern, die Gefahr, Angst, Schmerz und Einsamkeit enthält. Wir brauchen diese beiden wunderbaren Aspekte des Selbst: Das Ego lenkt unseren Instinkt um des Überlebens willen, und das Wahre Selbst trägt unsere Blaupause für unsere ureigene Entwicklung in sich.

In der Vergangenheit war das Ego am Ruder gewesen, weil Fragen des Überlebens im Brennpunkt unseres Lebens standen. Jetzt finden wir uns als Individuen und als Kultur an einem bedeutsamen Wendepunkt wieder: Wir sind nicht länger damit zufrieden, nur zu überleben, wir wollen uns in unserer inneren und äußeren Welt entfalten. Wir wollen unsere alten Kämpfe ums Überleben durch fruchtbare Eigenschaften wie Ausgeglichenheit, Kreativität, Vitalität, Freude und Wohlbefinden ersetzen. Kurzum, wir wollen, daß sich unser spirituelles Potential auf eine Art und Weise manifestiert, die einen echten Unterschied in unserem alltäglichen Leben ausmacht.

Eine solche Entwicklung ist möglich – in der Tat sie ist sogar unsere Bestimmung! Damit diese Entwicklung vom Überleben hin zur wahren Entfaltung von Erfolg gekrönt wird, müssen wir uns dem Wahren Selbst als unserem Führer zuwenden. Wenn wir ein Ohr nach innen richten, wird das Wahre Selbst uns sagen, wer wir wirklich sind, uns einen größeren spirituellen Kontext unseres Lebens zeigen und uns mit Weisheit und Unterstützung Schritt für Schritt zu dem hinführen, was wir gerade brauchen.

Die Stimme meines Wahren Selbst hörte ich zum erstenmal 1984, als eine gesundheitliche Krise und ein plötzlicher Berufswechsel mein spirituelles Erwachen auslösten (*Lebe dein Wahres Selbst* beginnt mit dieser Geschichte). Mein Leben brauchte dringend eine neue Richtung und einen Sinn, aber mein Ich konnte mir dabei nicht helfen. Als ich mich nach innen wandte, sprach mein Wahres Selbst – und ich hörte zu. Seither höre ich immer zu.

Ich bezeichne die Stimme des Wahren Selbst als „innere Führung" und halte sie für den wichtigsten Lehrer, den ich je hatte. In *Lebe dein Wahres Selbst* findet sich ein großer Teil der lebensverändernden Informationen, die ich von dieser inneren Quelle zwischen 1984 und 1993 empfing. Nach der Veröffentlichung dieses Werkes – in den Jahren 1994 bis heute – kamen neue Informationen aus meinem Inneren hoch, wann immer ich darum bat. Diese habe ich auf Kassetten festgehalten, welche über mich erworben werden können.

Die meisten dieser Kassetten sind Aufzeichnungen meiner Seminare, wobei vermerkt ist, ob es sich dabei um eine Diskussionen, einen Austausch oder Vorträge handelt. Vorträge beziehen sich auf Situationen, in denen ich die innere Führung speziell nach einer umfassenderen Sicht der Themen fragte, die wir zu ergründen suchten; ich teilte den Teilnehmern die neuen Informationen laut mit, sobald ich sie von innen empfing. Jedesmal waren wir alle tief beeindruckt davon, wieviel wir auf diese Weise lernten und wie geeignet die Informationen für unser Leben waren.

Ich arbeite in ähnlicher Weise, wenn ich Menschen, die einen hilfreichen, umfassenderen Blick auf die persönlichen und spirituellen Bereiche ihres Lebens werfen wollen, individuelle Readings gebe.

Zusammen bewegen wir uns in einen neuen Grenzbereich des Bewußtseins hinein. Dieser ist ein tieferes, immer feiner werdendes Gewahrsein unserer selbst und der Welt. Indem wir lernen, das Feine wahrzunehmen und das Wahre Selbst zu erkennen, können wir uns immer weiter entwickeln. Meine Readings und Kassetten sind mein Beitrag zu unserem gemeinsamen Lernen. Ich hoffe, sie geben Ihnen die Informationen, auf die Sie gewartet haben.

Ich wünsche Ihnen freudige Entdeckungen!

Martia Nelson

Einführung

Das Leben kann, selbst wenn die besten Umstände vor-
zuliegen scheinen, zuweilen schmerzhaft, entmutigend
und einsam oder vielleicht einfach nur leer sein. In einer
solchen Situation fällt es Ihnen leicht zu denken, daß etwas
mit Ihnen oder dem Leben nicht stimmt. Vielleicht glauben
Sie, daß Sie Ihren Schmerz, Ihre Einsamkeit oder Ihren
Kummer hinter sich bringen müssen, wenn Sie einen Weg
des persönlichen oder spirituellen Wachstums beschreiten
wollen, weil dies keine *spirituellen* Merkmale sind.

Lebe dein Wahres Selbst soll Sie trösten und beruhigen,
indem es Ihnen zeigt, *daß Sie in Ordnung sind, so wie Sie
sind.* Sie müssen denjenigen, der Sie sind, nicht verändern,
damit Sie das Glück finden, nach dem Sie sich sehnen, und
es Ihnen endlich gutgeht. Sie müssen lediglich lernen, einen
tieferen Aspekt Ihres Wesens – Ihr Wahres Selbst – zu
erkennen, und dann werden Sie feststellen, daß Ihr Glück
und Ihr Wohlergehen schon immer vorhanden gewesen
sind und auf Sie gewartet haben.

Manchmal klingt es wie eine schlechte Nachricht, wenn
Sie hören, daß Ihr Glück in Ihnen liegt. Vielleicht sagen Sie:
„Wenn Glückseligkeit in mir wäre, hätte ich sie inzwischen
bestimmt gefunden!" Oder: „Ich *fühle* mich nicht glücklich.
Was nützt mir inneres Glück, wenn ich es nicht fühlen
kann?" Oder: „Glückseligkeit in mir? *Wo?*" Wenn inneres
Glück derart schwer faßbar zu sein scheint, könnte der
Gedanke reizvoller sein, daß etwas Greifbareres, wie z. B.
mehr Geld zu verdienen oder die richtige Beziehung zu finden, Sie glücklich machen würde. Oder daß Sie vollkom-
mener werden, wenn Sie Ihre „Fehler" loswerden und
„positivere" Charakterzüge entwickeln. Aber bei einer solchen Denkweise ist die Enttäuschung vorprogrammiert.
Solange Sie nicht Ihre innere Quelle des wahren Glücks finden, werden Ihre Bemühungen, Glück in der äußeren Welt

zu finden, fruchtlos sein oder nur vorübergehenden Erfolg zeitigen. Ihr inneres Glück sollte das Fundament sein, das alle äußeren Quellen des Glücks in Ihrem Leben trägt. Ohne dieses Fundament werden Beziehung, finanzieller Erfolg oder sogar Ihre Selbstentfaltung Sie schließlich enttäuschen oder ihre Aufrechterhaltung wird allzuviel Mühe erfordern, wenn sie lohnenswert sein soll.

Wie können Sie inneres Glück finden, das echt und zuverlässig genug ist, um die Grundlage für all das Wunderbare zu werden, das Sie sich in Ihrem Leben wünschen? Dieses Buch ist die Landkarte, die Ihnen helfen soll, Ihr Wahres Selbst oder Geist-Bewußtsein zu entdecken und zu lernen, das angeborene Glück und Wohlergehen zu leben, das Ihr Wahres Selbst in sich trägt. Damit Sie dieser Karte folgen können, werde ich Sie mit zehn machtvollen Schritten vertraut machen. Jeder Schritt ist sowohl praktisch als auch spirituell. In der Tat ist diese Verbindung von praktischer Anwendbarkeit und Spiritualität der Schlüssel zum Erfolg dieser Schritte. Während Sie jeden einzelnen Schritt gehen, werden Sie zwei energiereiche, vorher getrennte Aspekte Ihres Seins – Ego und Geist – nehmen, sie betrachten, ihre wertvollen Eigenschaften bestimmen und sie schließlich in Ihre Lebensweise aufnehmen. Diese Integration verändert Ihr Leben! Sie läßt Ihre Wurzeln wieder in das innere Glück und die Stabilität hineinwachsen, die Sie vorher nicht mehr spürten. Sie erweitert Ihre Lebenserfahrung über alle vorherigen Grenzen hinaus.

Fortan werde ich auf das Alltags-Selbst oder Ego als das „Ich-Bewußtsein" verweisen. Um den Grund dafür zu verstehen, stellen Sie sich eine Gruppe Ihrer Freunde vor, die Ihnen sagen, daß sie sich mit Ihnen über Ihr Ego unterhalten wollen. Achten Sie darauf, während Sie sich diese Situation vorstellen, wie Sie sich fühlen. Fühlen Sie sich sicher und beruhigt, daß die Unterhaltung Sie mit dem Gefühl, akzeptiert und genährt zu sein, zurückläßt. Oder fühlen Sie sich nervös und auf der Hut? Fürchten Sie, kritisiert oder falsch beurteilt zu werden? Die meisten von uns werden aus der Angst heraus, kritisiert zu werden und zu hören, daß sie sich ändern müssen, sofort in Alarmbereitschaft versetzt. Der Grund dafür ist, daß wir unserem Ego nicht vertrauen.

Tatsächlich sind wir soweit gekommen, unser Ego für etwas Negatives zu halten, etwas von unserem Geist völlig Getrenntes und etwas derart Problematisches, daß es unser spirituelles Wachstum blockiert. Wir denken, unser Ego sei selbstgefällig oder ichbezogen. Wir sind zu der Überzeugung gekommen, daß wir unser Ego, um spirituell wachsen zu können, überwinden oder abschwächen – oder zumindest verbergen – müssen. Einige spirituelle Schulen haben uns gelehrt, daß unser Ego uns davon abhält, Fortschritte auf unserem spirituellen Weg zu machen, daß wir über unser Ego hinausgehen müssen, um Erleuchtung zu erlangen. Was glauben Sie, wie sich unser Ego angesichts dieser negativen Botschaften fühlt? Klingt es wirklich plausibel, daß es uns zur Erleuchtung führen wird, wenn wir unser Ego ablehnen, ausschließen oder nicht beachten? Wenn wir in Betracht ziehen, daß Erleuchtung ein Zustand ist, der auf unbegrenzter Liebe und unentwegter Anerkennung *aller* Dinge basiert, einschließlich aller Aspekte unseres eigenen Wesens, können wir den Trugschluß in diesem Gedanken, daß die Ablehnung irgendeines unserer Aspektes uns dorthin bringen wird, erkennen. Dann können wir vielleicht unsere Ansichten über unser Ego entschärfen. Wir können unser Ego als Teil des gesamten, göttlichen Wesens, das wir sind, akzeptieren und Zuneigung zu ihm empfinden.

Daher werde ich also ab jetzt den Begriff „Ich-Bewußtsein" verwenden, um uns allen die so nötigte Pause von der unwillkürlichen Selbstverurteilung zu gönnen, die das Wort *Ego* auslösen kann. Auf diese Weise können wir, indem wir neugierig auf uns selbst sind und Zuneigung für uns selbst empfinden, Fortschritte machen, während wir die Beziehung zwischen unserem Ego und unserem Geist erforschen. Wir werden außerdem feststellen, daß wir, indem wir uns dem Geist öffnen, spontan mehr Zuneigung und Wertschätzung für unser Ego und die Arbeit, die es für uns verrichtet, empfinden.

Wahrscheinlich hat, daß Sie Ihr Ich und Ihren Geist als getrennt voneinander erfahren, Ihnen mehr Leiden bereitet, als Ihnen bewußt ist. Tatsächlich *ist* Ihr Ich der Teil Ihrer selbst, der leidet. Es ist der Teil Ihrer Psyche, der sich entwickelt hat, um Ihnen zu helfen, die Probleme des physischen und psychologischen Überlebens, mit denen Sie in Ihrer ganzen Kindheit konfrontiert wurden, zu meistern. Weil sich Ihr Ego entwickelt hat, um Ihr Überleben zu sichern, ist es der Teil von Ihnen, dessen Wirklichkeit auf Überlebensfragen wie Angst, Unsicherheit und Trennung basiert. Es gibt sein Bestes, um Sie in einer Welt zu beschützen, die es für gefährlich, schwierig und begrenzt hält. Aber die Sicht Ihres Ich-Bewußtseins ist kurzsichtig und bruchstückhaft, und es nimmt zu jeder Zeit nur einen Teil des Bildes wahr, so daß ihm die größere Perspektive des Lebens immer entgeht. Daher ist Ihr Ich nicht Ihre Quelle von Inspiration, Kreativität, Verbundensein oder Frieden. Diese umfassenden Eigenschaften – zusammen mit anderen wie bedingungslose Liebe, Mitgefühl, höhere Führung, Weisheit, Behagen, Heilung und unerschütterliches Wohlbefinden – entspringen Ihrem Geist, den ich als das *Wahre Selbst* bezeichne.

Wenn Sie wie die meisten Menschen sind, werden Sie wahrscheinlich die meiste Zeit von den Ängsten und Bedürfnissen des Ego angetrieben, um dann in nur kurze, möglicherweise seltene Ruhepausen der spirituellen Inspiration und des Wohlergehens zu fallen. Spirituelle Befähigung tritt ein, wenn Sie das Ich und den Geist nicht länger als getrennt, als sich abwechselnd erfahren, sondern in der Lage sind, die beiden zusammenzubringen. Diese Integration bringt die umfassenden Eigenschaften des Geistes in die vorderste Linie in Ihrem Leben, wo sie alltäglich aktiviert werden und sich manifestieren, indem sie die Struktur Ihrer Arbeit und die Qualität Ihrer Beziehungen gestalten. Dann ist das Leben weder überwältigend noch reizarm, sondern Sie sind mit jedem Tag belebt und bereichert, was auch immer passieren mag. Das Vertrauen in Ihre Fähigkeit, leidenschaftlich und wahrhaftig zu leben, wächst. Anerkennung für sich selbst und andere stellt sich auf natürlichere Weise ein. Ihnen fällt auf, daß Sie einen viel größeren Spielraum als menschliches Wesen haben, als Sie jemals für möglich gehalten haben.

Eine solche Integration entsteht nicht durch die Kontrolle oder die Unterdrückung des Ich, sondern dadurch, daß es befreit und in die liebevollen Arme des Geistes gelegt

21

wird. Der Geist ist dazu bestimmt, dem Ich ein liebender Vater/eine liebende Mutter zu sein, es zu führen und zu lehren, es daran zu erinnern, daß ein größerer, bedeutungsvollerer Kontext des Lebens existiert, als derjenige, den das Ich zu erkennen vermag. Das Wahre Selbst ist der Aspekt Ihres Wesens, welcher Geist ist, doch zugleich ist es etwas, das Sie vielleicht noch kaum kennen oder dem Sie kaum glauben. Ihre Sehnsucht, um den Sinn Ihres Lebens zu wissen, ist eine Sehnsucht danach, Ihr Leben durch die Augen des Wahren Selbst zu sehen – so daß Sie ohne Zweifel wissen können, daß Sie in diese Welt gehören und einen wertvollen Platz in ihr einnehmen.

Den meisten von uns zerreißt unser Gefühl der Trennung von Geist und höherem Zweck das Herz. Wir wissen, daß der Geist existiert, aber wir spüren ihn nicht. Wir wissen, daß unser Potential größer ist, als wir es gewöhnlich erleben, aber wir haben keine Ahnung, wie wir darauf zugreifen können. Ich habe dieses Buch in dem Wissen geschrieben, daß viele Menschen mit dieser Spaltung zwischen Ego und Geist kämpfen, ohne sich bewußt zu sein, was mit ihnen geschieht oder wie sie es überhaupt benennen sollen. Diese Spaltung ist eine Kluft innerhalb unseres Gewahrseins, die bewirkt, daß wir uns allzusehr mit der materiellen Welt identifizieren und ohne Kontakt zu der uns innewohnenden spirituellen Natur sind. Weil unsere Gesellschaft uns über diese Spaltung im unklaren hält, erkennen wir oft nicht die persönliche Krise, die sie bewirken kann. Für viele von uns beginnt der Schmerz in Form von vagen Empfindungen, daß in unserem Leben etwas fehlt; wir fühlen uns in unseren beruflichen Tätigkeiten ausgebrannt, in unseren Beziehungen unzufrieden, oder vielleicht können wir nicht einmal bestimmen, was uns eigentlich bedrückt.

Ich glaube, daß für die meisten von uns der Schmerz über unsere innere Spaltung auf einer sehr subtilen Ebene beginnt und sich dann über die Jahre zu einer Krise aufbaut. Gesundheitsprobleme können auftreten. Beziehungen können zugrunde gehen. Wir können uns in unseren beruflichen Tätigkeiten gefangen fühlen. Selbst wenn wir immer noch nicht verstehen, was unser Leben zerrüttet, so fangen wir doch an zu erkennen, daß wir den Weg, den wir eingeschlagen haben, nicht weitergehen können. Wenn wir Glück haben, befinden wir uns an einem Wendepunkt, wo wir uns einer Wirklichkeit bewußt werden, die über das hinausgeht, was wir als unser Alltagsbewußtsein akzeptiert haben. Wir spüren, daß das Leben mehr in sich birgt, und wir werden neugierig.

Vielleicht wissen wir zunächst nicht, wie wir über die höhere Wirklichkeit sprechen sollen. Wir können unschlüssig sein, ihre Existenz anzweifeln und uns dann wieder zu ihr hingezogen fühlen. Während wir uns weiter vorwärts wagen, lesen wir vielleicht Bücher oder besuchen einen oder zwei Vorträge. Dabei hören wir Begriffe wie *Intuition*, *höhere Führung* und *bedingungslose Liebe*. Wenn wir daraufhin nach Definitionen suchen, erhalten wir Antworten, die uns noch mehr verwirren. Doch zugleich fühlt sich trotz alledem etwas an diesen neuen Ideen richtig an und ermuntert uns dazu fortzufahren, wie verwirrend und verrückt es auch sein mag.

Dieses Buch soll ein Führer sein, der Ihnen den Weg in eine Tiefe des Selbst weist, wo Sie Ihren wahren Erfolg und Ihr wahres Glück finden können. Wenn die Selbsterforschung Neuland für Sie ist, werden Sie innere Ressourcen entdecken, die Sie sich nie hätten träumen lassen. Wenn Sie ein erfahrener Suchender sind, wird dieses Buch Sie inspirieren und Ihr Leben noch mehr bereichern. Um den größtmöglichen Wert aus der Lektüre dieses Buches zu ziehen, empfehle ich Ihnen, eine Gesprächsrunde mit Menschen ins Leben zu rufen, die sich für die Entfaltung ihres Potentials interessieren. Ermutigen Sie sie dazu, sich regelmäßig zu treffen und dieses Buch Kapitel für Kapitel zu besprechen. Teilen Sie Ihre Ideen, Erfahrungen, Schwierigkeiten und Inspiration miteinander. Nehmen Sie Unterstützung und Bestätigung an, während Sie wachsen und Ihr Leben sich erweitert. Die Gründung dieser Art kleiner spiritueller Gemeinschaft kann die Integration des Gelernten in Ihr Leben in hohem Maße fördern.

Über einige der zehn Schritte, die ich Ihnen anbiete, werden Sie vielleicht verwundert sein – nicht weil sie hart oder erschreckend sind, sondern weil sie ganz im Gegenteil allzu sanft zu sein scheinen, um eine Wirkung zeitigen zu können. Bei den zehn Schritten wird großer Wert darauf gelegt, die Eigenschaften zu kultivieren, die zu ignorieren, abzulehnen oder in den Hintergrund zu schieben wir unser ganzes Leben lang geschult wurden, in dem Glauben, sie wären zu schwach, zu unstrukturiert oder zu vertraulich, um uns zum Erfolg zu führen. Tatsächlich können wir zu der Auffassung erzogen worden sein, daß einige dieser Eigenschaften, wie z. B. Selbstliebe oder Emotionen, unser Verderben sein könnten.

Wenn wir „an uns arbeiten", sind wir es gewohnt, daß man uns sagt, was mit uns *nicht* stimmt, und uns dann eine bittere Pille zu schlucken gibt, indem man uns beispielsweise wissen läßt, daß wir hart daran arbeiten müssen, um uns selbst oder unsere Bedingungen zu ändern. Wir sind es nicht gewohnt, daß man uns sagt, daß an uns überhaupt nichts auszusetzen sei, wir uns selbst vertrauen können und daß wir tatsächlich wunderbarer sind, als wir es uns je vorgestellt haben. Und wir sind es gewiß nicht gewohnt, zu hören, daß der Schlüssel zu echtem Erfolg in unseren sanftesten persönlichen Eigenschaften liegt – wie etwa unserer Freundlichkeit, unserer Zärtlichkeit, unserer Liebe, unserem Mitgefühl, unserem Nähren und unserer Intuition – oder daß er in etwas so Verschwommenem und Esoterischem wie unserer Einheit mit allen Dingen und allen Wesen liegt. Aber gerade auf diese Themen werde ich in *Lebe dein Wahres Selbst* eingehen. Und auf andere. Zudem werde ich Ihnen zeigen, wie Sie diese Informationen nutzen können, um in Ihrem Leben größeres Glück und größeren Erfolg herbeizuführen.

Es kann Ihnen schwerer fallen, zu lernen, von den zehn Schritten Gebrauch zu machen, als Sie sich jetzt vorstellen, weil Sie vielleicht einige Ihrer Annahmen darüber, was das Leben einer Person wirklich erfolgreich macht, überprüfen müssen. Kulturelle Werte haben in uns die Überzeugung wachsen lassen, daß Erfolg in erster Linie an greifbaren äußeren Leistungen gemessen wird – wie etwa guten Zensuren in der Schule, an die sich berufliches Weiterkommen und finanzielle Sicherheit anschließen – und daß Erfolg erzielt wird, indem man sich auf starke Eigenschaften wie

Ehrgeiz, Logik, Geschicklichkeit und zielgerichteten großen Fleiß konzentriert. Uns wurde außerdem beigebracht, uns immer nach vorne zu orientieren und niemals daran zu denken, daß es nützlich sein könnte, abgelenkt zu werden, zurückzufallen oder festzusitzen. In dem selteneren Fall, daß das, was wir in unserem Inneren erreicht haben, als wichtig angesehen wird, findet dies dann die größte Hochschätzung, wenn es darum geht, innere Disziplin aufzubringen, um Emotionen zu beherrschen oder zu verneinen, Verwundbarkeit zu verbergen oder eine „positive" Haltung bei der Bewältigung von Krankheit, Leid oder Verlust zu nutzen.

Was wir im traditionellen Sinne erreicht haben, gibt uns einen Maßstab, an dem wir den Erfolg messen können, der darauf basiert, gut für das Überleben zu sorgen, was gewöhnlich bedeutet, die offensichtlichsten Bedürfnisse des Ich zu befriedigen und seine Ängste zu überwinden. Die westliche Kultur hat uns zu verstehen gegeben, daß uns das glücklich machen wird, so daß wir uns dafür am meisten angestrengt haben. Aber ungeachtet dessen, was wir erreicht haben, stellt sich bei vielen von uns das Gefühl ein, daß das Leben, so wie wir es strukturiert haben, zu sehr eingeengt und eingeschränkt ist. Wir fühlen uns enttäuscht, entmutigt, erdrückt, festgefahren, unerfüllt. Wir wissen, daß etwas fehlt, aber was?

Die einfache Wahrheit ist, daß uns das Überleben nicht länger ausfüllt: Wir wollen uns entwickeln und entfalten, wissen aber nicht, wie wir das anstellen sollen. Unser ganzes Leben lang wurde uns beigebracht, wie wir am besten überleben können. Jetzt stehen wir an einer Schwelle, wo wir diese Fähigkeiten entdecken und beherrschen müssen, um uns wirklich weiterzuentwickeln. Wir wollen, daß unser Leben erfüllt, freudig, beflügelt, schöpferisch, im Gleichgewicht, bedeutungsvoll, vital und nicht mehr einsam ist. Kurzum, wir wollen wahres Glück und wahren Erfolg.

Es sind nicht nur wenige vereinzelte, unzufriedene Menschen, die so empfinden. Die gesamte westliche Kultur steht an dieser herausfordernden Schwelle und ringt damit, den Weg zu finden, um voranzugehen. Wir befinden uns an einem Wendepunkt in der Evolution, wo es für die Lösung der Weltprobleme erforderlich ist, daß wir den Sprung machen von einer auf das *Überleben* konzentrierten Denkweise, die konkurrenzorientiert ist und Menschen ihrer Umwelt und anderen Menschen feindlich gegenüberstellt, zu einer auf die Entwicklung konzentrierten Denkweise: Diese Weiterentwicklung ist nicht konkurrenzorientiert und verbindet individuelles Wohlergehen mit kollektivem Wohlergehen als höchstem Wert.

Wie wird unsere Kultur diesen Sprung machen? Wir selbst werden ihn machen, einer nach dem andern, wobei jeder einzelne von uns wahres Glück und wahren Erfolg in seinem Leben findet, bis ein bestimmter Grenzwert erreicht ist und diese Weiterentwicklung zur kulturellen Norm wird. Und wie können wir diese neue Form von Glück und Erfolg finden? Dafür müssen wir uns dem Geist-Bewußtsein zuwenden. Der Geist oder das Wahre Selbst in jedem von uns trägt gerade die Eigenschaften in sich, nach denen wir streben, und kann unser Leben in einen Raum verwandeln, in dem wir uns wirklich entfalten können.

Auf den folgenden Seiten gehe ich mit Ihnen Wege, um in diesen neuen Raum zu gelangen und sowohl Klarheit als auch Vertrauen in Hinblick darauf zu finden, was es bedeutet, wenn wir beginnen, ein erfüllteres Leben zu leben. Letztlich soll dieses Buch uns helfen, die beiden Welten – die Wirklichkeit des Ego und die des Geistes –, die unsere Kultur getrennt gehalten hat, zusammenzuführen, damit unser Leben reicher und voller werden kann. Ich zeige auf, daß wir uns, indem wir das Ego bereitwillig annehmen, zugleich über es hinausbewegen und, indem wir uns der höheren Führung des Wahren Selbst bedienen, unserem Leben Bedeutung, Sinn und Leidenschaft zurückgeben.

Bei der Lektüre von *Lebe dein Wahres Selbst* können Emotionen an die Oberfläche treten, die Sie vielleicht noch nicht gänzlich erforscht oder von denen Sie überhaupt nichts gewußt haben. In diesem Fall geben Sie gut auf sich acht, und verschaffen Sie sich eventuell erforderliche Unterstützung. Vielleicht möchten Sie mit engen Freunden oder mit einem Seelsorger sprechen. Sie könnten sich überlegen, sich einer Selbsthilfegruppe anzuschließen oder einen guten Therapeuten zu suchen, der Sie durch die Welt Ihrer Gefühle begleiten kann. Reagieren Sie feinfühlig auf

Ihre Bedürfnisse. In Zeiten des Wandels ist es unbedingt erforderlich, Trost und Unterstützung von vertrauenswürdigen Quellen zu erhalten. Es wird Sie befähigen, sich inmitten schnellen Wachstums zu festigen und sich tieferen Erfahrungsebenen zu öffnen, wenn Sie eine stabile, gesunde Person um sich haben, die Ihnen Sicherheit geben kann.

Damit es Ihnen leichter fällt, neue Informationen in die Praxis umzusetzen, finden Sie in diesem Buch *Meditationen* und Übungen, die ich *Einstimmungen* nenne. Bei diesen Einstimmungen handelt es sich um Methoden, die Ihnen helfen, Ihr Gewahrsein zu lenken, während Sie Ihren täglichen Aufgaben nachgehen – Methoden, mit denen Sie sich auf eine höhere Wirklichkeit einstimmen können, gerade wenn Sie auf der Ebene Ihres Alltagsbewußtseins verweilen. Die Meditationen können Sie machen, wenn Sie etwas mehr Zeit haben, um sich der Selbsterforschung zu widmen. Es steht Ihnen frei, die Einstimmungen und Meditationen auf Ihre persönlichen Bedürfnisse abzustimmen, indem Sie Ihre eigene Formulierung, Ihre eigenen Vorstellungen oder das, was Ihnen persönlich am Herzen liegt, verwenden.

Mit Liebe
*Martia Nelson**

---

* Martia wird wie Marscha ausgesprochen

Meine Geschichte

---◆---

ÖFFNUNG

Ich hörte 1984 eine Stimme, die mein Leben veränderte. Es war meine Stimme, aber sie kam von einem Ort tief in meinem Innern, von dessen Existenz ich bis dahin keine Ahnung hatte. Sie sagte mir, daß ich meine arbeitsbesessene Lebensweise aufgeben müsse, wenn ich nicht sterben wolle.

Ich war 34 und hatte mich in den vergangenen zehn Jahren intensiv einer Karriere gewidmet, die ich wirklich liebte. Es war mir gelungen, die Aufgaben als Mitinhaberin einer kleinen Firma, Leiterin eines Zentrums für persönliches Wachstum und als Körpertherapeutin, die Ausbildungskurse gab, miteinander zu verbinden. Aufgrund dieser ungewöhnlichen Arbeitskombination vermochte ich eine ganze Bandbreite meiner Persönlichkeit zum Ausdruck zu bringen: meinen Geschäftssinn, meine Kreativität und meinen Wunsch, mit Menschen auf einer nährenden Ebene zu kommunizieren.

Mir gefiel meine Arbeit sehr, aber ich war von ihr derart abhängig geworden, daß ich sie nicht mehr unter Kontrolle hatte. Ich arbeitete abends und an den Wochenenden, und wenn ich nicht arbeitete, dachte ich über die Arbeit nach. Im Urlaub konnte ich mich nicht mehr entspannen, so daß ich mir keinen Urlaub mehr gönnte. Wenn Freunde anriefen, um sich mit mir zu verabreden, war meine erste Reaktion Verärgerung darüber, daß sie meine Arbeitszeit ungebührlich in Anspruch nehmen wollten. Ich war selten krank, aber ich fühlte mich auch selten gesund. Mir hätte auffallen müssen, daß die Arbeit, der ich mein Leben geweiht hatte, mir inzwischen das Leben entzog. Aber ich machte weiter, bis die innere Stimme sprach und ich imstande war, zuzuhören.

Das geschah in einer Körperarbeit-Sitzung bei Aminah Raheem, meiner ehemaligen Akupressurlehrerin. Angespannt und erschöpft lag ich völlig bekleidet auf Aminahs Massagetisch, während sie behutsam Druck auf mehrere Akupressurpunkte an meinem Körper ausübte, um mir zur Entspannung zu verhelfen. Nach ungefähr einer halben Stunde spürte ich ein Unbehagen, fast eine Angst im Bauch. Aminah legte beruhigend eine Hand auf diese Stelle und fragte: „Was sagt dein Bauch zu dir?"

Zu meiner Überraschung verstand ich die Botschaft meines Bauches sofort. Sie ließ keinen Platz für Fehldeutungen: „Wenn du nicht mit deiner ganzen Arbeit aufhörst und dich auf eine neue Lebensweise einläßt, wirst du sterben." Die Stimme erklärte weiter: „Du bist für eine Arbeit bereit, die dich auf eine tiefere Ebene führt, wo du dich wirklich mit Menschen verbinden kannst. Um diese neue Arbeit zu finden, mußt du alle deine jetzigen Tätigkeiten aufgeben. Du bist so erschöpft, daß du, wenn du damit weitermachst, innerhalb eines Jahres bei einem Unfall ums Leben kommen oder in zwanzig Jahren an Krebs sterben wirst."

In diesem Augenblick erlebte ich zwei ausgesprochen unterschiedliche Reaktionen. Zum einen war ich erschüttert. Ich schluchzte und jammerte, während mein Körper die Wucht der Botschaft spürte. Angesichts der Wirklichkeit des Todes war mein Körper stärker mit Angst und Schmerz erfüllt als mit allem anderen, was ich je zuvor empfunden hatte. Zur gleichen Zeit war ein Ort tief in mir vollkommen still und fühlte sich wohl, unberührt von jeder Emotion. Da gab es keine Sorge, keine Angst, keine Beunruhigung, nichts von alledem. Es war Wohlwollen und Frieden über jeden Schmerz hinaus, den ich je fühlen könnte. Ich erkannte, daß die Botschaft von diesem inneren Kern herrührte und alles, was sie sagte, der Wahrheit entsprach. Dann schloß die Botschaft: „Nur sehr wenige Menschen haben die Gelegenheit, den Beginn ihres Todes mitzuerleben. Du hast die Wahl zu treffen, ob du das auch möchtest."

Erst rückblickend wurde mir klar, daß dies meine erste Erfahrung mit dem Ich oder Alltags-Selbst und dem Wahren Selbst war. Indem ich die Gefühle des Ich wahrnahm, während ich zugleich die höhere Botschaft des Wahren Selbst akzeptierte, traf ich eine Entscheidung, die bis zu dem Augenblick vielleicht die wohlbegründetste meines Lebens war. Nachdem ich diese Sitzung einige Wochen lang bei mir hatte nachwirken lassen, befreite ich mich von allen beruflichen Verpflichtungen.

Diese Entscheidung war ein gewaltiger Sprung ins Unbekannte. Ich hatte keine Ahnung, wie meine neue Arbeit aussehen würde, und so lebte ich über ein Jahr lang im freien Fall. Während dieser Zeit fühlte ich mich oft unsicher und ängstlich, weil ich soviel von meinem „alten" Leben losgelassen hatte. Durch die Aufgabe meiner Arbeit hatte ich auf eine Identität verzichtet, an der ich zehn Jahre lang festgehalten hatte. Monat um Monat verging, und ich hatte keine Vorstellung, wie ich für meinen Lebensunterhalt sorgen sollte. Ich hatte keine Liebesbeziehung, die mir Halt oder Trost geben konnte. Und obwohl ich mehr denn je Unterstützung brauchte, ließ ich alte Freundschaften fallen, bei denen ich das Gefühl hatte, sie würden nicht länger „passen". Es war, als ob alles, was zuvor für mich wirklich gewesen war – oder genauer ausgedrückt, was ich für mich wirklich gemacht hatte – zu nebelös geworden war, um mich daran noch klammern zu können.

Während sich in meiner äußeren Welt ein solcher Wandel vollzog, begann ich den Blick nach innen zu richten – auf die Gedanken, Gefühle und Glaubensvorstellungen, die mich mein ganzes Leben lang angetrieben hatten. Die Einzelheiten dieser inneren Landschaft waren zunächst unscharf, aber ich fühlte mich angezogen, weiterzuschauen. Bald kamen alte Schmerzen hoch, als sich mir meine bedrückendsten Kindheitserlebnisse zeigten, die verzweifelt freigelassen werden wollten. Während ich Erinnerungen an körperlichen Mißbrauch und emotionale Isolation noch einmal durchlebte, wurde ich mit alten Gefühlen der Angst, Scham und Hilflosigkeit überflutet. Wochenlang erinnerte mich ein unerbittlicher Schmerz in der Brust daran, daß ich mich noch immer ungeliebt und einsam fühlte. Mit der Unterstützung erfahrener Körpertherapeuten und Psychotherapeuten und in einsamen Stunden der inneren Auseinandersetzung mit mir bewältigte ich allmählich das, was da vor sich ging. Alle inneren Verletzungen, die mich davon abgehalten hatten, ein in höherem Maße erfüllendes Leben zu führen, forderten jetzt meine Aufmerksamkeit, damit sie geheilt werden konnten. Dieser Prozeß war schmerzlich, erschreckend und zeitraubend, doch zugleich war er wohl der bedeutsamste Abschnitt in meinem Leben.

Mitten in der Suche nach meiner Seele erfuhr ich, daß es eine Frau namens Linda gab, die „intuitive Readings" abhielt: Sie teilte Informationen ihrer höheren Führung mit, um Menschen bei ihrem spirituellen Wachstum zu helfen. In der Hoffnung, eine umfassendere Sicht des Prozesses, den ich gerade durchmachte, zu gewinnen, vereinbarte ich einen Termin bei ihr.

Linda bediente sich einer einfachen Technik: Sie schloß ihre Augen und versank in eine Lichtmeditation. Dabei stimmte sie ihr Bewußtsein auf höhere Führung ein und bat um Liebe und Weisheit. Die Sitzung war faszinierend und ziemlich hilfreich. Ihre höhere Perspektive betrachtete Aspekte meines Geistes, deren Existenz ich bislang nur erahnt hatte, als selbstverständlich, und ich fühlte mich auf einer tiefen Ebene erkannt. Gegen Ende der Sitzung sagte sie mir, daß ich Führung auch direkt empfangen könne, wenn ich wollte. Sie empfahl mir, mich dreimal täglich zehn Minuten lang mit der Absicht, still zu horchen, hinzusetzen.

Der Hinweis, daß ich direkt Informationen von einer höheren Quelle empfangen könnte, überraschte mich. Ich vertrat noch die Ansicht, daß nur sehr wenige Menschen dazu in der Lage wären: diejenigen, die begabt und irgendwie für eine spezielle Arbeit auserwählt waren, und diejenigen, die sich selbst und andere täuschten. Weil ich mich keiner Kategorie anschließen konnte, schloß ich mich selbst automatisch aus.

Durch den Hinweis, daß ich Kontakt zu einer Quelle des erweiterten Wissens und der bedingungslosen Liebe aufnehmen könnte, wurde eine Sehnsucht in mir entfacht, die ich mir nie erlaubt hatte, voll und ganz zu spüren. Einen großen Teil meines Lebens hatte ich mit einer vergrabenen Trauer zugebracht, mit dem Gefühl, daß ich etwas tief im Innern verloren hatte. Dieses Gefühl hatte mit einer schwachen Erinnerung an eine spirituelle Familie zu tun, eine Familie, die über die Menschen, die ich kannte, und sogar über die physische Form hinausging. Diese Familie war meine wahre Quelle, und ich sehnte mich danach, mich wieder mit ihr zu verbinden. Mein Kummer über dieses Gefühl der Trennung überschritt jede Emotion; es war ein spirituelles Heimweh.

Ich verbrachte einige Wochen damit, mich hinzusetzen und zu horchen, wie Linda es mir geraten hatte, machte aber überhaupt keine Fortschritte. Ich fühlte mich entmutigt und enttäuscht. Warum sagte sie mir, daß ich es könnte, wenn das doch nicht der Fall war? Schließlich rief ich sie an und beklagte mich. Nachdem sie mir geduldig zugehört hatte, nahm sie Verbindung mit ihrer Führung auf. „Sie sind noch nicht bereit", meldete sie zurück.

Ich wurde wütend: „Warum haben Sie dann die Hoffnung in mir geweckt, wenn ich nicht bereit bin? Warum haben Sie mir gesagt, daß ich etwas tun könnte, was ich doch nicht kann?" Ich sehnte mich so sehr danach, meine innere Quelle zu erfahren.

„Es liegt nicht daran, daß Sie es nicht können. Sie sind einfach noch nicht völlig bereit, weil Sie irgend etwas blockieren", erklärte Linda behutsam.

Ich wollte gerade sagen: „Ich blockiere überhaupt nichts!" Aber bevor ich die Worte herausbrachte, liefen mir die Tränen übers Gesicht. „Oh, ich weiß, es liegt daran, daß ich umziehen muß", sagte ich Linda. „Wenn ich wirklich zuhöre, ist es offensichtlich, daß mein Höheres Selbst will, daß ich hier weggehe. Ich werde dieses Haus, in dem ich so lange gelebt habe und an dem ich so sehr hänge, verlassen. Ein Zuhause zu haben ist mir so wichtig. Es fällt mir wirklich ungeheuer schwer, zu gehen." Die Barriere war durchbrochen.

WAHRHEIT

Im alltäglichen Leben blockieren wir so oft Dinge, von denen wir aufgrund des Konfliktes, den wir in uns spüren, nichts hören wollen. Aber wenn wir uns an die höhere Führung wenden, fragen wir nach der Wahrheit. In dem Maße, wie wir uns über unsere früheren Begrenzungen hinaus entfalten wollen, sehnen wir uns nach ihr. Aber in dem Maße, in dem wir nach wie vor die Kontrolle über die Einzelheiten unseres Lebens behalten wollen, wehren wir uns auch gegen sie und fürchten ihre Berührung. Wir fühlen uns oft in gleichem Maße von der Wahrheit angezogen, wie wir unseren Widerstand spüren; diese Ambivalenz entsteht, da wir eine Abneigung haben, uns zu entscheiden, ob wir uns selbst unsere Macht zurückgeben oder die Kontrolle behalten wollen.

Wenn die Wahrheit uns berührt, wird sich jede Struktur in unserem Leben, die auf Unwahrheit gründete, zwangsläufig verändern. Als ich die Wahrheit über den notwendigen Umzug zuließ, ermöglichte ich es ihr endlich, mich zu berühren. Mein Haus war mein letzter Halt, mein letztes greifbares Symbol für mein altes Selbst, an das ich mich noch immer klammerte. Indem ich das Haus losließ, erkannte ich, daß die innere Kraft, die mich führte, über meine Kontrolle hinausging, und daß sie über meine Kontrolle hinausging, *war gerade der Grund*, warum sie mich vorwärtstrieb. Ich begriff, daß meine Sicherheit darin bestand, dieser machtvollen Lebenskraft zu vertrauen, und nicht in meinen Bemühungen, sie zu beherrschen.

Mir wurde außerdem klar, daß der höheren Führung zu folgen keineswegs bedeutet, tun zu müssen, was sie uns eingibt. Höhere Führung hat keine eigene Tagesordnung, die es durchzusetzen gilt. Es ist ihre Aufgabe, zu helfen, uns für unsere innere Wahrheit zu öffnen und sie in unser Alltagsleben zu integrieren. Und es ist unsere Aufgabe, unsere Neigung, unsere innere Wahrheit zu leugnen, aufzugeben; nur dann sind wir wirklich frei, ihr zu folgen.

Das Ich und das Wahre Selbst

Im ersten Jahr war mein Kontakt zur höheren Führung wie das Wachstum zarter, junger Schößlinge. Ich fühlte mich verwundbar und ungeschützt und teilte das, was mir widerfuhr, mit sehr wenigen Menschen. Ich hatte Angst, daß man mir nicht glauben würde oder alte Freunde denken könnten, ich sei einer solchen wertvollen Erfahrung nicht würdig.

Ich bat um Beistand in allen Bereichen meines Lebens, und die Antworten waren durchweg hilfreich. Ich erhielt eine tiefere Einsicht in jede Situation, eine Sicht, die erweitert war und einen höheren Zweck offenbarte, als ich mit meiner gewöhnlichen Wahrnehmung zu erkennen imstande gewesen wäre. Am verblüffendsten war: Es stellte sich immer wieder aufs neue heraus, daß nichts in meinem Leben wirklich falsch gewesen war! Es fiel mir schwer, das zu verstehen, weil mein Leben doch so offensichtlich auf den Kopf gestellt zu sein schien und mein Verstand mir ständig einredete, ich sei verloren. Doch die höhere Führung zeigte mir geduldig die Göttlichkeit, die Liebe und die verborgene Ordnung in jeder Situation und führte mich auf diese Weise immer wieder in die Sicht meines Wahren Selbst ein. Mein Herz erkannte diese Wahrheit, und ich begann zu lernen.

Mein größter Lehrer war die Erfahrung, in einer gespaltenen Wirklichkeit zu leben: in der Wirklichkeit des Ich und der des Wahres Selbst. Das Ich ist unser täglicher Begleiter, unser bewußtes Selbst, das die Welt durch die Augen der Einschränkung sieht und uns pflichtbewußt darüber informiert, was wir können und was nicht. Das Wahre Selbst dagegen steht uns geduldig zur Seite und bietet das unerschütterliche Wissen darüber an, daß ein Zustand des kraftvollen Wohlbefindens und der unbegrenzten Möglichkeiten unsere wahre Natur ist – ein Geburtsrecht, das gelebt werden kann, wenn wir es nur wollen.

An dieser Stelle möchte ich erwähnen, daß der Begriff „Wahres Selbst" nicht besagen soll, daß irgendein Teil dessen, wer wir sind, falsch oder unwirklich ist. Alle Aspekte unseres Wesens sind in unserer menschlichen Erfahrung wirklich und wertvoll. Das Wahre Selbst meint lediglich den Aspekt unseres Wesens, der sich seiner erweiterten

Natur voll und ganz bewußt ist, gleichgültig was wir in unserem Leben erfahren können.

Als ich mir meines Wahren Selbst immer bewußter wurde, spürte ich, wann ich aus dieser Quelle schöpfte und wann nicht. Ich erkannte, daß mein Wahres Selbst mein ganzes Leben lang bei mir gewesen war ... mich still und ruhig weiterführend, auch wenn ich mich nicht mit ihm identifiziert hatte. Ich hatte mich immer mit meinem Ich gleichgesetzt. Die Gefühle, Annahmen, Überzeugungen und Erwartungen meines Ich waren der Maßstab gewesen, an dem ich Erfolg, Sicherheit, Gesundheit und persönliches Wohlbefinden gemessen hatte.

Jetzt befand ich mich in einer schwierigen Lage. Mein Ich befahl mir, ich solle die Kontrolle über mein Leben verstärken. Es war in Panik geraten durch alles, was ich tat (und nicht tat). Zugleich freute sich mein Wahres Selbst über mein Wachstum und zeigte mir, daß ich mein Leben auf allen Ebenen verändert hatte, um in etwas Höheres einzutreten.

Zuweilen schienen die äußeren Ereignisse in meinem Leben die Informationen, die ich von der höheren Führung empfing, zu entkräften, und ich war aufgefordert zu wählen, welcher Quelle ich glauben wollte. Folglich lebte ich monatelang mit *beiden* Wirklichkeiten und mit ihren offenbar widersprüchlichen Informationen. Wie durch Zauberei stellte sich letzten Endes das als wahr heraus, was die höhere Führung mir eingab, auch wenn anscheinend alles dagegen sprach. Und trotz der wiederholten Warnungen meines Ich zerbrach ich nicht, starb nicht, endete nicht verrückt oder einsam. Statt dessen bewegte sich etwas in mir, so daß das Wahre Selbst in meine Identität aufgenommen werden konnte, und ich lernte eine neue Lebensweise kennen.

MEINE SUCHE

Die Wende trat durch einen Übergangsritus ein, der für mich genau paßte. Weil es der Bereich meines größten Widerstandes war – die letzte Stütze meines Ich –, entfaltete sich das Drama um mein neues Haus. Als mir klar geworden war, daß ich umziehen mußte, packte ich meine Habseligkeiten zusammen und versuchte mir auszumalen, wohin ich gehen würde. Ich ahnte, daß ein neues Heim auf mich wartete, aber ich vermochte nicht zu erkennen, wo es sein sollte. Meine innere Führung sagte mir, daß es mich stärken und eine neue Lebensweise lehren würde, mein neues Zuhause zu suchen.

Nachdem ich mich einige Monate lang mit meinem Dilemma abgequält hatte, kam mir während einer Lichtmeditation aus heiterem Himmel der Name einer Stadt in den Sinn. Ein paar Tage später brach ich auf, und als ich in dieser Gegend ankam, wußte ich, daß ich heimgekehrt war. Ich fand problemlos das passende Haus; das dritte, das ich besichtigte, war zweifellos meines. Ich unterbreitete sofort ein Angebot und konnte es nicht erwarten, einzuziehen.

Alles war perfekt. Mein Angebot wurde akzeptiert. Die Bank sagte, es gäbe kein Problem mit meinem Darlehen. Ich bot mein altes Haus zum Verkauf an und war zuversichtlich, daß es sich schnell verkaufen lassen würde. In nur wenigen Wochen würde ich die übervölkerte Stadt verlassen und mich auf dem Land niederlassen. Auf der mir gegenüberliegenden Seite der Straße würden Kühe leben! Ich war entzückt darüber, wohin meine Intuition mich schließlich geführt hatte.

Dann begannen die Probleme. Die Bank rief an, um mir mitzuteilen, daß ihr ein Fehler unterlaufen sei und sie mir unmöglich ein Darlehen geben könne. Wir bewegten uns im Kreis; die Bank gab nicht nach. Obendrein fand sich kein Käufer für mein Haus, obwohl weniger attraktive Häuser in der Nähe innerhalb von Tagen verkauft wurden.

Als der Stichtag für den Kauf meines neuen Hauses näherrückte, sah es schlecht aus. Alle meinten, daß die Situation aussichtslos sei. Die Bank sagte es. Der Immobilienmakler, der versuchte, mein altes Haus zu verkaufen, sagte es. Selbst die Maklerin, die mich beim Kauf des neuen Hauses vertrat, sagte es. Wohlmeinende Freunde versuchten, mich auf die Enttäuschung vorzubereiten, die sie auf mich zukommen sahen. Zu der Zeit lernte ich, den weitbekannten

„spirituellen" Grundsatz: „Wenn man etwas tut, das wirklich stimmt, ergibt sich alles wie von selbst" zu hassen. (Heute muß ich sagen, daß das nicht immer zutrifft.)

Ich war innerlich zerrissen. Zum ersten Mal in meinem Leben hatte ich die Stimme des Wahren Selbst klar vernommen, sie als real erkannt und war ihr gefolgt, indem ich, gestützt auf ihre Führung, schwerwiegende Schritte unternommen hatte. Ich hatte die erweiterte Sicht des Wahren Selbst der eingeschränkten Sichtweise meines Alltags-Selbst vorgezogen. Ich hatte es fertiggebracht.

Der geplante Umzug in mein neues Zuhause fühlte sich vollkommen richtig an, richtiger als alles andere, was ich je empfunden hatte. Trotzdem widersprachen die äußeren Ereignisse eindeutig dieser inneren Gewißheit. Mein Vertrauen war erschüttert. Betrog ich mich selbst in Hinblick auf die höhere Führung? Bedeutete das, daß ich mir nie wieder wirklich vertrauen konnte?

Ich war mit meiner Weisheit am Ende, als ich die höhere Führung noch einmal um Rat fragte. Sofort stellten sich Frieden und Klarheit ein: „Natürlich ist das dein neues Haus. Du hast dein Heim gefunden, und du wirst dort leben. Gib nicht auf. Was überaus real zu sein scheint, ist es oft gar nicht. Es wird alles gutgehen."

Als meine Maklerin ein drittes Mal anrief, um mir mitzuteilen, daß wir uns geschlagen geben und mein Angebot für das neue Haus zurückziehen sollten, war ich mir nicht mehr unsicher. Ich antwortete: „Meine Führung hat mir gesagt, daß alles gelingen wird, und ich vertraue ihr." Wer weiß, was sie dachte, aber sie brachte keine Einwände mehr vor.

Schließlich fanden wir einen Weg, um die Bedingungen der Bank zu erfüllen, und mein Darlehen wurde in letzter Minute bewilligt. Um acht Uhr abends vor dem Stichtag fand sich ein Käufer für mein Haus. Von da an ging alles reibungslos und schnell vonstatten, und bald zog ich in mein neues Heim ein. Mit diesem Einzug gelang mir mein erster greifbarer Schritt in das Neue, das mich so lange gelockt hatte. Ich war hinübergegangen, und jetzt, da ich zumindest mit einem Fuß fest auf neuem Boden stand, hatte meine Heimreise wahrhaftig begonnen.

RÜCKBLICK

Warum hatte sich mein Übergang so schwierig gestaltet? Ich war durch einen Umzug in ein neues Bewußtsein eingetreten. Weil dies einschloß, daß man die Wirklichkeit gespalten erfährt, hatte ich sowohl die Klarheit meines Wahren Selbst (durch meine Intuition und höhere Führung) wie auch den Widerstand innerhalb meines Ich (durch die äußeren Hindernisse mit dem Haus) manifestiert. In dem Maße, in dem ich mich dem Wahren Selbst öffnete, fand ich meinen Weg. Und in dem Maße, in dem ich zuließ, daß mich die Grenzen der alten Überzeugungen und Ängste meines Ich einschränkten, war mein Weg in der äußeren Welt versperrt.

Die Dynamik war sehr einfach gewesen, obwohl ich das erst rückblickend erkennen kann: Solange ich im Drama verloren war, war ich die meiste Zeit blind gewesen, mich von Augenblick zu Augenblick tastend. Trotzdem war dies die Herausforderung, die wahre Prüfung gewesen. Jene Augenblicke, in denen ich die höhere Wahrheit wählte und nach ihr handelte, hatten meine Ausrichtung nach dem Wahren Selbst gestärkt und mir geholfen, auf meinem Weg zu bleiben.

SEHEN

Nachdem ich in mein neues Haus eingezogen war, erkannte ich, daß meine Arbeit jetzt darin bestehen würde, anderen Menschen bei der Wiederentdeckung ihres Wahren Selbst zu helfen. Während der vergangenen Jahre habe ich meinen Prozeß, mich der höheren Führung zu öffnen, dafür eingesetzt, Hunderten von Menschen Readings zu geben und unzählige Workshops. Dabei erhielt ich selbst zusammen mit den anderen Teilnehmern wertvolle Lektionen für das Bewußtsein. Sich der höheren Führung zu öffnen, ob für mich selbst oder für andere, ist meine wichtigste Quelle für spirituelle Entwicklung. Mir wurden Erfahrungen zuteil, die ich nie für möglich gehalten hätte. Ich bin überaus dankbar für die immer wiederkehrende Erinnerung daran, daß wir alle mehr sind, als wir zu sein scheinen.

Mir wird diese Lektion erteilt, wann immer ich mit einem Klienten arbeite, dessen Ich mit meinem aneinandergerät (jawohl, das passiert wirklich!). Ein Mann ging mir in den ersten zwei Minuten auf die Nerven, weil er Dinge in meinem Büro kritisierte. Zudem sollte ich ein sehr spezielles Thema in den Mittelpunkt seines Readings rücken, aber er wollte mir nicht verraten, um was es eigentlich ging. Ich spürte, wie er mich bei jeder Gelegenheit blockierte. Verzweifelt zog ich in Erwägung, ihn an jemand anderen zu verweisen. Aber statt dessen folgte ich einem intuitiven Gefühl und fuhr mit dem Reading fort. Sobald ich mich der höheren Führung öffnete, veränderte sich alles. Meine Sicht erweiterte sich, und ich sah nicht länger nur eine schwierige Person. Das Leiden dieses Mannes war der tiefe Schmerz darüber, den Kontakt zu der unglaublichen Schönheit und Liebe, die er in sich trug, verloren zu haben. Mit Hilfe der höheren Führung fühlte es sich natürlich an, diesen Mann mit Liebe und Achtung anzusprechen, sich auf das zu beziehen, was er wirklich war, und nicht auf das, was er zu sein schien.

So viele Male wurde mir die tiefere Wahrheit in Menschen gezeigt, daß es mein Gefühl dafür, wer wir alle sind, stark beeinflußt hat. Diese „wahre Vision" ist mir noch nicht in Fleisch und Blut übergegangen, aber ich habe sie oft genug erfahren, so daß sie immer mehr Teil meines Lebens wird. Meine ganze Arbeit dient dem Zweck, diesen Prozeß der sich entwickelnden Wahrnehmung bei mir und anderen zu fördern.

Das war meine persönliche Geschichte. Für uns alle hat die Entwicklung zu höherem Gewahrsein bereits begonnen, denn die Geschichte, die jeder von uns lebt, ist eine Chronik unserer kollektiven Reise. Unsere Geschichten müssen geteilt werden. Indem wir unsere Geschichten erzählen, erschaffen wir ein mitfühlendes Ritual dafür, um die Einschränkungen unserer Vergangenheit aufzuheben und uns dafür zu öffnen, daß wir unsere Zukunft selbst gestalten können. Zur gleichen Zeit geben wir anderen Abenteurern, die – ob schüchtern oder kühn – es auch wagen, die Reise anzutreten, Inspiration und Unterstützung.

Kultivieren Sie die Liebe zu sich selbst

Persönliche Macht beginnt mit der Selbstliebe

◆

DIE LIEBE, DIE SIE SIND

Selbstliebe ist schwer zu definieren. Auch wenn sie das wichtigste Gefühl ist, das wir empfinden können, sind wir uns gewöhnlich nicht sicher, was sie ist und wie wir sie erkennen. Tatsächlich scheint für einige von uns schon die Vorstellung von Selbstliebe eigenartig zu sein, zu weit entfernt von unserer normalen Erfahrung, um von Bedeutung zu sein, oder zu esoterisch, um sie ernst zu nehmen. Die Erwägung, daß Selbstliebe etwas Wünschenswertes ist, etwas, *mit dem wir tagtäglich leben sollten*, könnte einen grundlegenden Wandel in unserem Denken erfordern. Die Macht der Selbstliebe wird in der westlichen Kultur enorm unterschätzt. Die Kultivierung von Liebe zu sich selbst ist der erste Schritt in diesem Buch, weil sie die Grundlage für eine gesunde menschliche Erfahrung darstellt; sie ist der Schlüssel zur Erschließung persönlicher Macht und zu einem erfolgreichen Leben in allen Bereichen der menschlichen Existenz.

Was ist also Selbstliebe? Ist sie eine Emotion? Ein Gefühl im Herzen? Positive Gedanken über uns selbst? Müssen wir gute Gründe dafür haben, uns selbst lieben zu dürfen? Wie können wir uns selbst lieben, ohne ichzentriert oder selbstsüchtig zu sein? Wenn wir nicht wissen, wie wir uns selbst lieben sollen, können wir es dann lernen? Wie können wir Selbstliebe empfinden, wenn wir uns nicht von anderen geliebt fühlen?

Selbstliebe scheint schwer faßbar zu sein – nicht weil sie sich uns entzieht, sondern weil wir sie geflissentlich übersehen. Selbstliebe ist ein Gefühl, das für uns nicht selbstverständlich ist, weil es von Natur aus äußerst zart ist. Wir sind es gewohnt, starke Empfindungen und packende Emotionen zu beachten und festzustellen. Je feiner eine Erfahrung ist, um so wahrscheinlicher ist es, daß wir sie übersehen oder über sie hinweggehen. Und doch haben zarte Erfahrungen wie z.B. Selbstliebe ihren Ursprung tief in unserem spirituellen Kern, und daher benötigen wir sie am allermeisten. Selbstliebe ist einem Raunen gleich, eher wie sanftes Mitgefühl als wie die stärkere, belebendere Empfindung der emotionalen Liebe. Sie können Selbstliebe einfach daran erkennen, daß Ihre Gedanken, die Sie über sich selbst haben, weicher werden und sich einer neuen Entspannung oder einem inneren Frieden hingeben. Oder Ihnen fällt vielleicht auf, daß Sie sich ruhig und friedlich in Situationen akzeptieren und schätzen, in denen das vorher nicht der Fall gewesen ist. Ihre Erfahrung der Selbstliebe wird zunehmen, wenn Sie neugieriger auf sie und in höherem Maße bereit sind, sie anzunehmen. Setzen Sie sich nicht unter Druck der Selbstliebe wegen. Sie können sie nicht „machen", weil sie bereits vorhanden ist. Und sie ist bereits in Ihnen vorhanden. Sie müssen sich einfach darin schulen, die Selbstliebe zu erkennen, die bereits in Ihrem Wahren Selbst existiert, und sie anzunehmen. Wenn Sie den spirituellen Ursprung der Selbstliebe in sich kennengelernt haben, wird es Ihnen leichter fallen, sich der Selbstliebe zu öffnen, wann immer Sie sie brauchen.

◆ *Selbstliebe ist bereits im Kern Ihres Wesens vorhanden. Sie wurden aus ihr erschaffen.*

Geist und Liebe sind ein und dasselbe. Folglich ist der Geist – Ihr Geist – Liebe. Die Liebe entspringt dem Geist, folglich ist die Liebe der Baustoff allen Lebens. Sie sind aus dem Geist entstanden, folglich ist die Liebe der Stoff, aus dem

Sie und Ihr Leben erschaffen wurden. Das bedeutet, daß die Liebe bereits in den Knochen und im Gewebe Ihres Körpers vorhanden ist. Sie ist Ihre Essenz, die Energie, aus der sich Ihre Emotionen, Ihre Gedanken und Ihr Gewahrsein entwickeln. Jedes Element Ihrer inneren und äußeren Wirklichkeit, wie komplex es auch sein mag, entspringt gänzlich der Liebe. Diese Liebe ist die Lebenskraft, der gemeinsame Nenner in allen Dingen und allen Wesen. Durch diese Lebenskraft sind Sie eins mit allem und jedem in der Welt – und über sie hinaus.

Selbstliebe ist die Erfahrung der Liebe, die Sie sind. Diese Liebe ist einem strahlenden Licht gleich. Wie die Sonne oder ein Stern leuchtet dieses Licht fortwährend im Kern Ihres Wesens, auch wenn es nicht gesehen oder gespürt wird. Wenn Sie sich sich aus einer Anwandlung heraus unwürdig, ungeliebt fühlen, ärgerlich sind oder voller Vorwürfe, ist die Wolkendecke Ihres Ich aufgezogen und verhindert Ihre Erfahrung des Lichts. Was auch immer Sie daran hindern mag, die Liebe, die Sie sind, zu sehen, diese Liebe ist trotzdem – stets – da. Indem Sie lernen, sich selbst zu lieben, lernen Sie einfach, durch diese Wolkendecke in das ewig strahlende Licht Ihres wahren Wesens zu blicken.

Bei der Vorstellung, sich selbst zu lieben, können sich Ihre Gedanken noch immer innerhalb der Wolkendecke bewegen. Vielleicht denken Sie in dem Versuch, eine gute Meinung über sich zu haben: „Ich liebe mich, weil ich großzügig und feinfühlig bin und ein liebevolles Herz habe. Ich sorge mich um Menschen, bin intelligent, sehe wirklich gut aus und …" Es ist zwar nützlich, solche Eigenschaften in seiner Persönlichkeit hochzuhalten, das hat aber nichts mit aufrichtiger Selbstliebe zu tun. Zu lernen, gewisse Muster der Wolkendecke zu würdigen, ist wirklich nicht gleichbedeutend damit, diese Decke zu durchbrechen.

Was über der Wolkendecke liegt, muß nicht geliebt werden – weil es die Liebe selbst ist. Mit Selbstliebe zu leben bedeutet, die Liebe, die Ihre Essenz ist, anzunehmen. Sie können zulassen, daß die Wärme dieses Lichts hervorkommt und bei Ihnen in Ihrem täglichen Leben weilt – wenn Sie allein sind, wenn Sie ruhig und friedlich sind und selbst wenn Sie Schmerzen haben oder unter Anspannung stehen. Es spielt keine Rolle, ob Sie fröhlich, zärtlich, wütend oder ärgerlich sind. Die Liebe, die Sie sind, hängt nicht davon ab, wie Sie auf der Ich-Ebene empfinden oder sich verhalten. Ihr Licht durchdringt alle Aspekte Ihres Wesens, und Sie können es erleben, gleichgültig wie Sie sich fühlen.

◆ *Sie müssen keines Ihrer anderen Gefühle „überwinden", um Liebe zu finden.*

Wenn Sie sich mit einem heftigen, quälenden Gefühl auseinandersetzen und sich anscheinend nicht durch es hindurchzubewegen vermögen, können Sie die Heilkraft der Selbstliebe nutzen. Angenommen Sie haben sich in Wut verloren, haben einen Schutzschild um sich herum aufgebaut und drohen hinter ihm in Ihrem Schmerz und Zorn mit der Faust. Selbst inmitten dieser Heftigkeit können Sie etwas von der Wärme und Vitalität der Liebe, die Sie sind, durchsickern lassen, um sich selbst in Enttäuschung und Wut von ihr erfüllen zu lassen.

Sie müssen Ihre Wut, Ihre Traurigkeit, Ihre Verzweiflung oder andere Gefühle nicht aufgeben. Lassen Sie zu, daß die Liebe, die Sie selbst sind, hervorleuchtet und Sie zusammen mit all Ihren Gefühlen berührt. Dann bemächtigen Sie sich selbst. Sie lassen zu, daß Ihre Menschlichkeit das Medium für Ihre unbegrenzte Essenz ist, und Ihr Leben wird bereichert.

SICH SELBST LIEBEN

Achten Sie darauf, wie Sie sich selbst lieben. In dem Maße, wie Sie sich der Liebe, die Sie sind, öffnen, können Sie sich voll und ganz dem Leben um sich herum und den Erfahrungen, die anzunehmen Sie geboren wurden, öffnen.

Sie müssen nicht einschätzen, ob die Dinge gut genug in Ihrem Leben verlaufen, so daß Sie es verdienen, sich selbst zu lieben. Dies beides steht in keinerlei Beziehung zueinander. Sie verdienen es immer, sich selbst zu lieben, ungeachtet dessen, wie gut Sie im Leben vorwärtszukommen scheinen, für wie erfolgreich Sie sich halten oder wie andere über Sie denken.

Die Essenz dessen, wer Sie sind, verändert sich nicht durch das, was Sie tun und wie Sie Ihr Leben erfahren. Ihre Essenz ist Glanz, Liebe und die Lebenskraft selbst. Und das ist immer liebenswert. Die Schwierigkeit besteht darin, zu wissen und darauf vertrauen zu können, daß genau diese Essenz wirklich jederzeit in Ihnen gegenwärtig ist, ungeachtet dessen, ob Sie oder andere Menschen sie gerade wahrnehmen können. Die Essenz ist immer in Ihnen, und es ist wichtig, daß Sie sich ihretwegen von ganzem Herzen lieben.

Gestatten Sie sich, Ihre Erfahrungen als Spiegel zu verwenden, um daraus zu lernen. Wenn Sie in einer Beziehung das Gefühl haben, daß Ihr Partner Sie nicht mehr genug zu lieben scheint oder Sie nicht so liebt, wie Sie geliebt werden möchten, halten Sie einen Moment inne, und prüfen Sie, wie Sie sich selbst lieben. Lieben Sie sich selbst vollkommen, ohne Urteil und ohne Einschränkungen? Sind Sie in der Lage, sich selbst bedingungslos zu lieben, egal wie andere Sie sehen und egal ob Sie all das sind, was Sie sein möchten?

◆ *Wenn Sie Schmerz erfahren, weil Sie sich von einem anderen Menschen nicht geliebt fühlen, seien Sie sich dessen bewußt, daß Sie gleichfalls den Verlust und den Kummer darüber spüren, sich nicht selbst voll und ganz zu lieben.*

In der frühen Kindheit wird vielen Menschen von Mitgliedern der Familie und der Gesellschaft beigebracht, sich nicht mehr ganz und gar zu lieben. Säuglinge und kleine Kinder lieben sich selbst und alle Wesen, mit denen sie in Kontakt kommen automatisch – die menschlichen, die geistigen Wesen und die Wesen in Tierform. Die Rezeptoren von Kindern sind weit geöffnet. Sie empfangen alle Wesen und lieben sie bedingungslos; das ist ihr natürlicher Zustand.

Doch ungefähr bis zum zweiten Lebensjahr haben viele Kinder bereits gelernt, sich selbst und folglich auch andere nicht mehr vollkommen zu lieben. Dies beides geht Hand in Hand. Dieser anfängliche Verlust der Selbstliebe ist tatsächlich der größte Schmerz, den man erfahren kann. Es ist der Verlust der Freude darüber, offen und aus ganzem Herzen in der Welt präsent zu sein. Auf die eine oder andere Weise kann jeder Schmerz innerhalb einer Beziehung auf diesen Verlust der Selbstliebe zurückgeführt werden, auf den Verlust dieser Offenherzigkeit und der Fähigkeit, sie mit der Welt zu teilen.

Vielleicht sollten Sie jeden Tag, während Sie Ihren Tätigkeiten nachgehen, mehrmals innehalten und sich selbst kurz überprüfen. Fragen Sie sich, womit auch immer Sie gerade beschäftigt sind: „Liebe ich mich selbst, während ich das tue?" Denken Sie beim Autofahren: „Liebe ich mich selbst, während ich Auto fahre?" Wenn Sie bei der Arbeit sind, denken Sie: „Liebe ich mich selbst, während ich arbeite?" Halten Sie kurz inne, während Sie sich mit jemandem unterhalten, eine Auseinandersetzung haben, beim Essen, beim Baden, bei der körperlichen Liebe, und fragen Sie sich: „Liebe ich mich selbst in diesem Augenblick?"

Durch diese Fragen wird es Ihnen möglich, mehr darauf zu achten, wie Sie über sich denken und wie Sie automatisch immer wieder die Liebe, die Sie sind, vergessen. Zudem ermöglichen sie es Ihnen, jede Tätigkeit bewußt als eine Gelegenheit zu verwenden, sich größerer Selbstliebe zu öffnen. Es ist vorteilhaft zu lernen, sich unaufhörlich selbst zu lieben, selbst wenn – oder vielleicht besonders wenn – Sie mit etwas beschäftigt sind, das Sie für unangenehm oder banal halten. Die Fähigkeit, sich immer selbst zu lieben, wird Ihnen helfen, sich höheren Ebenen des Gewahrseins sowohl in Ihrer inneren als auch in der äußeren Welt zu öffnen.

LASSEN SIE ZU, DASS DIE LIEBE IHR LEBEN ERLEUCHTET

Wenn Sie nicht in liebevoller Übereinstimmung mit sich selbst sind, ist es, als würde zwischen Ihnen und der Welt ständig Krieg herrschen – ein Krieg, der niemals ganz beigelegt werden kann. Oder vielleicht spüren Sie eine ewige Leere, eine innere Kluft, die Sie anscheinend niemals zu füllen vermögen. Aber wenn Ihre Energie tief nach Selbstliebe ausgerichtet ist, strahlt die Kraft der Liebe von Ihrem Wesen aus und verwandelt die Qualität Ihres Lebens.

Lassen Sie uns zum besseren Verständnis eine imaginäre Reise unternehmen.

◆ ◆ ◆

Meditation

Lassen Sie zu, daß die Liebe Ihr Leben erleuchtet

Richten Sie zunächst Ihr Gewahrsein sanft auf Ihr Herzzentrum, wo immer in Ihrer Brust es zu sein scheint. Stellen Sie sich vor, daß Ihr Herzzentrum sich öffnet und lebendig wird, gleichgültig welche Spannung oder Einschränkung Sie eventuell in Ihrem Körper spüren. Es ist, als würde das Herzzentrum selbst atmen und eine wunderbare Schwingung von Liebe ausstrahlen, die Sie nie zuvor erfahren haben.

Diese Schwingung von Liebe ist so machtvoll und enthält soviel Lebensessenz, daß sie durch nichts abgeschwächt werden kann. Gleichgültig, was Sie sonst erfahren, diese starke Schwingung ist unveränderlich. Mit jedem Atemzug, den Sie nehmen, wird diese Liebe strahlender und lebendiger in Ihnen. Nehmen Sie sich ein paar Augenblicke Zeit, um dieses Geschenk zu empfangen, während diese Liebe Ihren ganzen Körper durchströmt.

Während Sie dieses Gefühl der Liebe im Kern Ihres Wesens verweilen lassen, stellen Sie sich einen Augenblick vor, wie es wäre, wenn diese Liebe nach außen in Ihre Aura, das Ihren Körper umgebende Energiefeld, strahlen würde. Ihr Körper und das Energiefeld um Ihren Körper herum wären in dieses Gefühl der Liebe getaucht.

Erinnern Sie sich daran, daß diese Liebe durch nichts abgeschwächt wird, was immer Sie sagen, tun oder denken. Nichts kann diese Liebe von Ihnen nehmen. Sie ist so machtvoll wie die Lebenskraft selbst, und sie erfüllt nach wie vor Ihren Körper und Ihre Aura, gleichgültig, welche anderen Gedanken Sie haben oder welchen Herausforderungen Sie begegnen. Stellen Sie sich vor, was für ein Gefühl es wäre, mit dieser Sie umhüllenden unaufhörlichen Liebe durchs Leben zu gehen.

Stellen Sie sich jetzt vor, wie es wäre, wenn diese Liebe nicht nur Ihr Herz, Ihren Körper und Ihre Aura erfüllt, sondern nach draußen in Ihre Welt strahlt – und Ihr Haus, Ihren Arbeitsplatz, Ihre Stadt erfüllt und sich auf dem ganzen Planeten ausbreitet. Alles in Ihrer Welt würde in diese Liebe getaucht sein.

Sie können sich daraufhin vorstellen, daß Sie überall, wohin Sie auch gehen, Liebe begegnen. Alle Menschen und alle Plätze wären in diese Liebe getaucht. Jedesmal, wenn Sie mit jemandem ein Gespräch führen, würden Sie diese Liebe erkennen und spüren. Und nichts, was jemand sagen, tun, denken oder fühlen könnte, würde diese starke Schwingung abschwächen.

Das bedeutet, daß jede Situation, der Sie begegnen, gleichgültig, wie traurig, beunruhigend oder schmerzlich sie ist, stets die Liebesenergie in sich tragen würde. Falls also etwas eintreten sollte, das Sie ärgert, würden Sie ebenfalls Liebe spüren; die Liebe wäre neben dem Gefühl des Ärgers vorhanden. Und wenn Sie glücklich sind, würden Sie natürlich zusammen mit der Glückseligkeit Liebe fühlen. Stellen Sie sich vor, was für ein Unterschied das wäre! Das hieße, daß Ihnen in Ihrem Leben nichts widerfahren würde, das ohne Liebe ist. Jede Erfahrung würde die Schwingung ebendieser Liebe enthalten, die von Ihrem Herzzentrum ausstrahlt. Was für ein machtvoller Gedanke!

Und es ist eine machtvolle Realität. Sie findet bereits jetzt in diesem Augenblick in Ihrem Leben statt und wird weiterhin tagtäglich stattfinden. Es ist bereits real. Sie haben es die meiste Zeit einfach noch nicht bemerkt. Bevor Sie sich diese Augenblicke Zeit genommen haben, um sich auf das

Gefühl der Liebe in Ihrem Herzen zu konzentrieren, waren Sie sich dessen nicht bewußt. Ähnlich waren Sie sich der Liebe, die die gesamte physische Wirklichkeit durchdringt, nicht in dem Maße bewußt. Die Liebe war schon immer da. Es wird Ihnen große Freude bereiten, wenn Sie diese Liebe wirklich wahrnehmen. Diese Erfahrung braucht nicht selten zu sein; um diese Liebe beständiger erfahren zu können, müssen Sie sich ihr lediglich von Augenblick zu Augenblick öffnen.

Gestatten Sie sich, das wahre Licht und die Liebe, die Sie sind, zu erfahren, und erinnern Sie sich oft an diesen Wunsch. Dieser Wunsch findet auf einer sehr tiefen Ebene statt und kann die tägliche Erschaffung Ihres Lebens beeinflussen. Die Macht eines solchen echten Wunsches kann Ihnen beistehen, Ihr Herz zu öffnen und sich an die Liebe, die Ihre Quelle des Lebens ist, zu erinnern.

◆ ◆ ◆

SICH FÜR DIE LIEBE ENTSCHEIDEN

Ihr mächtiger Verbündeter dabei, wenn Sie sich größerer Selbstliebe öffnen, ist Ihre Absicht. Dieser Verbündete wird Ihnen gern dienen, sobald Sie Ihren Tag beginnen, aber Sie müssen ihm eine Richtung geben. Wenn Sie morgens aufstehen und Ihre Füße den Boden berühren, können Sie einen Moment innehalten und sagen: „Bis in die Tiefe meines Seins wähle ich heute, mehr als alles andere die Liebe, die ich bin, zu erfahren." Sie können außerdem beschließen, sich im Tagesverlauf von Zeit zu Zeit an diesen Satz zu erinnern. Mit einer solchen klaren Absicht werden alle Erfahrungen an diesem Tag daraufhin ausgerichtet sein, ihre Selbstliebe zu entwickeln.

Daß Sie sich an Ihren Verbündeten wenden, bedeutet natürlich nicht unbedingt, daß Ihnen an diesem Tag nur angenehme Dinge widerfahren werden. Es bedeutet lediglich, daß alles, was auch passieren mag – ob es Ihnen gefällt oder nicht, ob es angenehm oder unangenehm ist – dem

Zweck dienen wird, Ihnen größere Selbstliebe näherzubringen. Natürlich werden Sie einige schmerzliche oder unangenehme Erfahrungen im Leben machen. Aber wenn es Ihre Absicht ist, größere Liebe zu verkörpern, werden selbst schwierige Zeiten Sie letzten Endes zu dieser Liebe führen.

Sie halten sich selbst zurück, wenn Sie sagen: „Ich will mehr Liebe in meinem Leben haben, aber ich bin nicht bereit, schwierige Erfahrungen zu machen, um sie zu bekommen. Ich will nur angenehme Dinge erfahren." Sie schränken sich ein. Liebe ist allgegenwärtig, und wenn Sie vollkommene Selbstliebe verkörpern wollen, werden Sie der Herausforderung ausgesetzt sein, sich auf eine ganze Palette von Lebenserfahrungen einzulassen.

◆ *Bereit zu sein, sich der vollkommenen Liebe zu öffnen, bedeutet, bereit zu sein, sich dem ganzen Leben zu öffnen.*

Manchmal vollzieht sich das Wachstum der Liebe auf einer unbewußten Ebene und ist Ihnen daher nicht unmittelbar klar ersichtlich. Vielleicht erkennen Sie nicht immer bewußt, wann eine Erfahrung, sei sie nun angenehm oder unangenehm, Ihnen wirklich größere Liebe erschlossen hat. Es kann eine Zeitlang dauern, bis sich die neue Erfahrung der Liebe ihren Weg von der verborgenen subtilen Energie im Inneren nach außen zu der dichteren Ebene der Empfindung gebahnt hat, wo sie bewußt wahrgenommen werden kann. Neue Muster entstehen, lange bevor Sie sie bemerken oder erkennen können; Sie haben keine Kontrolle darüber, wann und wie Liebe auftaucht.

Haben Sie Vertrauen. Wenn Sie Ihre Absicht wiederholen, daß Sie sich größerer Selbstliebe öffnen möchten, können Sie darauf vertrauen, daß Sie Ihr Ziel erreichen werden. Ihr Lernprozeß wird von der Quelle der Liebe selbst tief in Ihrem Wesen geleitet, die Sie in Ihrem Leben erwecken. Sie können keinen vertrauenswürdigeren Führer haben! Jede Situation und jede Erfahrung wird automatisch fruchtbarer Boden für das Wachstum dieser Liebe sein. In unsicheren Augenblicken kann es Ihr Vertrauen stärken, wenn Sie sich an Ihre Verpflichtung erinnern: „Ich will größere Liebe in meinem Leben haben. Ich öffne mich größerer Selbstliebe, und ich lasse mich bereitwillig auf die Erfahrungen ein, die mir dazu verhelfen können."

ANDERE LIEBEN

Durch die Liebe zu sich selbst verstärkt sich Ihre Liebe zu anderen. Vielleicht wurde Ihnen beigebracht, über die Selbstliebe hinwegzugehen und direkt damit zu beginnen, andere Menschen zu lieben, als ob es „richtig" oder „gut" wäre, andere mehr zu lieben als sich selbst. Komischerweise ist es unmöglich, bei diesem Versuch erfolgreich zu sein. Die Liebe zu anderen kann nur dann wirklich gelernt oder erfahren werden, wenn die Liebe zu einem selbst bereits vorhanden ist.

Die Selbstliebe ist das Gefäß, aus dem Sie alle anderen Formen der Liebe schöpfen. Wenn Sie sich gestatten, in die Liebe, die Sie sind, getaucht zu sein, strahlt Ihr Wesen energetisch die Schwingung der Liebe in die Welt aus. Durch die Selbstliebe wird Ihnen erst die Fähigkeit gegeben, Liebe zu anderen Menschen zu erfahren.

◆ *Ihre Fähigkeit, andere zu lieben, erhöht sich auf natürliche Weise, so wie Ihre Selbstliebe wächst.*

Um es anders auszudrücken: Wenn Sie imstande sind, sich selbst zu kennen und zu lieben, erlangen Sie spontan die Fähigkeit, alle Wesen um sich herum zu kennen und zu lieben. Die Schwierigkeit, sich daran zu erinnern, andere in ihrer Essenz zu sehen, spiegelt die Schwierigkeit wider, Ihre eigene Essenz zu sehen. Wenn Sie andere mehr lieben möchten, wenn Sie sich wünschen, daß Ihr Herz größer sein möge und Sie weniger schnell oder weniger hart Urteile fällen mögen, rufen Sie sich ins Gedächtnis zurück, daß Sie im Grunde mehr in Kontakt zu der Essenz Ihres eigenen Wesens sein möchten. Sie müssen Ihr Herz mehr für sich selbst öffnen. Nähren Sie sich zuerst selbst mit Ihrer Liebe; diese Liebe wird dann nach außen wachsen.

Es ist mit enormen Anstrengungen verbunden, wenn Sie darauf bestehen, andere mehr zu erkennen oder zu lieben als sich selbst. Es bedeutet, daß Ihre Beziehungen in der äußeren Welt auf eine Weise gelebt werden müssen, die Sie in Ihrer inneren Welt nicht leben können. Sie müssen anderen immer geben, was Sie sich selbst nicht geben. Wenn Sie sich selbst nicht lieben, müssen Sie erschöpfend viel Energie aufbieten, um andere zu lieben, und Sie müssen umsichtig dabei sein. Weil diese Liebe auf Anstrengung basiert und nicht auf natürlicher Ausstrahlung, können Sie nicht einen Augenblick lang mit dem Versuch zu lieben aufhören, sonst hört die Liebe auf. Aber wenn Sie sich wirklich selbst lieben, folgt die Liebe zu anderen in einer beständigen, natürlichen und mühelosen Weise. Dann ist Ihr Leben gesegnet, und Ihre Liebe ist der Segen, den Sie mit der Welt teilen.

WAHRE LIEBE ERKENNEN

Beziehungen zu anderen Menschen sind komplex. Oft müssen Sie die Absichten anderer einschätzen: „Meint dieser Mensch es ehrlich mit mir?" „Ist diese enge Verbindung mit diesem Menschen sicher für mich?" „Liebt dieser Mensch mich wirklich, und hat er mein Bestes im Grunde seines Herzens?" – Wie können Sie zu einer zutreffenden Beurteilung gelangen? Vielleicht haben Sie manchmal Angst, zum Narren gehalten, enttäuscht oder verletzt zu werden.

Wenn die Liebe zu Ihnen selbst real für Sie ist, werden Sie weniger oft von anderen getäuscht. Es wird immer offensichtlicher, ob andere von einem Ort der Liebe und Achtung aus handeln (oder nicht). Da Sie das Energiemuster der Liebe in sich tragen, werden Sie imstande sein, in anderen eine entsprechende Wirklichkeit zu erkennen.

Aber Sie werden sich ernsthaft schützen müssen, wenn Ihnen Selbstliebe fremd ist. Wenn Sie sich nicht selbst lieben, haben Sie kein Energiemuster der wahren Liebe in Ihrer bewußten Erfahrung, so daß Ihnen ein zuverlässiger

Maßstab fehlt, nach dem Sie andere Menschen beurteilen können. Seien Sie sich in solchen Situationen der Einschränkung bewußt, mit der Sie arbeiten; dann wenden Sie sich etwas anderem zu und öffnen sich der Selbstliebe. Sagen Sie zu sich: „Ich öffne mich der Selbstliebe, von der ich weiß, daß ich ihr vertrauen kann." Geben Sie sich selbst die Macht dazu. Auf lange Sicht wird die Selbstliebe Ihnen nicht nur die Liebe bringen, die Sie sich von anderen wünschen, sondern auch die Fähigkeit, diese Liebe zu erkennen.

LIEBE UND PHYSISCHE WIRKLICHKEIT

Einige Menschen durchleben in ihrer spirituellen Entwicklung eine Phase, in der sie sich mißbilligend über die physische Ebene äußern, und diese Mißbilligung dehnen sie auf sich selbst und andere in bezug auf die Existenz in physischer Form aus. Vielleicht klagen sie darüber, daß das spirituelle Wachstum in physischer Gestalt zu langsam verläuft und die physische Wirklichkeit selbst dicht und begrenzt ist. Kurzum, sie finden, daß die physische Ebene ein minderwertiger Ort zum Leben ist. Sie können sogar zu verstehen geben, daß die einzigen Wesen, die in der physischen Wirklichkeit leben, diejenigen sind, die es auf den höheren Ebenen nicht „schaffen" können, diejenigen, die nicht genügend gewachsen sind, um die physische Form ein für allemal aufzugeben.

Darin spiegelt sich gewöhnlich die lieblose Selbstverurteilung des Ich. Der unbegrenzte Geist neigt zu einer anderen Ansicht, einer, nach der eine Wirklichkeit nicht besser oder schlechter ist als eine andere.

◆ *Die physische Wirklichkeit ist eine großartige Wirklichkeit, ungeachtet dessen, wie begrenzt sie sich anfühlt.*

Viele Wesen aus reinem Licht und reiner Liebe beschließen, auf der physischen Ebene wiedergeboren zu werden, weil diese derart fruchtbare Erfahrungen und Herausforderungen bereithält. Wenn solche Wesen körperliche Gestalt annehmen, öffnen sie sich Erfahrungen auf der physischen Ebene, um zu wachsen. Bei diesem Wachstum geht es darum, zu lernen, selbst in der scheinbaren Dichte und Einschränkung, die für die physische Wirklichkeit so charakteristisch ist, Liebe zu finden.

Aus der Liebe zu sich selbst heraus haben Sie beschlossen, in die physische Form einzutreten. Und aus dieser Selbstliebe heraus bleiben Sie hier, forschend, erfahrend, erschaffend, experimentierend. Wenn Sie die physische Wirklichkeit verlassen, werden Sie sich wieder aus dieser Liebe zu sich selbst heraus weiterbewegen, wenn Sie bereit dazu sind. Wann immer Sie sich von einer Form der Wirklichkeit zu einer anderen bewegen, die Motivation für den Sprung rührt stets von Selbstliebe her. Liebe ist der Brennstoff, die Antriebskraft, die Sie von einer Ebene auf eine andere befördert. Die Tatsache also, daß Sie hier in der physischen Wirklichkeit leben, beweist, daß Sie sich selbst genügend geliebt haben, um diese Reise anzutreten. Jetzt geht es darum, daß Sie sich weiterhin selbst lieben, solange Sie hier sind.

◆ *Die einzige wahre Verletzung im Leben ereignet sich, wenn man sich in eine Erfahrung begibt und die Liebe in ihr nicht zu finden vermag.*

Die Reise, die Sie durch die physische Wirklichkeit unternehmen, ist zum Teil damit verbunden, daß Sie lernen, inmitten aller Situationen, Gefühle und Überzeugungen, denen Sie begegnen, Liebe zu finden. Kummer oder Verlust ist beispielsweise eine starke, oft unerträgliche Emotion. Aber wenn Sie sich gestatten, sich diesem überaus menschlichen Gefühl intensiv hinzugeben, werden Sie in seinem Innersten auf einen Lichtstrahl stoßen, welcher Liebe ist, und das wird Heilung bringen. Er wird den Schmerz nicht nehmen. Vielleicht nimmt er nicht einmal das Gefühl des Verlustes, aber er wird es transformieren. Und das bedeutet, daß das Gefühl des Verlustes oder des Kummers Ihnen nicht länger die Erfahrung der Liebe versagen kann.

Liebe und Leben sind ein und dasselbe. Von der Schwingung her betrachtet, ist Liebe die eigentliche Substanz des Lebens. Kein Wunder, daß es so erschreckend ist, ohne Kontakt zur Liebe zu sein – das bedeutet, ohne Kontakt zu dem Leben zu sein und zu dem Wesen, das Sie wirklich sind. Sie können Angst vor Kritik haben, weil Sie Angst davor haben, sich selbst zu lieben. Sie können Ihren Zorn fürchten, weil Sie fürchten, andere nicht lieben zu können. Wenn die Liebe zerbrechlich und schwer faßbar ist, tritt Angst in vielen Formen zutage. Aber indem Sie Ihre Fähigkeit erhöhen, die Liebe, die Sie sind, im Innersten eines jeden Gefühls zu erfahren, werden Sie immer weniger im Leben vorfinden, das Ihnen Angst bereitet.

◆ ◆ ◆

Einstimmung

Selbstliebe I

Halten Sie dreimal täglich für ein bis fünf Minuten inne, um sich nach der tiefen Liebe auszurichten, die von Ihrem Wesen ausstrahlt. Wenn Sie sitzen, sitzen Sie mit dem Gewahrsein da, daß Sie Ihr Herz der reinen Liebe, dem Licht und der schöpferischen Lebenskraft, die Sie sind, öffnen. Fühlen oder spüren Sie diese Liebe, wie sie Sie erfüllt und nach außen strahlt. Selbst wenn Sie Auto fahren, richten Sie sich nach dieser tiefen Liebe aus. Seien Sie sich im Gespräch mit einem anderen Menschen bewußt, daß Sie sich ebenfalls dieser tiefen inneren Quelle der Liebe öffnen, während Sie sprechen. Während diese Liebe Sie erfüllt, webt sie sich in Ihr tägliches Leben ein.

◆ ◆ ◆

Selbstliebe II

Wenn Sie abends im Bett liegen und auf den Schlaf warten, fühlen oder spüren Sie einfach die Liebe, die tief aus Ihrem Herzzentrum ausstrahlt. Wenn Sie Wörter benutzen, dann nur, um mit dem Gefühl der Liebe, die Sie sind, in Kontakt zu kommen. Sie könnten leise sagen oder denken: „Ich richte mich nach der Liebe aus, die ich bin" oder „Die wahre Liebe und das Licht meines Wesens strahlen durch mich in die äußere Welt." Gestatten Sie sich, diese Liebe und das Licht zu spüren, wie schwach es auch sein mag. Konzentrieren Sie sich auf dieses Gefühl, und lassen Sie es stärker werden, während es Sie in den Schlaf gleiten läßt.

❖ ❖ ❖

Öffnen Sie sich
der höheren Führung

Unbegrenzte Weisheit ist näher, als Sie denken

◆

WAS IST HÖHERE FÜHRUNG?

Meine Antwort auf diese Frage hat sich im Laufe der Jahre, in denen ich mehr Erfahrung gesammelt habe, geändert. Zuerst schien höhere Führung von mir getrennt zu sein, oder zumindest sah ich es so. Der Gedanke, daß ich Informationen „nur von mir" empfangen könnte, erfüllte mich mit Schrecken. Heute ist mir klar, daß ich diese Haltung einnahm, weil ich mich noch mit meinem Ego identifizierte, das tatsächlich eine begrenzte Quelle gewesen wäre, daraus zu schöpfen.

Die höhere Führung ist die Stimme des Wahren Selbst. Das Wahre Selbst ist unser reiner Geist. Es verfügt über unbegrenztes Wissen, bedingungslose Liebe und die bewußte Erfahrung von Einheit – dem Einssein, das wir mit allen Dingen und allen Wesen teilen –, und es bietet uns das alles in jedem Augenblick an. Die Identität unseres Ego ist derart begrenzt, daß es ihm schwerfällt zu glauben, daß wir ein solches umfassendes und großzügiges Wahres Selbst haben – und dennoch trifft das zu. Genaugenommen bietet uns das Wahre Selbst *alle* Informationen an, die wir über das Leben wünschen oder benötigen, es enthält uns absolut nichts vor. Unsere Kommunikation mit dem Wahren Selbst wird einzig und allein durch die Schwierigkeit unseres Ich eingeschränkt, all die Geschenke anzunehmen, die das Wahre Selbst zu bieten hat.

Was könnte unser Ego davon abhalten, solch wunderbare Geschenke anzunehmen? Unser Ego versteht die Sprache der höheren Führung nicht. Die Sprache des Ego ist wörtlich und unterscheidet sich daher sehr von der Sprache der höheren Führung, die auf Erfahrung beruht. Meist wird das Ich mit Worten und Form gleichgesetzt; es erwartet also, daß Informationen als verbale Informationen oder visuelle Bilder von Tatsachen, Situationen und Ereignissen eintreffen. Jedoch als die Stimme des Wahren Selbst kommuniziert die höhere Führung, indem sie direkt die Essenz des Wahren Selbst teilt. Das bedeutet, daß die höhere Führung ein Gespräch gewöhnlich nicht mit Worten oder Begriffen anknüpft; statt dessen beginnt sie damit, dem Ich eine zarte, aber direkte Erfahrung der Liebe, der Ruhe und des Wohlergehens des Geistes zu übermitteln. Wenn wir für diese Sprache offen sind, werden wir die Liebe, die Ruhe und das Wohlergehen spüren – obgleich es sich sehr schwach anfühlen mag, denn wir sind es nicht gewohnt, diese feine Ebene zu beachten. Und doch ist das die höhere Führung, die uns zeigt, woraus wir wirklich bestehen. Der höheren Führung ist nichts wichtiger als das.

Wenn wir nur offen für die genauer definierte Sprache der Wörter, Bilder und Fakten sind, derer sich das Ich bedient, wird es uns entgehen, wenn die höhere Führung mit uns ins Gespräch kommen will, und wir werden denken, daß nichts passiert. Vielleicht glauben wir, daß unsere Fragen nicht beantwortet werden oder wir es nicht wert oder unfähig sind, Hilfe zu empfangen. Erst wenn wir uns der zarten Erfahrung, in unbegrenzte Liebe, Ruhe und Wohlgefühl getaucht zu sein, öffnen können, werden wir in der Lage sein, die Mitteilungen zu empfangen, um die wir gebeten haben. Diese Erfahrung der unbegrenzten Liebe ist die innere Umgebung, die nötig ist, um Informationen von der höheren Führung empfangen zu können.

Wie ich anfangs bereits erwähnte, hielt ich die höhere Führung ursprünglich für eine spirituelle Quelle außerhalb meiner selbst, für „höher" als mich selbst. Aber je häufiger ich mich der höheren Führung öffnete, um so blasser wurde die Trennungslinie, die ich mir zwischen mir und der höheren Führung vorgestellt hatte. Irgendwann wurde mir klar, daß mein Wahres Selbst schon immer „im Rat" der höheren Führung gesessen hatte. Ich begann zu verstehen, daß auch das Wahre Selbst einer jeden Person, der ich Readings gab, in diesem Rat saß. Somit erkannte ich, daß das höhere Bewußtsein eines jeden einzelnen auf unserem Planeten Teil der höheren Führung ist. Auch wenn ich auf die höhere Führung oft als „sie" verweise, wäre es vielleicht präziser, die erweiterte Form „wir" zu verwenden.

Setzt sich diese Quelle der Führung nur aus dem kollektiven höheren Bewußtsein der Erdenbewohner zusammen, oder sind noch andere Kräfte am Werk? – Ich glaube ja. Unglaublich viele Eingaben scheinen von göttlichen Sphären und erweiterten Seinszuständen zu kommen. Vieles davon geht noch immer über mein bewußtes Verständnis hinaus, und meine Worte scheinen hier unzulänglich zu sein. Aber ich kann versichern, daß das Medium der Kommunikation zwischen allen Wesen der Zustand der Einheit zu sein scheint – genau der Zustand, zu dem sich unser eigenes bewußtes Gewahrsein hinentwickelt.

Einer anderen Sicht zufolge könnte man alle Beschreibungen, die auf Personifizierung oder Individualisierung hindeuten, außer acht lassen und höhere Führung einfach als eine Quelle unbegrenzter Intelligenz, Liebe und schöpferischer Kraft verstehen. Es bleibt Ihnen überlassen, ob Sie sie als „Gott", „Universum", „Quelle", „Geist", „der/die Geliebte" oder „Licht" bezeichnen oder einen beliebigen anderen Begriff nehmen, der Ihr Herz öffnet und Sie daran erinnert, daß Sie ein geschätzter Teil dieses großartigen Lebensplans sind.

In welchem Maße steht diese Quelle der allgemeinen Bevölkerung zur Verfügung? Da wir von der höheren Führung niemals wirklich getrennt sind, ist sie jedem von uns jederzeit zugänglich. Unterstützung in unserem spirituellen Wachstum wird niemals weder vorenthalten noch durchgesetzt; sie wird einfach angeboten. Durch unser Wahres Selbst wählen wir, wie wir diese Führung nutzen wollen und sie angemessen in unserem Leben einsetzen.

Ich bin zu der Überzeugung gekommen, daß wir alle fortwährend höhere Führung in Anspruch nehmen, ebenso wie wir die lebenspendende Kraft der Luft mit jedem Atemzug, den wir tun, in Anspruch nehmen. Und ebenso wie wir meistens unbewußt Atem holen, verläuft der größte Teil unserer Kommunikation mit der höheren Führung automatisch und unbemerkt. Trotz unseres fehlenden bewußten Gewahrseins ist die Luft, die wir einatmen, für unsere Lungen immer real, so wie die Führung, die wir empfangen, für unsere Intuition immer real ist. Wir sind niemals wirklich allein, und irgendwo tief innen wissen wir das auch.

Wir können uns dieser Quelle höheren Bewußtseins, aus der wir so regelmäßig schöpfen, ohne weiteres in stärkerem Maße gewahr werden. Es stehen unzählige Techniken und Vorgehensweisen zur Auswahl, aber zugleich wird uns jegliche Erfahrung, in der wir uns dem Wahren Selbst öffnen, dorthin führen. Das Wahre Selbst ist der Zugang zu den höheren Ebenen. Durch das Wahre Selbst öffnen wir uns dem unendlichen Sein und lassen grenzenlose Erfahrung in unser Leben eintreten.

WOHER KOMMT HÖHERE FÜHRUNG?

Ich mußte zuerst glauben, daß die höhere Führung außerhalb meiner selbst sei, um ihr überhaupt vertrauen zu können. Doch über die Jahre hinweg bemerkte ich zunehmend einen inneren Aspekt meines Wesens, der der „äußeren" höheren Führung genau entsprach. Die Konzentration auf die äußere Quelle rief die innere wach – und erlaubte mir, sie zu erkennen.

Durch dieses Erblühen meiner inneren höheren Führung löste sich die von mir empfundene Trennung von der äußeren höheren Führung auf. Heute verstehe ich die innere und die äußere höhere Führung als ein und dasselbe, ein Kontinuum allgegenwärtiger Bewußtheit. Die Folge war, daß sich meine Identität veränderte, was mehr Selbstvertrauen und zugleich einen stärkeren Sinn für die gegenseitige Abhängigkeit allen Lebens einschloß.

Die verinnerlichte höhere Führung ermöglicht es, die Welt mit einer verfeinerten Sicht und einer unerschütterlichen Erkenntnis der Vollkommenheit wahrzunehmen. Wir können uns dem Leben und seinem Fluß hingeben, gleichgültig wohin er uns führt, denn sowohl die innere als auch die äußere Wirklichkeit werden vertrauenswürdig, wenn die Göttlichkeit überall offensichtlich wird.

Die verinnerlichte Form der höheren Führung ist unser Wahres Selbst. Wir müssen nichts Besonderes tun, um ein Wahres Selbst zu bekommen; jeder von uns hat bereits eines. Doch wenn wir die Verbindung zu unserem Wahren Selbst verloren haben, müssen wir vielleicht etwas Besonderes unternehmen, um uns seiner wieder bewußt zu werden. Es kann sehr hilfreich sein, sich der äußeren höheren Führung zu öffnen. Jedoch möchte ich hier betonen, daß die äußere höhere Führung in erster Linie dem Zweck dient, uns zu helfen, uns mit dem ihr entsprechenden Aspekt in uns wiederzuverbinden – und uns dann dabei zu unterstützen, zu lernen, unsere innere Quelle bewußter zu nutzen.

Auf lange Sicht ist es nicht günstig, auf die äußere Führung zu bauen, um dadurch die innere Führung zu ersetzen. Dies bewirkt ein Ungleichgewicht in unserem Leben, wobei die äußere Quelle zu einer weiteren Sucht wird, die wir einsetzen, um uns selbst auszuweichen. Reine höhere Führung wird sich davon nicht täuschen lassen; sie wird keine Information vermitteln, die uns weiter von uns selbst entfernt. Sie wird uns jedoch mit einer bedingungslosen Großzügigkeit Informationen zur Verfügung stellen, die uns zur Wahren Selbstliebe und natürlichen Befähigung führen.

FÜHRUNG UND IHRE ERSCHEINUNGSFORMEN

Höhere Führung wird auf höchst unterschiedliche Weise erfahren. Sie hat keine eigene Form: Sie geht über die Form hinaus und setzt sich nicht mit ihr gleich. Aber als Menschen leben wir in einer Welt der Form. Unser Ich setzt sich in einem solchen Maße mit der Form gleich, daß alles irgendeine Form haben muß, bevor wir es als real erkennen und darüber sprechen können. Sprache basiert auf Form, was auch auf die meisten Gedanken zutrifft. Weil wir die bewußte Wahrnehmung der höheren Führung durch den Filter unseres Ich empfangen, deuten wir diese Erfahrung entsprechend unseren individuellen und kollektiven Bedürfnissen nach Form.

Das geht sehr schnell und gewöhnlich unbewußt vonstatten. Wenn beispielsweise das Ich eines Menschen sich eher der höheren Führung öffnen mag, wenn diese in Gestalt eines verhutzelten alten Mannes in weißen Roben und mit einem alt klingenden Namen erscheint, wird dieser Mensch sie so erfahren. Wenn ein anderer das unbewußte Bedürfnis nach einem weiblichen Geist von einem anderen Planeten hat, ist das die Form, in der sich die Führung zu zeigen scheint. Um zu glauben, daß die Führung real ist, müssen sich manche vielleicht auf ein Wesen mit starker Persönlichkeit, einem Sinn für Humor und der Fähigkeit, tatsächliche Einzelheiten über Ereignisse auf Erden zu wissen, beziehen. Andererseits erfährt jemand, der weniger an eine personifizierte Form gebunden ist, höhere Führung möglicherweise einfach als strahlende Energie oder schöpferische Eingebung. Die Liste der verschiedenen Möglichkeiten ist grenzenlos.

Keine dieser Formen ist besser oder schlechter als die andere, denn es kommt nicht auf die Form an, die wir der Führung geben. Während wir an Bewußtsein zunehmen, wird sich die Form, wie wir die Führung empfangen, sehr wahrscheinlich ändern, um unsere neuen Sichtweisen widerzuspiegeln.

Zuweilen kann es einschränkend erscheinen, derart an Formen gebunden zu sein, aber das ist lediglich eine Wirklichkeit des menschlichen Lebens. Als Menschen würdigen wir unser Bedürfnis nach spirituellem Wachstum, indem wir uns der höheren Führung öffnen, und wir würdigen unser Ich, indem wir uns dabei der Form bedienen. Indem wir unbegrenzte Führung durch Form empfangen, wird unser Ich unmittelbar einer feineren Bewußtseinsfrequenz ausgesetzt. Durch seine eigene Sprache, die Energetik der Form, lernt unser Ich seinen Bereich der Wirklichkeit, die es wahrnehmen kann, zu erweitern und zuzulassen, so daß größere Bewußtheit in unser Alltagsleben einkehrt. /

Folglich ist es mitfühlend und weise, die Befürfnisse unseres Ich nicht zur Seite zu schieben, wenn wir uns spirituell öffnen. Unser Bedürfnis nach Form zu würdigen, während wir uns mit dem höheren Bewußtsein verbinden, lädt unser Ich dazu ein, auf eine Weise teilzunehmen, die es ihm ermöglicht, von unseren umfassendsten Erfahrungen berührt und transformiert zu werden.

Höhere Führung ist bedingungslos liebevoll und großzügig, bereit, uns auf jede beliebige Weise, die wir ihr gewähren, zu erscheinen. Sie wird sich niemals durch die Einschränkungen unseres Ich hindurchdurchzwängen oder uns ignorieren, weil wir nicht „entwickelt" genug sind, um dafür reif zu sein. Höhere Führung achtet uns so, *wie wir sind,* und arbeitet wohlwollend in Harmonie sowohl mit unseren Begrenzungen als auch mit unseren Bestrebungen. Denken Sie einfach daran, daß die Form, die die Führung annimmt, mehr über die Ausrichtung der Person, die sie empfängt, aussagt als über die Führung selbst. Wichtiger als die Form ist die Essenz der Führung, und beides sollte nicht miteinander verwechselt werden.

Weil sie durch die Glaubensvorstellungen und Einschränkungen unseres Ich gefiltert werden, sind vermutlich alle Informationen, die wir von der höheren Führung erhalten, auf irgendeine Weise verzerrt. Auch wenn ein Mensch sich wirklich auf einer feineren spirituellen Ebene bewegen und aus einer sehr hohen Quelle schöpfen kann, gleicht es der Übertragung eines Textes aus einer unbegrenzten Sprache in eine begrenzte, wenn man diese Information in Form zu bringen versucht. Bei Übertragungen geht immer etwas verloren. Der Text wird zunächst (zumindest leicht) durch die Überzeugungen, Bedürfnisse und Erfahrungen des Betreffenden gefiltert. Dann wird er abermals durch die Überzeugungen, Bedürfnisse und Erfahrungen eines jeden anderen gefiltert, der die Informationen hört oder liest.

Auch wenn viele Menschen spirituell klar und offen sind, stecken selbst die bewußtesten noch immer in einem Körper. Und wo immer ein lebendiger Körper ist, findet sich auch ein Ich, und selbst das spirituell am höchsten entwickelte Ich-Bewußtsein trägt irgendwelche Filter mit sich herum. Indem wir uns weiterentwickeln und unsere Fähigkeit erweitern, mit deren Hilfe wir unbegrenztes Gewahrsein durch unser Ich schleusen, werden sich immer weniger Verzerrungen einstellen. Seien Sie sich zur Zeit einfach darüber im klaren, daß keine Informationen, die der höheren Führung zugeschrieben werden, die Wahrheit exakt und vollständig wiedergeben.

Wie sollen Sie dann wissen, ob Sie aus den Informationen, die Sie empfangen, die Sie lesen oder von jemandem hören, Nutzen ziehen werden? – Indem Sie Ihre Intuition fein einstimmen und ihr zuhören. Die Intuition ist die Stimme Ihres Wahren Selbst. Ihr Wahres Selbst wird immer die Wahrheit erkennen und Sie wissen lassen, ob die Information von Belang für Sie ist. Vergessen Sie nicht, daß die Einstimmung auf höhere Führung keineswegs Ihre innere Wahrheit ersetzen oder entkräften soll; sie ist dafür bestimmt, Sie an diese innere Wahrheit zu erinnern. Diese weist Ihnen wirklich den Weg.

Sehen Sie das größere Bild

Indem Sie Ihre Sichtweise erweitern,
aktivieren Sie Ihr Potential

———— ◆ ————

DIE REISE BIS HEUTE

Ihr Ich setzt voraus, daß Ihre Existenz mit der Geburt in dieses Leben ihren Anfang genommen hat. Das Wahre Selbst hat eine weitere Perspektive und trägt die Erinnerung an einen früheren, umfassenderen Ursprung mit sich. Das Wahre Selbst erinnert sich daran, daß Sie, bevor Sie in die physische Form eingetreten sind, reines Geist-Bewußtsein waren und Ihr Gewahrsein noch nicht durch das Ego, einen physischen Körper, die Zeit oder lineare Ereignisse oder irgendwelche anderen Gesetze der physischen Realität eingeschränkt war. Statt dessen lebten Sie in einer Welt der Fluidität und Einheit, in der buchstäblich alles möglich war. Sie erfuhren Einheit, und es existierte keine Trennung zwischen Ihnen und anderen, auch wenn Sie um Individualität wußten. Sie erkannten jeden und alles als Ausdrucksformen eines umfassenden Seins an.

Als unbegrenzter Geist waren Sie ein Meister der Schöpfung. In dem Augenblick, in dem Sie einen Gedanken hegten, nahm er die entsprechende Form an. In dem Augenblick, in dem Sie einen Wunsch verspürten, manifestierte er sich (oder vielleicht seine Erfüllung). Alle Ihre inneren Erfahrungen und verfeinerten Emotionen nahmen auf natürliche Weise Gestalt an, so daß Sie sie wahrnehmen und mit ihnen interagieren konnten.

Sie lebten in einem überaus schöpferischen Zustand. Kein Gedanke war einfach nur ein Gedanke, kein Gefühl einfach nur ein Gefühl. Jede Erfahrung war ein Impuls schöpferischer Kraft. Weil Sie sich nicht in einem physischen Körper oder einer physischen Wirklichkeit befanden, waren alle Formen feiner, fließender als irgend etwas Physisches. Und doch waren sie real. Und weil Ihr Gewahrsein nicht auf Form begrenzt war, waren Sie sich auf allen Ebenen bewußt. Sie vergaßen nie, daß die Manifestationen, die Sie erlebten und mit denen Sie interagierten, Ihrer eigenen schöpferischen Quelle entsprangen.

Ihr Wahres Selbst schaut auf das Leben, Ihr Leben auf eine Art, die unendlich viel weiter reicht als die Sicht Ihres Ich.

Ihr Wahres Selbst hat nicht nur die Erinnerung an diese unbegrenzte Welt, es besitzt auch die erweiterte Sicht der Wirklichkeit. Genaugenommen hat Ihr Wahres Selbst niemals aufgehört, dort zu leben! Weder die Geburt Ihres physischen Körpers in dieses Leben noch die Anpassung Ihres Ich an die physische Realität hat Ihrem Wahren Selbst das umfassende Gewahrsein entzogen; statt dessen haben Ihre Erfahrungen im physischen Leben einfach zum Gewahrsein Ihres Wahren Selbst beigetragen. Die Folge ist, daß das Wahre Selbst die unbegrenzte Wirklichkeit des Geistes *und* die begrenzte Wirklichkeit des Ich in sich trägt. Beide zusammen! Das ist unglaublich wichtig, denn es bedeutet, daß Ihr Wahres Selbst einen Aspekt Ihres Wesens darstellt, der *sich sowohl in der unbegrenzten als auch in der begrenzten Welt voll und ganz bewußt ist.* Dieses ganze Spektrum ist die umfassendste Sicht des Lebens, die Ihnen zur Verfügung stehen könnte, wenn Sie danach fragten!

Die meiste Zeit bewegt sich Ihr Fokus wahrscheinlich innerhalb der begrenzten Sicht Ihres Ich. Wann immer Sie in Ihrem Leben das Gefühl haben, nicht mehr weiterzukönnen, ist es das Ich, das festsitzt. Das Wahre Selbst glaubt niemals, daß es nicht mehr weitergehen kann, weil es einen größeren Kontext sieht, in dem immer unbegrenzte Möglichkeiten existieren. Es wird Sie ungemein befreien, wenn Sie lernen, Ihr Gewahrsein von der begrenzten Sicht des Ich in die erweiterte Sicht des Wahren Selbst hinein zu verlagern. Dadurch werden Sie die verborgenen Lektionen oder Vorteile in Ihrer aktuellen Situation erkennen können, neue Möglichkeiten sehen, tiefere Werte und einen tieferen Zweck in Ihrem Leben entdecken und das persönliche Potential feststellen können, das Sie vorher zurückgehalten haben, aber jetzt zu nutzen bereit sind.

Um den Standpunkt Ihres Ich zu verstehen, denken Sie an die folgenden Merkmale der geistigen Welt: Einheit, Fließen von Zeit, augenblickliche Manifestation, veränderbare Form, jede Erfahrung als schöpferische Triebkraft, unbegrenzte Möglichkeiten, vielschichtiges Gewahrsein. Fragen Sie jetzt Ihr Ich, ob all diese Merkmale auch auf die physische Wirklichkeit zutreffen. Das Ich wird zögern, mit einem lauten *Ja* zu antworten. Und wenn es überhaupt mit *Ja* antwortet, wird es einige Grenzen und Einschränkungen hinzufügen wollen, um diese Antwort abzuschwächen. „Manchmal, aber nicht immer", könnte es sagen, „nur in bestimmten Situationen." Das ist zu erwarten, weil seine Wirklichkeit nicht auf Unendlichkeit basiert, sondern vielmehr auf Einschränkung. Dem Ich scheinen die Dinge im höchsten Maße wirklich zu sein, die am festesten und am genauesten definiert zu sein scheinen.

◆ *In der physischen Wirklichkeit besteht die Tendenz, von fester Materie hypnotisiert zu werden.*

Ihr Leben entwickelt sich entsprechend der Überzeugung Ihres Ich-Bewußtseins weiter, was für es möglich und was unmöglich ist. Das bedeutet, daß Ihre Erfahrungen und Handlungen sich im Rahmen dessen bewegen, was Sie für möglich halten. Und alles, was Sie als unmöglich erachten, liegt jenseits der Grenzen und ist von Ihrem Leben ausgeschlossen. Ihr Ich ist der Aspekt Ihres Wesens, der sich der physischen Wirklichkeit angepaßt hat. Es orientiert sich an der Begrenzung und dem, was es für „unmöglich" hält, glaubt, was sie vorbringen, und kümmert sich darum, daß

Sie ihren Einschränkungen entsprechend leben. Sie können zwar glücklich sein, aber nur zu einem gewissen Grad. Sie können zwar magische und schöpferische Kräfte besitzen, aber nur zu einem gewissen Grad. Sie können zwar haben, was Sie sich wünschen und brauchen, aber nur zu einem gewissen Grad. Sie können zwar jedes Hindernis im Leben überwinden, aber ... Die grundlegende Funktion Ihres Ich besteht darin, Ihre Unbegrenztheit zu kontrollieren und Ihnen als Steuermann auf Ihrer Reise durch die begrenzte Welt der physischen Form zu dienen.

◆ *Das Leben in der physischen Wirklichkeit ist eine viel dichtere Erfahrung als das Leben im unbegrenzten Geist – bis Sie erkennen, daß selbst in der physischen Form der unbegrenzte Geist bei Ihnen ist.*

Das unbegrenzte Geist-Bewußtsein liegt in der Natur Ihres Seins. Es trat mit Ihnen in Ihren Körper ein, und Sie haben Zugang zu ihm, wann immer Sie wählen, sich ihm zu öffnen. Vielleicht fragen Sie sich: „Wenn die Grenzenlosigkeit so dicht bei mir ist, warum fühle ich mich dann durch die physische Wirklichkeit derart gebremst und eingeschränkt? Warum scheint mein Ich so viel wirklicher zu sein als mein Geist? Warum scheine ich nicht immer in unbegrenzter Bewußtheit leben zu können?"

Als Sie in dieses Leben eintraten, war dies ein Prozeß, in dem Ihr Gewahrsein von der geistigen Ebene in die Ebene der physischen Form heruntertransformiert wurde. Wann immer Sie sich von der Unbegrenztheit des Geistes auf eine neue Ebene begeben, ist diese Anpassung damit verbunden, sich an das maßgebende Bewußtsein dieser neuen Ebene zu gewöhnen. Als Sie zu Beginn dieses Lebens in die physische Wirklichkeit eintraten, übernahmen Sie das auf der physischen Ebene aktive Bewußtsein. Weil Sie in die physische Form zu einer Zeit eintraten, als das allgemeine Bewußtsein der bereits hier Lebenden von Trennung und Begrenzung geprägt war, übernahmen Sie Trennung und Begrenzung als Ihre zu erforschende neue Wirklichkeit.

Das gelang Ihnen auf zweierlei Weise: zum einen, indem Sie einfach in einen physischen Körper hineinschlüpften, und zum anderen, indem Sie empfänglich waren für die persönliche und kulturelle Anpassung.

Wie kann das Bewußtsein beeinflußt werden, wenn es in einem Körper eintritt? Der physische Körper ist ein wunderbares Instrument. Er erlaubt es Ihnen, hier zu sein, doch zugleich ist er mehr als ein physischer Behälter. Der Körper ist so beschaffen, daß seine Schwingungen genau den Schwingungen des auf der physischen Ebene vorherrschenden Bewußtseins entsprechen. Das bedeutet, daß Ihrem Körper die Aufgabe obliegt, die Schwingung Ihres Wesens in einem gewissen Bereich zu halten, der exakt den Schwingungsbereich der physischen Wirklichkeit und des kollektiven physischen Bewußtseins widerspiegelt.

Der Körper entspricht ebenfalls genau der Schwingung oder dem Energiemuster der physischen Erde. Mit jedem Schritt, den Sie tun, nehmen Sie Energie von der Erde auf, und diese Energie erinnert Ihren Körper ständig an die richtige Schwingung, damit das Augenmerk Ihres Geistes auf das Hier gerichtet bleibt. Sie besitzen energetische Rezeptoren, besonders an den Händen und Füßen, mit denen Sie Kontakt zur Erde herstellen und ihre Energiemuster empfangen. Diese Energie nährt Ihren Körper und läßt Sie in bezug auf die Schwingung in Einklang mit der Erde und der physischen Wirklichkeit bleiben.

Als Sie physische Gestalt annahmen, wurde auch Ihr Bewußtsein einer geistigen, emotionalen und auf Erfahrung beruhenden Konditionierung unterzogen. Sie wuchsen in einer Kultur auf, die Ihnen immer wieder Informationen und Belehrungen über die Wirklichkeit des kollektiven Bewußtseins der physischen Ebene vor Augen führte. Als Sie diese Informationen in sich aufnahmen, blieb Ihnen nichts anderes übrig, als sie als die für Sie maßgebliche Wirklichkeit zu übernehmen, damit Sie auf der physischen Ebene in höherem Maße präsent und aktiv sein konnten.

Beispielsweise haben die meisten Menschen erfahren, wie es ist, in Familien aufzuwachsen, in denen sie nicht als das erkannt und für das geachtet wurden, was sie wirklich waren. Als Säuglinge wurden sie nicht als weise und uralte Wesen wahrgenommen, deren unbegrenzter Geist weit über ihre kleinen Körper hinausgeht. In der frühen Kindheit wurde keine Notiz davon genommen, daß sie sich der Gedanken, Gefühle und Energien der Menschen um sich herum voll bewußt waren und feinfühlig darauf reagierten. In der darauffolgenden Zeit Ihrer Kindheit wurde ihre Fähigkeit, Erinnerungen an unendliche Seinszustände heranzuziehen, von Menschen, die ihnen am nächsten standen, übergangen oder ignoriert.

Statt dessen wurden die meisten Kinder durch eine Projektion des Bewußtseins betrachtet, aus dem heraus die Familie bereits handelte. Die Familienmitglieder lebten nicht mehr aus einem erweiterten Bewußtsein und einem Zustand der Einheit heraus. Ihre Erfahrung des unbegrenzten Geistes war abgeschwächt und durch die begrenzte, auf Trennung basierende Wirklichkeit des Ich ersetzt worden. Da sie nicht mehr um ihre Einheit wußten, betrachteten sie sich nicht mehr als tief miteinander verbunden, sondern vielmehr als völlig getrennt voneinander. Nachdem sie vergessen hatten, daß wirklich alles möglich ist, erlebten sie das Leben als einen Kampf gegen schwierige Umstände.

Also bezog sich die Familie auf das Ich oder Alltags-Selbst und projizierte diese Wirklichkeit auf die Kinder, indem sie in ihnen nur das Ich sah und sich ihnen gegenüber wie zu einem Ich verhielt – ebenfalls getrennt und begrenzt. Als Reaktion darauf lernten die Kinder, sich selbst als getrennt zu erfahren, nicht mehr eins mit anderen auf höchst spirituelle Weise und nicht mehr eins mit ihrem unbegrenzten Wesen.

Es ist für Kinder (oft sogar in der Säuglingszeit) schmerzhaft, daß sie nicht als das erkannt werden, was sie in Wirklichkeit sind, und ihre innere Wahrheit vergessen müssen, um die Verbindung und Intimität aufrechtzuerhalten, die sie von den Menschen um sich herum benötigen. Ihre inneren Sinne geben ihnen zu verstehen: „Ich bin hierhergekommen, um mich mit Menschen zu verbinden. Damit das geschieht, müssen wir irgendeine gemeinsame Wirklichkeit teilen. Der unbegrenzte Aspekt meiner Natur ist für die Menschen hier nicht real, so daß ich ihn außer acht lassen muß. Ich muß eine Identität annehmen, die für meine Familie, meine Klassenkameraden, meine Lehrer und die anderen, auf die ich angewiesen bin, wirklich ist. Weil ich ihnen nicht wirklich erscheine, so wie ich in der ganzen Fülle meines Geistes wirklich bin, werde ich nur zu dem werden, auf was sie sich beziehen können."

◆ *Die meisten Kinder lassen sich dem kulturellen Bewußt-sein entsprechend formen, um die von ihnen benötigte menschliche Bindung zu erlangen.*

Der Preis, den die Kinder dafür zahlen, ist der, daß sich die Unbeweglichkeit des Ich Jahr für Jahr verstärkt und immer mehr von ihrem wahren Wesen verschwindet und in der Anpassung verlorengeht. Wenn diese Kinder älter werden und die allumfassende Ebene ihres Wesens immer stärker in Vergessenheit gerät, stellen sie den anderen Aspekt dieser Dynamik dar. Sie werden zu den Erwachsenen, die wiederum unbewußt Kinder dazu ermuntern, ihre Unbegrenzt-heit beiseite zu legen. Diese Erwachsenen erkennen die Essenz unbegrenzter Kinder nicht mehr als das, was wirklich ist.

Es ist nur sehr wenigen Eltern klar, daß sie sich ihren Kindern gegenüber so verhalten. Ihrer Erfahrung gemäß lieben sie ihre Kinder und möchten sich mit ihnen verbinden. Sie sind sich einfach nicht bewußt, daß sie bereits so viel von sich selbst beiseite gelegt haben und ihnen daher ein großer Teil dessen entgeht, wer ihre Kinder sind. Sie sind sich des Drucks nicht bewußt, der ihren Kindern dadurch auferlegt wird, und so setzen sie das Muster immer weiter fort. Nichts davon wird aus Böswilligkeit oder mit bewuß-ter Absicht getan, aber trotzdem ist es eine Kettenreaktion, die sich seit Jahrhunderten von Generation zu Generation fortsetzt.

In unserer Zeit geschieht etwas Einzigartiges: Die Ket-tenreaktion verlangsamt sich. Das Muster, ein Erbe von begrenztem Bewußtsein weiterzugeben, verändert sich hin zu einem Muster, wo ein sich fortwährend erweiterndes Gewahrsein weitergegeben wird.

Diese Generation und die nächsten drei oder vier wer-den dieses neue Muster äußerst tatkräftig unterstützen. In der Tat sind Menschen, die diese Worte hören oder lesen, an diesem Wandel bereits beteiligt. Wir verrichten diese Arbeit dadurch, daß wir die verlorene Essenz unseres Wesens zurückfordern, indem wir zum Wahren Selbst zurückkehren. Wenn wir aus dem Wahren Selbst heraus leben, erkennen wir das Wahre Selbst in anderen und erschaffen eine Umgebung, in der der unbegrenzte Geist im Leben eines jeden Menschen gedeihen kann.

◆ *Das Wahre Selbst ist unsere Verbindung zwischen dem Ich und dem unbegrenzten Sein.*

Ihr Ich hatte sich an das begrenzte Bewußtsein der physischen Form gewöhnt und akzeptierte es als Wirklichkeit. Unbegrenztes Sein ist der Zustand reinen Geistes, dem Sie entstammen. Es ist an der Zeit, daß die beiden miteinander verschmelzen. Weil das Wahre Selbst auf reinem Geist basiert und sich Ihres Ich bewußt ist (und es liebt!), nimmt es bereitwillig beide Wirklichkeiten an und hält den Raum für ihre Vereinigung bereit.

ILLUSION UND WAHRHEIT

Auf den ersten Blick mag es den Anschein haben, daß das Leben auf der physischen Ebene zu begrenzt ist, um Sie zu befähigen, einen wirklich unbegrenzten Seinszustand in Ihr Leben hineinzubringen. Selbst wenn Sie sich nach höherem Gewahrsein sehnen, sagt Ihre Erfahrung in der physischen Welt Ihnen vielleicht, daß eine begrenzte Wirklichkeit nur ungern einer unbegrenzten Platz macht. Das Gefäß, in dem sich Form und Ich befinden, fühlt sich vielleicht zu klein, zu eng oder zu dicht an, um die Ausdehnung des Geistes sehr lange aufzunehmen. Ihr Ich wird das bestätigen und Ihnen einreden, daß Begrenzung ein Hindernis für Unbegrenztheit sei. Aber in Wirklichkeit trifft das Gegenteil zu: Unbegrenztheit befreit von Begrenzung.

◆ *Jede Begrenzung in der physischen Wirklichkeit ist eine Illusion.*

Solange Sie glauben, daß jede Begrenzung wirklich ist, werden Sie sie auch als wirklich erfahren und viele Fakten finden, um diese „Tatsache" zu untermauern. Begrenzung kann sehr überzeugend sein: sie kann wirklich aussehen, sich wirklich anfühlen und wirklich wirken. Aber indem Sie Ihr Herz und Ihre höheren Zentren öffnen und bereit sind, umfassendere Erfahrungen in Ihrer Welt wirklich werden zu lassen, wird die Begrenzung geschwächt und weicht zurück.

Begrenzung ist dem unbegrenzten Sein nicht gewachsen. Begrenzung ist so lange real, wie Sie an sie glauben und sie als eine Kraft interpretieren, die Sie zurückhält. Damit ist Ihr Ich alltäglich beschäftigt. Jedoch löst sich die Begrenzung in dem Augenblick auf, in dem sie mit Unbegrenztheit zusammentrifft.

Es kann entmutigend sein, wenn Sie Ihre Neigung zur Begrenzung bemerken. Aber selbst wenn Sie über die Begrenzungen in Ihrem Leben frustriert sind, ist es nicht notwendig, sich gegen sie zu wehren oder gegen sie anzukämpfen. Ihre Begrenzungen zu bekämpfen bedeutet lediglich, die eine Illusion mit Hilfe einer anderen – nämlich daß Sie die erste bekämpfen oder beherrschen können – anzugreifen. Der Weg, wie Sie Ihre Verbindung mit dem Wahren Selbst wiedergewinnen und die Unendlichkeit Ihres Wesens zurückfordern können, besteht nicht darin, durchs Leben zu gehen und Ihre Begrenzungen anzugreifen. Vielmehr müssen Sie zulassen, daß das unbegrenzte Sein neben diesen Begrenzungen Einlaß in Ihr Leben findet.

◆ *Unbegrenztheit ist die höhere Wahrheit.*

Unbegrenztheit ist die Wahrheit, die Sie in dieses Leben brachte; sie ist die Wahrheit, die Ihre Präsenz in diesem Leben erhält; und sie ist die Wahrheit, die bei Ihnen bleibt, wenn Sie dieses Leben verlassen. Alle Illusionen lösen sich auf, wann immer sie mit der Wahrheit zusammentreffen.

Wenn unbegrenztes Gewahrsein neben der Erfahrung der Begrenzung eingeführt wird, beschleunigt sich die natürliche Transformation. Weil Grenzenlosigkeit eine höhere essentielle Wahrheit in sich birgt als Begrenzung, besitzt die grenzenlose Erfahrung eine magnetähnliche Anziehung, die die Begrenzung dazu veranlaßt, sich umzustrukturieren. Von dieser Kraft angetrieben, wird sich die begrenzte Erfahrung energetisch zu einem Muster umstrukturieren, das der unbegrenzten Erfahrung entspricht – oder sogar zu ihr wird. Mit einfachen Worten ausgedrückt: Die Begrenzung wird sich dahingehend verändern, daß sie die Unbegrenztheit unterstützt, sich ihr annähert und sie dadurch zur vorherrschenden Wirklichkeit macht.

Wenn das geschieht, verschmelzen Energien miteinander. Die zuvor für die Aufrechterhaltung der Illusion der Begrenzung aufgewendete Energie sowie die Energie, die für den Kampf oder Widerstand gegen diese Begrenzung eingesetzt wurde, dienen jetzt dazu, die höhere Erfahrung des unbegrenzten Seins zu unterstützen. In gewissem Sinne ist das ein Prozeß, in dem das Karma (oder die Begrenzung) Ihres Lebens energetisch aufgenommen und mit der wahren Größe Ihres Wesens vermischt wird, um es dann zu dem Kraftstoff werden zu lassen, mit dem Sie zu tiefergehenden Erfahrungen des unbegrenzten Bewußtseins vorwärtsgetrieben werden.

EINE SPALTUNG LEBEN

Die Essenz des Geistes ist unbegrenzte Liebe und unbegrenztes Mitgefühl. Jede spirituelle Sicht ist eine Sicht voll von Liebe. Jeder spirituelle Gedanke ist ein Gedanke voll von Liebe. Ebenso ist jeder spirituelle Sinn oder jedes spirituelle Gefühl voll Liebe. Es gibt keine Erfahrung wahrhaft spiritueller Natur, die nicht durch Liebe entsteht. Jedoch spürt das Ich nicht immer die Liebe, denn das ist nicht seine Aufgabe. Seine Aufgabe besteht darin, die Erfahrung der Begrenzung zu ergründen.

Alle Sie einschränkenden Gedanken oder Gefühle rühren von Ihrem Ich her, was auch für alle Auffassungen oder Annahmen gilt, denen zufolge alles unmöglich ist. Aus der Sicht Ihres Ich bedeutet ein erfolgreiches Leben, um Ihre eigenen Grenzen, die der anderen und der Welt zu wissen und Ihre schöpferischen Bemühungen im Rahmen dieser Einschränkungen zu konzentrieren.

In der Erfahrung Ihres Ich hat alles seine Grenzen, was auch für das Maß und die Bedingungen der vorhandenen Liebe in Ihnen, in anderen und in der Welt gilt. Aufgrund dieses scheinbar begrenzten Liebesvorrates neigt Ihr Ich dazu, von der Liebe getrennt zu sein, oft einfach durch die Worte oder Handlungen anderer Menschen. Also fällt es Urteile, empfindet Neid und hegt Groll. In diesem Zustand der Entfremdung von der unbegrenzten Liebe des Wahren Selbst ist es in seiner Wirklichkeit verloren.

Seien Sie versichert, daß die Essenz Ihres Wesens nicht durch die Einschränkungen Ihres Ich geformt oder verändert wird. Unbegrenzte Liebe, Weisheit und Schöpferkraft sind weiterhin Ihr wahrer Zustand. Von dieser Essenz her sind alle Elemente Ihres Lebens, einschließlich Ihres Ich, dafür bestimmt, Ihrer Seele die Gelegenheit zum mitfühlenden Lernen zu geben. Ihr Wahres Selbst wird sie durch diesen Lernprozeß führen.

Warum scheint Ihr Führer so schwer faßbar zu sein? Ihr Wahres Selbst ist sich seiner selbst und der Gesamtheit Ihres Wesens, einschließlich Ihres Ich, voll und ganz bewußt. Aber Ihr Ich ist sich des Wahren Selbst nicht bewußt, weil seine Wirklichkeit das Wahre Selbst nicht einbezieht.

Da Ihre Identität auf der physischen Ebene in Ihrem Ich verankert ist, erfahren Sie die Wirklichkeit Ihres Ich im Alltagsleben als überaus real. Ihr bewußtes Gewahrsein mag sich gelegentlich der Ausdehnung des Wahren Selbst und des Geistes öffnen, aber gewöhnlich schnellt es wie ein Gummiband in die Ich-Begrenzung zurück. Weil Sie diese zwei Wirklichkeiten als getrennt voneinander erfahren und nicht als integriert, ist es so, als würden Sie eine Spaltung leben.

◆ *Das Wahre Selbst ist immer präsent. Es teilt sich Ihnen zu jeder Zeit mit, aber es spricht mit einer überaus feinen, zarten Stimme.*

Weil Sie Ihr inneres Ohr vom Wahren Selbst abgewendet haben, um sich an die physische Ebene anzupassen, sind Sie nicht mehr so bewußt auf seine Frequenz eingestimmt. Das Ich ist auf dichtere Erfahrungen ausgerichtet, und Sie sind seine deutliche, lautere Stimme gewohnt. Es sagt Ihnen, daß alles, was am lautesten, dichtesten und offensichtlichsten ist, überaus wirklich ist. Im Gegensatz dazu ist die Stimme des Wahren Selbst einem schwachen Flüstern gleich und spricht zart und mit verfeinerter Erfahrung. Oft nehmen Sie keine Notiz von ihr.

Vielleicht beginnt gerade eine Phase in Ihrem Leben, in der sich Ihre Orientierung in den zwei anscheinend getrennten Wirklichkeiten vom Ich und zum Wahren Selbst hin verschiebt. Die feineren Erfahrungen treten jetzt als wirklich in Erscheinung. Das Wahre Selbst hat sich schon immer genauer nach der Wahrheit Ihres Wesens ausgerichtet als das Ich, aber jetzt entwickeln Sie die Fähigkeit, dem Wahren Selbst zuzuhören und seiner Führung gemäß zu handeln. Sie hören das Flüstern des Wahren Selbst durch Ihre Intuition, und die Schritte, die Sie aus dieser Quelle heraus unternehmen, verändern Ihr Leben.

Das Ich hat sich in der gegenwärtigen Kultur recht gut entwickelt. Diese Reife bringt uns förmlich an den Rand der Entwicklung zu einer neuen Identität. Wir sind so weit wie möglich gegangen, indem wir uns derart stark mit dem Ich identifiziert haben. Wir haben seine Wirklichkeit derart umfassend gelebt, daß wir diesen Evolutionszyklus abgeschlossen haben und jetzt bereit dafür sind, weiterzugehen. In der Tat *müssen* wir uns, wenn wir überleben wollen, zu einem höheren Gewahrsein hinbewegen. Eben weil es auf Begrenzung basiert, hat das Ich so viele Zwangslagen und soviel Elend nicht nur auf der globalen Ebene, sondern auch in unserem individuellen Leben verursacht, daß wir eine Verschiebung Ihrer Aufmerksamkeit zum Wahren Selbst hin vornehmen müssen, um Lösungen zu verwirklichen. Wir müssen unsere Perspektive erweitern und kreativer werden, um uns den Herausforderungen stellen zu können.

Diese Notwendigkeit ist kein Zufall. Wann immer ein kollektives Bewußtsein sein „Studium" einer bestimmten Gewahrseinsebene beendet hat, ist es irgendwie aus dem Gleichgewicht geraten. Das ist natürlich und stellt die Triebkraft und Motivation für den Durchbruch in die nächste zu erforschende Wirklichkeit sicher. Der natürliche Zustand des Ungleichgewichts, der durch unsere derart starke Ich-Identifizierung hervorgerufen wurde, treibt uns jetzt kollektiv und individuell voran, in eine neue Identität.

Diese Identität umfaßt ein Verschmelzen der zwei Identitäten, zwischen denen wir hin- und hergeworfen wurden. Im Verlauf dieses Verschmelzens fühlen wir uns immer weniger gezwungen, zwischen Begrenzung und Grenzenlosigkeit zu wählen; sie sind nicht länger getrennt wie Öl und Wasser, sondern werden zusammen zu einer neuen Substanz.

Es sei darauf hingewiesen, daß in diesem Prozeß keine Wirklichkeit gegen die andere gewinnt oder irgendeines ihrer Merkmale verliert. Die Unbegrenztheit wird einfach in die Begrenzung hineingebracht, was bedeutet, daß in Ihrem Leben Ihr Geist in Ihr Ich auf einer bewußten, alltäglichen Basis integriert wird.

Viele Menschen setzen den spirituellen Weg noch immer mit einem Kampf gegen das Ich gleich und glauben, daß Erleuchtung bedeutet, das Ich ein für allemal zu besiegen, als ob der Geist durch diesen „Sieg" irgendwie befreit wird. Aber in Wahrheit wurde der Geist nie, nicht einmal für einen Augenblick, vom Ich eingeengt. (Unbegrenztheit wird niemals wirklich von irgend etwas eingeschränkt, nicht einmal von der engsten Begrenzung.) Der Geist hat das Ich nur geliebt und es fortwährend – wie alles andere auch – in das Licht der Unbegrenztheit getaucht.

◆ *Wenn Sie erleuchtet sein wollen, dann seien Sie einfach im Licht. Lassen Sie das Licht der Liebe und der Akzeptanz in jeden Teil Ihres Wesens, das Sie sind, leuchten.*

Bringen Sie Ihrem Ich Hochachtung entgegen. Sie müssen sich nicht immer mit ihm identifizieren oder durch sein begrenztes Gewahrsein eingeschränkt sein, aber ehren Sie es als ein Ausdruck Ihrer schöpferischen Lebenskraft. Ihr Ich hat hervorragende Arbeit geleistet, hat Ihnen die Wirklichkeit der Begrenzung gezeigt, und verdient Ihr Licht.

Es wird Ihnen schwerfallen, Ihr Ich hochzuachten, wenn Sie sich von ihm beherrscht fühlen. Wenn Sie glauben, daß es Sie von dem höheren spirituellen Gewahrsein fernhält, werden Sie dazu neigen, in Kampfstellung zu gehen und es zu besiegen versuchen. Diese Haltung versetzt Sie in eine eindeutig nachteilige Lage. Denn eigentlich können Sie diesen Kampf überhaupt nicht gewinnen, so daß er für Lebzeiten immer und immer weitergehen kann. Er wird erst entschieden sein, wenn Sie aufgeben und etwas Neues geschehen lassen.

Manchmal hat es den Anschein, als würden die Begrenzungen Ihres Ich Sie kontrollieren und als wären Sie, wenn Sie sich seiner entledigen könnten – oder sich von ihm abschließen könnten –, frei, um sich zu den spirituellen Höhen emporzuschwingen, an die Sie sich dunkel erinnern. Es mag sich so anfühlen, aber Gefühle entsprechen nicht immer der höheren Wahrheit.

Ihr Ich kontrolliert Sie nicht; Sie identifizieren sich mit ihm. Das ist ein wichtiger Unterschied. Als Sie heranwuchsen und das Wahre Selbst „vergaßen", um mit dem Sie umgebenden Bewußtsein übereinzustimmen, trafen Sie die Wahl, sich mit dem Ich als der vorherrschenden Wirklichkeit gleichzusetzen. Es war eine Wahl! Und es ist nach wie vor eine Wahl!

Der Grund, warum dieser Unterschied so wichtig ist, liegt darin, daß alles, was immer Sie wählen, um sich damit zu identifizieren, in höchstem Maße real sein wird. Sie machen die Ich-Wirklichkeit in Ihrem Leben dadurch wirklich, daß Sie sie wählen. Wenn Sie die Wahl treffen, sich weiterhin mit dem Ich zu identifizieren, werden Begrenzung und Trennung nach wie vor die Baustoffe für alle Situationen und Erfahrungen in Ihrem Leben sein.

Es ist nichts verkehrt daran, sich mit dem Ich zu identifizieren; es ist wirklich eine schöne Lebensweise. Begrenzung ist genauso göttlich wie Grenzenlosigkeit. Wenn Sie sich jedoch innerhalb dieser Begrenzung unbehaglich fühlen und feststellen, daß Sie sich nach umfassenderen Erfahrungen sehnen, können Sie ebenso die Wahl treffen, sich mit der Unbegrenztheit zu identifizieren. Im alltäglichen Leben treffen Sie immer und immer wieder eine Wahl; jedes Problem, dem Sie gegenüberstehen, bietet Ihnen die Gelegenheit, eine bewußte und aufrichtige Wahl zu treffen, um sich nach dem Wahren Selbst auszurichten.

Lebe dein Wahres Selbst handelt davon, wie man die Unbegrenztheit dazu einlädt, im Leben wahr zu sein. Sie können es als Handbuch verwenden, um sich daran zu erinnern, mit Entschlossenheit – und schöpferischer Kraft – Ihre Absicht zu lenken und Ihre Wirklichkeit zu wählen.

WÄHLEN SIE IHRE WIRKLICHKEIT

Die neue Wirklichkeit umfaßt das Verschmelzen von Grenzenlosigkeit mit Begrenzung, von Formlosigkeit mit Form. Was bedeutet das für Sie persönlich? Für den Planeten als Ganzes? Sie finden das heraus, indem Sie weiterleben und achtgeben.

Alle Menschen bereiten sich bewußt oder unbewußt auf dramatische Veränderungen in ihrem Leben vor. Für einige mag die Veränderung langsam eintreten und für andere schnell, aber für jeden ist sie dramatisch. Niemand auf dem Planeten ist von dieser Veränderung ausgeschlossen, weil das ganze Bewußtsein des Planeten diesen Wandel vollzieht.

◆ *Ihr Bewußtsein manifestiert sich nach außen hin in Ihrem Leben.*

Durch die Veränderung Ihres Bewußtseins strukturieren sich die von Ihrem alten Bewußtsein hervorgerufenen äußeren Erfahrungen und Manifestationen in Ihrem Leben um, damit sie Schritt halten können. Dabei haben Sie auf der Ich-Ebene keine andere Wahl. Ihr Geist hat bereits gewählt, Sie hierherzubringen, damit Sie an dieser kollektiven Transformation teilnehmen können, und Ihr Wahres Selbst führt Sie bereits durch die Lebensveränderungen, die mit dieser Erweiterung und diesem Wachstum einhergehen.

Während dieser Veränderungen kommt Ihnen die Aufgabe zu, sich intuitiv auf eine verfeinerte Ebene der Sicht – ein verfeinertes Gehör und ein verfeinertes Selbstgefühl – umzustellen. Fortan werden Sie auf natürlichem Wege mit einer feineren Wahrnehmung der Welt um sich herum leben. Sie werden in Einklang mit dem Wandel sein.

Sie stimmen sich in verstärktem Maße auf die Wahrheit Ihres Seins ein. Indem Sie zulassen, daß Sie auf sie hören, sie erkennen und nach ihr ausgerichtet sind, werden die Herausforderungen, denen Sie sich in Ihrem Leben gegenübersehen, Ihre Transformation unterstützen.

In dem Maße, wie Ihr Ich sich Ihrer Transformation widersetzt, werden Sie Probleme haben. Sie sollten verstehen, daß an diesem Widerstand nichts falsch ist; Widerstand gehört zu den Ausdrucksformen des Ich. Sie brauchen sich vor Ihren Problemen nicht zu fürchten; sie werden Sie nicht besiegen und Probleme zeigen auch nicht, daß Sie auf dem falschen Weg sind. Sie spiegeln lediglich Ihren inneren Kampf wider. Benutzen Sie diese Widerspiegelungen als Erinnerung daran, geduldig und fürsorglich mit sich umzugehen.

Ebenso wie es keinen Wert hat, die Illusion der Begrenzung zu bekämpfen, hat es keinen Wert, den Ich-Widerstand zu bekämpfen. Sie können jedoch Nutzen ziehen, indem Sie dem Ich zu ringen erlauben und ihm Mitgefühl zukommen lassen. Während das Ich sich sträubt, öffnen Sie Ihr Gewahrsein dem Wahren Selbst und bitten diesen verfeinerten Sinn für das unbegrenzte Sein in Ihr Leben hinein. Stellen Sie das Wahre Selbst neben das sich sträubende Ich, und lassen Sie es auf energetische Weise die Ängste, Zweifel und Unsicherheiten des Ich lindern.

Mit anderen Worten: Leben Sie die Spaltung. Lassen Sie es zu, daß Sie sich sowohl der begrenzten als auch der unbegrenzten Aspekte Ihres Wesens bewußt sind. Erkennen Sie die vertrauten Gedanken und Gefühle des Ich an, seine alten Seinsweisen. Beachten Sie seine Ängste und seinen Widerstand dagegen, daß Sie sich in die neue Wirklichkeit hineinentwickeln. Von hier aus öffnen Sie sich behutsam dem Wahren Selbst, indem Sie seine Führung, sein Mitgefühl, seine erweiterte Sicht und seine unbegrenzte Natur wahrnehmen.

Zuweilen wird Ihnen besonders auffallen, daß Sie bewußt wählen können, ob Sie sich mit der Ich-Wirklichkeit identifizieren und aus ihr heraus handeln wollen oder aber aus der Wirklichkeit des Wahren Selbst heraus. Versuchen Sie, sich für das Wahre Selbst zu entscheiden, wann immer Sie können.

◆ *Jedesmal, wenn Sie das Wahre Selbst Ihre Handlungen führen lassen, stärken Sie Ihre Fähigkeit, in Unbegrenztheit zu leben.*

Es gibt jedoch Zeiten, da scheinen Sie nicht ganz bereit oder imstande zu sein, nach dem Wahren Selbst zu handeln. Statt dessen ertappen Sie sich dabei, automatisch in die gewohnten Reaktionen und Überzeugungen des Ich zurückzufallen. Auch das ist völlig in Ordnung. Seien Sie sich einfach dessen bewußt. Seien Sie ehrlich mit sich über das, was Sie tun – indem Sie bewußt bleiben, lassen Sie in diesen Situationen neues Wachstum zu sich kommen. Erkennen Sie an, daß das Wahre Selbst gegenwärtig ist, geduldig und mitfühlend auf die Zeit wartet, in der Sie es ihm ermöglichen können, von größerem Nutzen zu sein.

Der Übergang vom Ich zum Wahren Selbst findet nicht plötzlich statt, sondern vielmehr allmählich, er ist eher ein Gewebe als ein jäher Einschnitt. Sie haben die grenzenlose Freiheit, Ihr eigenes Muster und Tempo des Wachstums zuzulassen. Sorgen Sie sich nicht, wenn Ihr Wachstum nicht schnell genug vonstatten zu gehen scheint. Es werden sich Ihnen zahlreiche Gelegenheiten auftun, um Ihren Weg zu wählen und Ihre Wahl zu bestärken. In diesem Prozeß genießen Sie größere Unterstützung, als Ihnen bewußt ist.

LICHTWESEN

Auf einer zutiefst spirituellen Ebene sind Sie mit den Menschen verbunden, die Ihren Wunsch nach größerem persönlichen spirituellem Wachstum teilen. Ferner sind Sie mit einer sehr weisen und liebevollen Gemeinschaft nicht-physischer geistiger Wesenheiten verbunden, die Ihnen bei Ihrem Wachstum beistehen. Tatsächlich werden

Sie in jedem Augenblick von einer unendlichen Anzahl von Wesenheiten aus Licht und Liebe in der Gesamtheit Ihres Seins anerkannt, geliebt und unterstützt. Diese Wesen befinden sich in einem Zustand der vollkommenen Ausrichtung nach der Quelle allen Lebens. Sie sind in keinerlei Weise eingeschränkt in ihrem Zugang zu einem erweiterten Bewußtsein und in ihrer Fähigkeit, dieses Bewußtsein auf andere auszustrahlen.

Wenn Wesen sich in diesem Zustand der gemeinsamen Ausrichtung befinden, ist ihre Energie automatisch allen zugänglich, die nach unbegrenztem Gewahrsein streben. Diese vollkommen ausgerichteten Wesen werden niemals müde, zu geben. Zu geben ist ihre Freude, ihre natürliche Wirklichkeit.

◆ *Ebenso wie Wasser beim Fließen keine Mühe oder Erschöpfung erfährt, werden Wesen aus Licht und Liebe nicht müde, Ihnen zu geben.*

Diese Wesenheiten unterstützen Sie völlig in Ihrer spirituellen Transformation und strahlen unentwegt Lichtwellen zum kollektiven Bewußtsein unseres Planeten aus. Diese Lichtwellen führen Energiemuster mit sich, die genau die Energiemuster Ihres eigenen höheren Bewußtseins spiegeln. Ihr Wahres Selbst erkennt diese Wellen als das, was sie sind, empfängt sie und ermöglicht es dadurch Ihrem ganzen Wesen, sich auf einer tiefen Ebene an Ihre unbegrenzte Natur zu erinnern.

Sie können wählen, ob Sie dieses Licht akzeptieren. Menschen, die überhaupt kein Interesse daran haben, sich in diesem Leben an die Gesamtheit ihres Seins zu erinnern, werden diese Lichtwellen nicht empfangen oder beachten. Sie werden einfach ihr Leben auf eine andere Weise führen, die sie für ihr höchstes Wachstum bestimmt haben. Die meisten Menschen sind jedoch auf der Ebene der Essenz wirklich daran interessiert, sich zu erheben und dieses Licht zu empfangen. Vielleicht spüren Sie sogar, daß Ihre Sehnsucht nach einem umfassenderen Gewahrsein so ausgeprägt ist, daß Sie sich nicht nur erheben, sondern die Arme schwenken und rufen: „Hierher! Ich will mehr Licht aufnehmen!

Hierher!" Ihr spiritueller Enthusiasmus wird von unzähligen anderen geteilt.

Sobald jede Lichtwelle innerhalb des Gruppenbewußtseins empfangen wird, erzeugt sie einen Sog zur Quelle hin, so daß die nächste Lichtwelle freigesetzt wird. Wird diese Welle empfangen, wird durch den Sog die nächste freigegeben usw. Dies erzeugt einen natürlichen Fluß von Lichtwellen, von denen jede einzelne ein umfassenderes Bewußtsein mit sich bringt. Weil jede Welle vollständig empfangen werden muß, bevor die nächste Welle freigesetzt werden kann, wird dieser Fluß stets mit Ihrer Fähigkeit, das Licht in Ihr Leben aufzunehmen, Schritt halten. Der Fluß ist in Einklang mit Ihnen und kann das Wachstum nicht zu schnell oder zu langsam ankurbeln.

Indem Sie diese Energie empfangen und es zulassen, in sie eingetaucht zu sein, fangen Sie automatisch an, sie nach außen in das Leben auszustrahlen. Diese in Ihrem Leben freigesetzte Energie ruft Erfahrungen hervor, die Sie auf einer bewußten Ebene daran erinnern, wer Sie wirklich sind.

Viele Ihrer Vorstellungen sowohl von sich selbst als auch von äußeren Situationen in Ihrem Leben wurden möglicherweise dadurch hervorgerufen, daß Sie sich mit Ihrem „unWahren Selbst" identifiziert haben, und können Ihr bewußteres Gewahrsein des unbegrenzten Seins beeinträchtigen. Wenn Sie sich weiterhin, gewöhnlich unbewußt, mit diesen Vorstellungen und Situationen identifizieren, können diese wie physische, emotionale oder geistige Blockaden wirken, die Sie glauben lassen, daß Sie festsitzen oder unfähig sind, Ihr wahres Potential zu leben. Wenn Sie bereit sind, wird die Ausstrahlung von dem Licht und der Liebe, die durch Ihr Sein fließen, diese Blockaden beleben, und das mag zuweilen bewirken, daß diese Blockaden noch mächtiger zu sein scheinen. Aber wenn Sie zulassen, daß Sie diese Blockaden erfahren und sich durch sie hindurchbewegen, werden sie in eine Energie umgewandelt, die Sie letzten Endes darin unterstützt, derjenige bzw. diejenige zu sein, der Sie wirklich sind.

Diese innere Transformation wird in Ihrem äußeren Leben in dem Maße zu Veränderungen führen, wie Sie sie benötigen. Wenn Ihr Leben bisher darauf aufbaute, wer Sie Ihrer eigenen Meinung nach sein sollten, oder auf den Vorstellungen, die andere Menschen von Ihnen hatten, anstatt darauf, wer Sie im wesentlichen sind, dann wird sich Ihr ganzes Leben verändern. Auch wenn eine solche tiefgreifende Veränderung zuweilen schwierig, erschreckend oder schmerzlich sein kann, führt sie unter der Obhut Ihres Geistes zu mehr Erfüllung.

Bei diesem Übergang können Sie das Gefühl haben, daß einige (oder alle) Strukturen in Ihrem Leben zusammenbrechen: Ihre Arbeit, Ihre wichtigste Beziehung, Ihre Freundschaften, Ihre grundlegende Ansicht über sich selbst und die Welt. Mit dieser Veränderung gehen oft Gefühle von Verlust, Angst, Verzweiflung, Hilflosigkeit und Versagen einher. Aus der Sicht der Seele jedoch gibt es so etwas wie Versagen oder Verlust nicht. Ihr Leben wird durch Ihr Höheres Selbst umstrukturiert und widerspiegeln, wer Sie wirklich sind. Das ist die Stabilität unterhalb der Veränderung.

◆ *Wenn Ihr Leben darauf basiert, wer Sie wirklich sind, kann keine Veränderung Sie erschüttern, kann keine Unsicherheit zu Instabilität führen.*

Ihre Stabilität basiert dann nicht mehr darauf, an Dingen in statischer Form festzuhalten und eine Veränderung zu verhindern. Statt dessen besitzen Sie eine größere Kraft, die daher rührt, daß Sie aus Ihrem Wahren Selbst heraus leben können, gleichgültig was sich um Sie herum verändert.

Während dieses ganzen Übergangs sind Ihnen die Wesen aus Licht und Liebe, die voller Freude die Wellen erweiterten Bewußtseins auf den Planet ausstrahlen, zugänglich. Alle Ihre Gedanken, Gefühle und Handlungen, die von der Absicht, größeres spirituelles Wachstum zu erlangen, getragen sind, werden von ihnen automatisch unterstützt und verstärkt. Sie können Gebrauch von ihrem Beistand und ihrer Führung machen, wann immer Sie es wünschen.

Vielleicht neigen Sie dazu, die Macht, die in Ihrem Wunsch nach persönlicher Unterstützung liegt, zu unterschätzen. Jeder echte Wunsch, jede Bitte von Herzen wird sofort angenommen, und Beistand wird immer gewährt. Immer. Wenn eine aufrichtige Bitte um höheres Wachstum vorgebracht wird, reagieren Wesen, die diese Ebene bereits erreicht haben, wie von selbst, um zu helfen.

Beistand und Führung werden Ihnen durch die Erfahrungen in Ihrem Leben gewährt. Beistand kann in Formen zu Ihnen kommen, die Sie sich wünschen oder erwarten. Aber er kann auch ganz andere Erscheinungsformen annehmen, durch eine Reihe von Erfahrungen, um die Sie nicht im Traum gebeten hätten. Sie können niemals sicher wissen, auf welche Art und Weise (oder zu welchem Zeitpunkt) sich der Beistand zeigen wird, aber er wird immer dem entsprechen, was Ihrer höheren Absicht dient.

Vergessen Sie nicht, daß, sobald Sie sich „nach außen" an die höhere Führung wenden, Sie sich gleichfalls natürlich und automatisch nach innen an die höheren Ebenen Ihres Wesens wenden. Indem Sie also um geistigen Beistand bitten, richten Sie sich gleichzeitig nach Ihrer inneren Führung aus. Die Quelle Ihres Beistandes liegt nur scheinbar außerhalb von Ihnen.

◆ *Die äußere geistige Führung dient allein als Übungswagen für Ihr Gewahrsein; Ihr eigenes unbegrenztes Wesen ist das Fahrzeug, das Sie wirklich vorwärtstreibt.*

Das Wunder besteht darin: Indem Wesen aus Licht und Liebe wirklicher für Sie werden, werden Sie auch wirklicher für sich selbst werden. Wenn Sie sich unbegrenzten Wesen öffnen, öffnen Sie sich Ihrem eigenen Wahren Selbst und geben sich die Macht über Ihr Leben zurück. Ihr wahrer Zustand der Einheit wird offenbar, und Sie werden nach der Welt um sich herum ausgerichtet. Obgleich Sie für die physische Realität nicht länger verloren sind, sind Sie auch nicht mehr von irgend etwas in ihr getrennt. Wer zuvor ein Feind zu sein schien, ist jetzt ein Gefährte. Was zuvor eine überwältigende Schwierigkeit zu sein schien, ist jetzt lediglich ein anderer Weg, um die Lebendigkeit des Lebens anzunehmen.

Wenn diese Erfahrung wirklich und in Ihnen verankert ist, sind Sie auf eine Art und Weise mit Ihrem Wahren

Selbst verbunden, die Sie mit allen Dingen und allen Wesen verbindet. Es gibt nichts und niemanden, das oder der nicht Sie ist. Und es ist genauso einfach, eine Veränderung in seiner Welt vorzunehmen wie in sich selbst.

Erkennen Sie Ihre tiefsten Wünsche

Der Schlüssel zur Fülle liegt darin,
daß Sie Ihren tiefsten Wünschen folgen

◆

SEHNSUCHT NACH FÜLLE

Obwohl unsere Wünsche in die Tiefe gehen, sind wir uns gewöhnlich nur der oberflächlichsten bewußt, und diese sind es auch, denen wir Beachtung schenken. Die Erfüllung oberflächlicher Wünsche bringt uns oberflächliche Belohnungen ein. Wenn wir jedoch ein höheres Maß an Glück und Erfolg hervorrufen und unserem Leben eine größere Bedeutung beimessen wollen, müssen wir lernen, unsere tiefsten Wünsche zu erkennen – diejenigen, die uns wirklich am Herzen liegen – und größeren Wert darauf zu legen, sie zu erfüllen.

Sich dieser Aufgabe zu widmen ist eine große Veränderung, eine Veränderung, die positive, lebensverändernde Resultate erzeugen kann. Und doch können wir zögern oder uns gegen diese Veränderung sträuben, wenn man uns beigebracht hat, daß wir nicht haben können, was wir uns wirklich im Leben wünschen, wenn wir glauben, daß wir nicht viel haben sollten, oder wenn wir es einfach noch nicht gewohnt sind, wahres Glück und wahren Erfolg zu erfahren.

Um darauf zu vertrauen, daß unsere tiefsten Wünsche erfüllt werden können, müssen wir die Erfahrung machen, daß unser Leben uns Fülle anbietet. Fülle ist ein Zustand, in dem uns das, was wir uns wünschen, zugänglich ist und in dem wir es uns uneingeschränkt erlauben, es zu bekommen. Dies soll nicht bedeuten, daß jede Laune befriedigt werden sollte, denn das wäre bedeutungslos und daher nicht wirklich erfüllend. Fülle ist vielmehr ein Zustand, in dem wir imstande sind, alles zu bekommen, was wir auf der tiefsten Ebene wirklich brauchen oder wünschen.

Wir können Fülle unter zwei Aspekten betrachten: einem äußeren und einem inneren. „Äußere Fülle" bedeutet, daß wir die Welt als solcherart aufgebaut erfahren, daß alles, was wir wirklich benötigen oder uns wünschen, zur Verfügung steht. Wenn wir auf äußere Fülle vertrauen, wissen wir, daß unsere tiefsten Wünsche erfüllt werden, auch wenn es uns unverständlich sein mag, wie das möglicherweise vonstatten gehen könnte. Innere Fülle bedeutet, daß wir zunächst mit nährenden und bereichernden Erfahrungen von innen erfüllt werden und uns dann von äußerer Fülle berühren lassen können.

Gewöhnlich gehen wir davon aus, daß unsere Probleme in der Welt der äußeren Fülle liegen; wir glauben, daß die Welt nicht gemacht ist, um uns zu geben. Der Grund für unsere Denkeweise ist leicht einzusehen. Wir wünschen uns eine Million Deutsche Mark, aber niemand geht auf uns zu und überreicht sie uns. Wir suchen angestrengt nach dem richtigen Liebespartner, aber jeder, mit dem wir uns verabreden, erweist sich als Enttäuschung für uns. Wir wissen, daß wir mehr Anerkennung am Arbeitsplatz oder ein höheres Gehalt verdienen, aber die Belohnung stellt sich nie ein. Das Ich-Bewußtsein interpretiert diese Fakten so: Die Welt unterstützt uns nicht, sie besitzt also keine Fülle, eben weil sie unsere Wünsche nicht erfüllt. Aber mit dieser Interpretation irren wir uns. Wir setzen voraus, daß die äußere Welt unabhängig von unserer inneren Welt funktioniert, daß die äußere Welt unveränderlich ist und wir nur auf sie reagieren oder versuchen können, etwas von ihr zu bekommen. In Wirklichkeit sind unsere äußere und unsere innere Welt viel stärker miteinander verknüpft, als wir es uns vorstellen; diese beiden Welten sind keineswegs voneinander getrennt, sondern beeinflussen sich gegenseitig und reagieren aufeinander.

◆ *Unsere Interpretation der äußeren Welt spiegelt unsere innere Erfahrung wider.*

Zuerst kommt die innere Fülle. Je mehr innere Fülle wir erfahren, um so größer wird unsere Erfahrung von äußerer Fülle werden. Wenn unsere Erfahrung der Fülle insgesamt zunimmt, wird sich auch unsere Überzeugung, daß unsere tiefsten Wünsche erfüllt werden können, festigen. Wenn wir innere Fülle als unsere wahre Grundlage erkennen, entwickeln wir die Fähigkeit, die Erfüllung unserer tiefsten Wünsche in unseren Interaktionen mit der äußeren Welt zu finden.

Was können Sie tun, wenn Sie sich nach Fülle sehnen? Wenden Sie sich nach innen; wenden Sie sich der Selbstliebe zu, denn sie ist der Schlüssel zu innerer Fülle. Wenn Sie Ihre Sehnsucht nach Fülle stillen wollen, müssen Sie zuerst voller Mitgefühl Ihre seit langem nicht wahrgenommenen Schreie nach größerer Selbstliebe hören. Dazu ist es erforderlich, daß Sie Ihr Herz einer Ebene des inneren Bedürfnisses öffnen, die Sie vielleicht seit Ihrer Kindheit ignoriert haben.

Ohne Selbstliebe zu sein erzeugt innere Armut, die von Mangel geprägte Verhältnisse in Ihrem äußeren Leben manifestiert. Wenn Ihre innere Erfahrung besagt: „Ich kann mich nicht selbst lieben. Ich kann den inneren Reichtum, voll und ganz zu sein und mich vollkommen selbst zu lieben, so wie ich bin, nicht haben", wird Ihre äußere Erfahrung folgendermaßen aussehen: „Ich kann den Reichtum, den ich mir in der äußeren Wirklichkeit am meisten wünsche, auch nicht haben." Folglich werden Sie wahrscheinlich immer wieder Situationen manifestieren, in denen Sie nicht genügend Geld, Liebe, Freundschaft oder was auch immer haben, das in Ihrem Leben zu größerem Reichtum führen würde.

Um diese leere Stelle zu heilen, müssen Sie nach innen schauen. Nach innen zu schauen bedeutet nicht, kritisch zu sein oder nüchtern zu versuchen, seine Fehler aufzuspüren, um sich ihrer zu entledigen – denn Härte heilt nicht. Schalten Sie statt dessen behutsam ein inneres Licht ein, und versuchen Sie mit Zärtlichkeit und Mitgefühl herauszufinden, wie Sie sich selbst mehr lieben können.

Stellen Sie sich einen Augenblick lang vor, daß ein kleines Kind, das Sie aufrichtig lieben, weinend zu Ihnen kommt und sich auf Ihren Schoß setzt. Und stellen Sie sich vor, daß Sie sofort erkennen können, daß das Problem dieses Kindes Selbstachtung ist, daß es nicht glaubt, wirklich liebenswert zu sein. Wie würden Sie sich verhalten? Sie würden dieses Kind nicht dafür bestrafen, daß es sich nicht selbst liebt. Statt dessen würden Sie dieses Kind an sich drücken und ihm sagen: „Ich sehe, daß du vergessen hast, was für ein wunderbares Wesen du bist. Du hast deine Schönheit vergessen. Du hast deine Vitalität, deine Magie, deine liebenswerte Art vergessen. Ich lasse meine Liebe zu dem, der du bist, dich erfüllen, um dich zu lehren, um dich zu erinnern. Ich halte dich in diesem Wissen darüber, wer du bist, damit du dich daran erinnern kannst, dich selbst zu schätzen und zu lieben."

Tun Sie das gleiche mit sich selbst. Seien Sie willens, sich sozusagen auf Ihren Schoß zu setzen und genauso liebevoll und mitfühlend in das Wesen, das Sie sind, hineinzuschauen. Sehen Sie einfach nach, wo Sie Ihre Magie vergessen haben, wo Sie die Liebe, die Sie sind, und die Schönheit, die Sie in sich tragen, vergessen haben. Dann verpflichten Sie sich dazu, sie jeden Tag auf irgendeine Weise wiederzuentdecken.

FÜLLE EMPFANGEN

Fülle ist eine Tatsache in Ihrem Leben, um die Sie jedoch möglicherweise nicht wissen. Sie können sich weit von Fülle entfernt fühlen und annehmen, daß sie irgendwo „dort draußen" existiert, vielleicht für andere Menschen, vielleicht als etwas, das Sie hervorzubringen oder zu erhalten versuchen, etwas, zu dem Sie den Durchbruch zu schaffen versuchen.

Aber Sie kreieren keine Fülle. Sie gehen nicht hinaus und bekommen sie. Fülle ist einfach da. Sie ist unveränderlich; sie ist immer wie die Sonne vorhanden. Wenn Sie Sonne haben wollen, versuchen Sie nicht, sie zu erschaffen oder zu kontrollieren. Sie treten einfach hinaus in die Sonne und gestatten es sich, sie zu spüren. Dasselbe trifft auf Fülle zu. Vielleicht haben Sie bis jetzt Ihre Zeit im Schatten stehend verbracht, sich umgeschaut und gefragt: „Wo ist die Fülle? Sie sollte bald hier sein. Ich arbeite so hart dafür, wo ist sie nur?"

Vielleicht ist es an der Zeit, einige Schritte aus dem Schatten in das Licht hinein zu machen, wo Sie schließlich die Fülle empfangen können, nach der Sie sich sehnen.

◆ ◆ ◆

Einstimmung

Fülle empfangen

1. Wünschen

Gestatten Sie sich, Ihren Wunsch ganz deutlich zu spüren. Vielleicht sind Sie niedergeschlagen in Erwartung dessen, daß Sie Ihren Wunsch spüren werden, ohne ganz sicher zu wissen, ob er in Erfüllung gehen wird. Wenn Sie als Reaktion auf dieses Gefühl der Niedergeschlagenheit mit dem Wünschen aufhören, gebieten Sie ebenfalls der Energie Einhalt, die Dinge zu manifestieren vermag. Sie können keine Fortschritte machen, wenn Sie diese vitale Energie des Wünschens nicht zurückfordern. Lassen Sie Ihre wahren Wünsche voll und ganz zum Vorschein kommen, ungeachtet dessen, ob es überhaupt möglich ist, daß sie sich jemals manifestieren werden.

Es besteht eine Wechselbeziehung zwischen dem Grad, in dem Sie zulassen, sich etwas zu wünschen, und dem Grad, in dem Sie zulassen, es zu bekommen. Wenn Sie aufrichtig den Wunsch so groß werden lassen, wie er selbst wachsen will, ist es wahrscheinlicher, daß Sie die Manifestation seiner Erfüllung ermöglichen. Wenn Sie den Kanal der schöpferischen Kraft für das Wünschen öffnen, wird er sich ganz natürlich ebenfalls für das Manifestieren öffnen.

2. Fühlen

Wenn Sie anfangen, Gefühle ganz und gar wahrzunehmen, können auch andere Empfindungen an die Oberfläche treten. Erlauben Sie sich, sie zu fühlen. Manchmal können es Gefühle der Traurigkeit oder Verzweiflung sein: „Ich möchte das für mich haben, und dieser Wunsch macht mich traurig, denn ich muß an die ganze Zeit denken, in der ich es nicht hatte", „Ich fühle, daß ich in meinem Leben arm bin an dem, was ich schon so lange vermisse", „Es kommt mir aussichtslos vor. Ich weiß nicht, wie ich bekommen soll, was ich mir wünsche, und wahrscheinlich kann ich es sowieso nicht haben". Auch Wut kann aufsteigen: „Warum habe ich mir nicht erlaubt, es früher zu bekommen? Ich bin so wütend darüber, daß ich mein Leben auf diese Weise gelebt habe!" Es ist wichtig, daß Sie solche Gefühle – und andere – hochkommen lassen und wahrnehmen. Lassen Sie sie zu ihrer wahren Größe heranwachsen und zum Ausdruck kommen.

3. Bewegen

Lassen Sie Ihren Körper sich in Einklang mit diesen Gefühlen bewegen. Wenn Sie sich impulsiv auf den Boden werfen und wie ein wütendes, frustriertes und trauriges Kind weinen oder jammern möchten, folgen Sie dieser Regung. Falls Sie Unterstützung brauchen, suchen Sie sich einen Menschen, der in einem solchen Moment bei Ihnen ist, aber ermöglichen Sie Ihrem Körper, sich so auszudrücken, wie er es möchte.

Wichtig ist hier, daß Sie Ihre Gefühle auf gesunde Weise durch Ihren Körper hindurch lassen. Der physische Körper ist der Sitz der Emotionen; es ist der Ort, wo sie leben. Alle Emotionen wirken sich auf physischer, chemischer und zellularer Ebene aus. Es ist wichtig zuzulassen, daß sich die Emotionen durch den Körper hindurchbewegen, damit Sie auf allen Ebenen klar, ausgeglichen und offen für neue Erfahrungen sein können.

4. Vertrauen

Vertrauen Sie sich selbst: Vertrauen Sie auf die Wünsche, die Sie hatten, vertrauen Sie auf die Gefühle, die Sie als

Reaktion darauf empfunden haben, und vertrauen Sie auf die Bewegung, die stattgefunden hat. Es war wirklich; Sie waren es; es war wichtig gewesen.

Dieser Schritt ist ein Weg, um in allen Lebenslagen bei sich selbst zu bleiben, ungeachtet dessen, wie es sich anfühlt. Menschen, die keinen Kontakt zur Fülle spüren, neigen dazu, den Kontakt zu sich selbst zu verlieren. Die beiden gehen Hand in Hand. Aus diesem Grund ist es wichtig, daß Sie während dieser ganzen Kette von Erfahrungen bei sich bleiben und sich selbst vertrauen.

5. Loslassen

Jetzt lassen Sie los. Nehmen Sie einen tiefen Atemzug, und achten Sie darauf, den Kreislauf zu vollenden. Die aktive Arbeit wurde erledigt. Indem Sie die Schritte eins bis vier befolgten, haben Sie sich selbst ein großes Geschenk gemacht. Sie haben sich gut gereinigt, eingestimmt und nach sich selbst ausgerichtet. Mehr ist nicht zu tun.

Vielleicht haben Sie Ihre Wanderstiefel an und sind bereit, vorwärtszustürmen und nach den gewünschten Dingen zu streben – nach der Fülle, die Sie suchen. Wenn das ein wahrer Wunsch ist – ein Antrieb, der noch zum Ausdruck gebracht werden will, oder ein Ziel, daß Sie noch erreichen wollen –, dann folgen Sie ihm. Wenn da nichts ist, das wirklich zum Ausdruck gebracht werden will, sondern nur Ihre Meinung oder Ihr Gefühl, daß Sie mehr tun müssen oder sollten, dann lassen Sie es los, denn es ist eine Illusion. Sie haben Ihre Arbeit getan, und jetzt können Sie eine Verschnaufpause einlegen. Wenden Sie sich wieder Ihrem Leben zu, und gestatten Sie sich, zu empfangen.

6. Empfangen

Lassen Sie die Früchte Ihrer Arbeit in Ihr Leben einfließen. Gestatten Sie sich einfach anzunehmen, was Sie sich wünschen. Fülle kann nicht erlangt, genommen, ergriffen oder erstrebt werden. Ebensowenig wie die Sonne, der Mond und die Sterne. Sie können lediglich in ihr Licht, in ihre Gegenwart treten und sie empfangen. Mit den ersten fünf Schritten haben Sie sich ins Licht der Fülle bewegt, und der sechste Schritt besteht lediglich darin, sie zu empfangen.

Das von Ihnen Gewünschte kann in jeder Form zu Ihnen kommen, wie Sie es haben wollten – was aber nicht unbedingt der Fall sein muß. Hier ist es wichtig, zu sehen, wenn es kommt, und zu wissen, daß die Form ohne Bedeutung ist. Die Essenz Ihres Wunsches ist es, die erfüllt zu Ihnen zurückkommt, nicht unbedingt die Form selbst. Sie müssen imstande sein, mit anderen Augen zu sehen, so daß Sie die Essenz dessen, was Sie sehen, erkennen können.

◆ ◆ ◆

Das Gefühl des Wünschens entsteht, weil Sie sich als getrennt von dem empfinden, was Sie haben möchten. Es ist so, als würde eine Glaswand zwischen Ihnen und der Fülle stehen. Sie können die Fülle auf der anderen Seite erkennen. Gelegentlich sehen Sie andere Menschen hinübergehen und an der Fülle teilhaben; dann kehren sie wieder zurück und erzählen Ihnen, wie Sie das gleiche tun können. Aber die Glaswand steht noch immer da. Mit diesen Schritten zu arbeiten kann helfen, die Wand beiseite zu rücken. Dann werden Sie anfangen zu erkennen, daß, was Sie sich gewünscht haben, niemals weit entfernt, überhaupt nicht von Ihnen getrennt war.

MANIFESTIEREN

Sie verfügen bereits über die unbegrenzte Fähigkeit, in der physischen Wirklichkeit zu erschaffen. Tatsache ist, daß Sie die ganze Zeit über an der Erschaffung der physischen Wirklichkeit beteiligt sind. Genau in diesem Augenblick erschaffen Sie den nächsten Augenblick und den nächsten und den nächsten einfach dadurch, daß Sie derjenige sind, der Sie sind. So könnte man sagen, daß die nächsten sechs Monate Ihres Lebens bereits erschaffen wurden – nicht als Schicksal, sondern als Möglichkeit, einfach dadurch, daß Sie in diesem Augenblick derjenige sind, der Sie sind.

In Ihrer Essenz sind Sie unbegrenzter Geist, der in die physische Form eingetreten ist. Durch Ihren physischen Körper steht Ihr Geist-Bewußtsein mit der physischen Wirklichkeit in Verbindung, und durch Ihren physischen Körper richtet sich Ihre innere schöpferische Kraft zum Manifestieren in die äußere, die physische Welt. Das Wichtigste, was Sie über diesen Prozeß wissen müssen, ist, daß es Ihre Selbst-Erfahrung ist, die jeden Aspekt Ihres Lebens erschafft.

◆ *Alles ist Energie.*

Physische Materie ist Energie. Gedanken sind Energie. Gefühle sind Energie. Alle Vorstellungen, Gedanken, Gefühle und Überzeugungen, die Sie bewußt oder unbewußt über sich selbst hegen, führen entsprechende Energieformeln oder Energiemuster mit sich. Diese Energiemuster sind komplex und überaus real. Gemeinsam bilden sie Ihre „Selbst-Erfahrung", welche Ihre innere Wirklichkeit ist. Diese fortwährende innere Wirklichkeit ruft die äußere Wirklichkeit hervor, mit der Sie jeden Tag leben.

Ihre Aura ist das energetische Feld, das sich von Ihrem Körper aus nach außen erstreckt. Über Ihre Aura werden die Energiemuster Ihrer Selbst-Erfahrung in die äußere, die physische Welt hinein übermittelt. Dort nehmen sie Form an oder manifestieren sich als Ihr Leben. Diese Energiemuster erschaffen alle Ihre äußeren Erfahrungen (Situationen, Beziehungen, Wohlstand usw.) und Ihre Reaktionen auf sie. Folglich ist alles, dem Sie im Leben begegnen, eine Widerspiegelung der inneren Erfahrung Ihrer selbst! Auf diese Weise ist Ihre Erfahrung mit jedem und allem ein Spiegel für Sie und überdies Veränderungen unterworfen, wenn sich Ihre Selbst-Erfahrung ändert.

◆ *Es heißt: Was der Mensch sät, das wird er ernten. Der Grund dafür liegt darin, daß Sie allem, was Sie ausstrahlen, auch begegnen werden.*

Wenn Sie sich beispielsweise Ihrer selbst als Liebe bewußt sind, werden diese Energiemuster durch die Aura nach außen gesendet, und was Sie in Ihrem Leben begegnen, wird die manifestierte Erfahrung dieser Liebe sein. Dann scheint Ihnen die Welt vielleicht ein liebevoller Ort zu sein oder zumindest ein liebevollerer Ort als es der Fall wäre, wenn Sie sich Ihrer inneren Quelle der Liebe nicht so stark bewußt sind.

Auf einer praktischen Ebene sollten Sie außerdem berücksichtigen, daß Ihre Selbst-Erfahrung maßgebend dafür ist, welche Schritte Sie im Leben unternehmen. Wenn Sie von bewußter Selbstliebe getragen werden, neigen Sie dazu, liebevolle Schritte zu unternehmen und daraufhin mehr liebevolle Reaktionen in der Welt zu ernten. Wenn Sie nicht in Kontakt mit der tiefen Liebe zu sich selbst sind, sich nicht wertschätzen und würdigen, wird Ihr energetisches Muster der „Nichtliebe" durch Ihre Aura nach außen in die Welt gesendet und manifestiert sich in Ihrem Leben. Sie können immer wieder auf Situationen stoßen, in denen Sie nicht geliebt, geschätzt oder so freundlich behandelt werden, wie Sie gern behandelt werden möchten. Dann kann das Leben eine erschreckende und entfremdende Erfahrung sein.

Wenn Sie über das oben angeführte Beispiel nachdenken, sollten Sie daraus nicht schließen, daß Sie schlecht sind oder einen Makel haben, weil Sie sich selbst nicht mehr lieben, sondern nur hungrig nach der Nahrung sind, die Sie verdienen. Es ist immer möglich, sich umfassenderen Erfahrungen zu öffnen, selbst wenn Sie sich in einer solchen Einschränkung verfangen haben. Vergessen Sie nicht, daß die Veränderung in Ihrem Innern beginnt.

◆ *Sie ändern die Muster der äußeren Manifestation, indem Sie Ihre innere Selbst-Erfahrung ändern.*

Seien Sie willens, sich selbst tiefere Liebe zu gönnen. Nähren Sie diese Selbstliebe, ungeachtet dessen, was das Leben Ihnen zu geben oder zu sagen scheint. Dann werden Sie Ihrem Energiemuster automatisch mehr Selbstliebe hinzufügen, das nach außen gesendet wird, wo es sich manifestieren kann. Nach einer Weile wird sich die Welt zu ändern scheinen, und Sie werden mehr Liebe in Ihrem Leben begegnen. Sie werden feststellen, daß Sie redlicher behandelt und häufiger hochgeschätzt werden. Sie werden mehr und mehr darin unterstützt werden, die Liebe, die Ihr wahres Wesen ist, nach außen hin zu leben.

GEBEN SIE IHREN WÜNSCHEN MACHT

Ihre Energie, die Dinge zu manifestieren vermag, hört niemals auf, für Sie zu arbeiten. Als eine überaus schöpferische und zielbewußte Kraft ermächtigt sie Sie buchstäblich, mit projizierten Formen Ihres Wesens zu interagieren, wo Sie auch hingehen. In dem Maße, wie Ihre Selbst-Erfahrung inneres Nähren und innere Unterstützung umfaßt, wird sich ein solches Nähren und eine solche Unterstützung in Ihren äußeren Beziehungen zeigen. In dem Maße, wie Sie Fülle in Ihrer inneren Welt erfahren, werden Ihre Manifestationen in der äußeren Welt von Fülle geprägt sein. Aber nichts, was Sie in der physischen Realität manifestieren, ist an und für sich wichtig. Alles ist lediglich als Ihr Spiegelbild um des Lernens und Wachsens willens da. Alle Menschen, Dinge und Situationen, denen Sie begegnen, sind ein Aspekt von Ihnen.

Sie manifestieren etwas aus dem einzigen Grund, um Ihre Selbst-Erfahrung in die physische Realität zu bringen. Wenn Sie darauf bestehen, etwas zu einem anderen Zweck zu manifestieren, arbeiten Sie Ihrem eigenen Wesen entgegen. Das mag an sich sehr frustrierend sein, und Sie mögen verwundert fragen: „Warum kommt nicht das zu mir, was ich mir gewünscht habe? Warum passiert es nicht?"

Wenn Sie dieses Gefühl haben, denken Sie daran, sich auf eine tiefere Ebene des Gewahrseins zu begeben: Wenn Sie sich in einer Situation befinden, in der Ihnen sehr daran liegt, mehr Geld, eine Beziehung, ein neues Auto, eine bessere Arbeit oder was auch immer zu haben, und Sie es anscheinend nicht bekommen, versuchen Sie, die Situation anders zu betrachten. Seien Sie sich bewußt, daß Ihr Wunsch nach Geld, der Beziehung, dem Auto usw. von der oberflächlichsten Ebene Ihres Wesens, nämlich Ihrem Ich-Bewußtsein, kommt.

Auch wenn Sie Ihr Ich besser kennen als die tieferen Ebenen Ihres Wesens, hat es die geringste Macht. (Es ist zwar am stärksten an Kontrolle orientiert, besitzt aber die geringste wahre Macht). Weil die tieferen Ebenen des Selbst immer stärker nach dem Wahren Selbst ausgerichtet sind, besitzen sie zunehmend mehr Macht zu manifestieren. Sie können diese größere Macht aktivieren, indem Sie einfach Ihr Gewahrsein verlagern.

Die Einstimmung auf die folgenden vier Ebenen wird Sie stufenweise tiefer führen: 1. Oberflächlicher Wunsch, 2. Essenz des Wunsches, 3. Verinnerlichter Wunsch, 4. Wunsch nach dem Wahren Selbst.

◆ *Jeder oberflächlicher Wunsch ist ein Symbol für einen Wunsch, den Sie auf einer tieferen Ebene hegen.*

1. Oberflächlicher Wunsch

Ihr Ich-Bewußtsein ist mit oberflächlichen Wünschen vertraut – womit Wünsche nach Dingen (und Situationen) gemeint sind, von denen Sie annehmen, daß sie Ihnen Glück oder Erfüllung bringen werden. Diese Wünsche werden durch kulturelle Botschaften verstärkt, nämlich daß Leistung, materieller Gewinn und andere Menschen Ihr Selbstgefühl und Wohlergehen bestätigen.

Von den vier Ebenen werden oberflächliche Wünsche am häufigsten beachtet. Und doch beanspruchen sie die größte Anstrengung und sind am wenigsten befriedigend, selbst wenn sie erfüllt werden. Die Erkenntnis, daß Ihre oberflächlichen Wünsche an sich unvollkommen sind, befreit Sie, um nach Ihrer tieferen Macht zu suchen.

◆ *Sie können sich selbst befähigen, indem Sie sich direkt der Essenz Ihres Wunsches zuwenden.*

2. Essenz des Wunsches

Sie können ohne weiteres Ihr Gewahrsein von der oberflächlichen auf die Essenz-Ebene richten, indem Sie sich fragen: „Was ist die Essenz dieses Wunsches? Welche Qualität in meinem Leben oder in der Erfahrung meiner selbst möchte ich daraus gewinnen?"

Zum Beispiel ist Geld der häufigste Wunsch auf der oberflächlichen Ebene. Doch zugleich ist Geld ein Symbol für viele Dinge. Was bedeutet Geld für Sie auf der Ebene der Essenz? Vielleicht glauben Sie, daß mehr Geld Ihnen ein Gefühl der Erleichterung in der Welt bereiten wird. Es kann tatsächlich eine gewisse Art von Erleichterung bringen, wenn Ihre finanziellen Grundbedürfnisse gedeckt sind. Oder vielleicht würden Ihnen längere Ferien Freude machen. Oder vielleicht wollen Sie einfach das Gefühl haben, im Leben unterstützt zu werden.

Die Essenz Ihres Wunsches ist das Gefühl oder die Eigenschaft, die in Ihr Leben eintreten würde, wenn Sie die Sache (Geld), auf die Sie sich konzentrieren, bekämen. Die Erleichterung, die Freude oder die Unterstützung ist immer ein tieferer Wunsch als das Geld. Und ungeachtet dessen, wie oft es anders erscheinen mag, ist Ihr Bedürfnis nach der Essenz immer stärker als nach der Sache.

Lassen Sie die oberflächlichen Wünsche Ihres Ich als Ihr Sprungbrett zur Essenz-Ebene dienen. Jedesmal wenn Sie feststellen, daß Sie eine „Sache" haben wollen, halten Sie inne und vertiefen Sie den Dialog. Erinnern Sie sich an die Wahrheit. „Ich will mehr Geld haben" wird zu „Was will ich wirklich haben? O ja, jetzt weiß ich es. Die Essenz dessen, was ich wirklich haben will, ist mehr Frieden (oder Wohlbehagen, Freude usw.) in meinem Leben." Oder vielleicht: „Ich möchte mich in der Welt unterstützt fühlen. Ich möchte mich darin unterstützt fühlen, derjenige zu sein, der ich bin, und zu haben, was ich brauche." Wenn Sie bereit sind, diese Verschiebung vorzunehmen, wird der Wunsch nach einer Sache (Geld, Beziehung oder was auch immer) Sie automatisch an Ihren tieferen Wunsch erinnern.

Lassen Sie die Essenz des Wunsches wirklich für Sie sein. Lassen Sie sie jeden Tag zu einem Teil Ihres Gewahrseins werden, so daß Sie mit Ihrem eigentlichen Wunsch in Kontakt bleiben können. Wenn die Essenz Ihres Wunsches für Sie zu einer täglich erfahrbaren Wirklichkeit geworden ist, wird eine Veränderung in Ihrem Manifestations-Muster angeregt. Indem das Gewahrsein der Essenz sich in Ihr Leben integriert, wird es zu einem Teil Ihrer Selbst-Erfahrung und unterstützt energetisch die direkte Manifestation dessen, was Sie sich wirklich wünschen.

Sie können sich nach wie vor mehr Geld, eine Beziehung, ein Auto oder eine neue Arbeit wünschen. Es ist daran nichts auszusetzen, sich auf der oberflächlichen Ebene etwas zu wünschen; das gehört auch zum Leben in der physischen Welt. Aber wenn Sie glauben, daß die Sache selbst irgendwie als Ersatz dafür dient, was Sie auf der Essenz-Ebene vermissen, bringen Sie sich selbst in den Teufelskreis der Unzufriedenheit. Wenn Sie sich ausschließlich auf die Sache konzentrieren, kann es Ihnen passieren, daß Sie sie auch bekommen, aber auf der Essenz-Ebene wird sich nichts verändern, weil Sie Ihr Augenmerk nicht auf sie gerichtet haben. Sie werden das Symbol erhalten, aber nicht die Essenz, für die das Symbol steht. Sie werden zwar das gewünschte Geld bekommen, aber noch immer nicht genügend wahren Frieden, wahre Freude oder wahre Unterstützung in Ihrem Leben. Wenn Sie auch dann Ihr Augenmerk nicht auf die Essenz-Ebene des Wunsches verlagern, können Sie sich schnell in der Situation finden, daß Sie einem anderen Symbol, einer anderen Sache nachlaufen, in der Hoffnung, daß dies Sie jetzt aber retten wird.

Wenn Sie sich fragen, warum Sie niemals wirklich bekommen, was Sie sich wünschen, betrachten Sie diese Dynamik eingehend, weil dies für das Manifestieren grundlegend ist. Erinnern Sie sich daran, daß Sie sich in Wirklichkeit die Essenz stärker wünschen als die Sache. Indem Sie die Essenz Ihres Wunsches so wirklich oder wirklicher für sich werden lassen als Ihr Bedürfnis nach der Sache, sind Sie auf dem besten Weg, die Essenz zu manifestieren.

◆ *Mit „Essenz des Wunsches" ist gemeint, bedeutungsvolle Eigenschaften in seinem Leben haben zu wollen; mit „verinnerlichter Wunsch" ist gemeint, diese in sich selbst haben zu wollen.*

3. Verinnerlichter Wunsch

Dieser Wunsch lenkt Ihr Augenmerk noch mehr auf das eigene Selbst. So könnte Ihr Essenz-Wunsch beispielsweise der folgende sein: „Ich möchte mich in der Welt unterstützt fühlen." Er kann Sie dann dazu veranlassen, sich auf die Ebene zu begeben, auf der Sie sich von sich selbst stärker unterstützt fühlen möchten. „Ich möchte mehr Unterstützung für mich von mir selbst spüren." Diese Unterstützung basiert nicht darauf, daß man im Außen etwas erreicht, das besagt, daß man es wert ist oder es verdient. Es ist ein Grundbedürfnis nach bedingungsloser Selbstunterstützung – eine Selbstunterstützung, die sich nicht an den äußeren Wirklichkeiten orientiert, wie z. B. an Ihrer finanziellen Lage oder der Meinungen anderer Menschen über Sie. Oder wenn Sie sich mehr Freude in Ihrem Leben wünschen, suchen Sie innen nach der Ebene ihres Selbst, auf der Sie sich innere Freude wünschen, die nicht durch Veränderungen in äußeren Ereignissen oder Beziehungen entzogen wird.

◆ *Dem Wunsch nach allen möglichen Dingen und allen Qualitäten der inneren und äußeren Erfahrungen liegt der Wunsch zugrunde, Ihr wahres Wesen zu entdecken.*

4. Wunsch nach dem Wahren Selbst

Der Wunsch nach dem Wahren Selbst lautet ungefähr folgendermaßen: „Mehr als alles andere möchte ich mich so manifestieren, wie ich wirklich bin, damit ich mein Wahres Selbst als etwas Reales sehen und erkennen kann." Dies ist ein so grundlegender Wunsch, daß ihn jedes Geistwesen hegt, das physische Form annimmt. Im Säuglingsalter und in der Kindheit ist er besonders stark, gerade in den Zeiten, wenn andere Menschen ihn am wenigsten zu erkennen und zu unterstützen scheinen. Die Erfüllung dieses Wunsches ist damit verbunden, die Kluft zwischen innerem Potential und äußerer Wirklichkeit zu überbrücken. Das bedeutet, daß Sie Ihr Wahres Selbst in sich spüren und es nach außen in die Welt hinein manifestiert, wo es wirklich für Sie wird.

Stellen Sie sich vor, daß Sie Ihr Wahres Selbst zurückgewinnen und es täglich leben. Stellen Sie sich vor, daß Sie Ihren unbegrenzten Geist in die physische Form hineinbringen und *ihn erkennen*. Das ist Befreiung. Das ist Freiheit. Das ist die Rückkehr zum eigenen Selbst.

Wenn Sie aus dem Wahren Selbst heraus leben, werden Sie in einen derartigen inneren Zustand der Einheit versetzt (in dem Sie mit allen Aspekten Ihres Wesens vereinigt sind), daß Sie sich der Einheit mit allen Dingen und allen Wesen – Mensch, Tier, Erde und Geist – öffnen. Wenn Sie sich in diesem Zustand befinden, haben Sie bereits alles, was Sie haben wollen. Und wenn Sie erkennen, daß Ihr Wahres Selbst in der Welt manifestiert ist, wird die Manifestation von Wünschen wie Geld, Auto, Beziehungen oder Arbeit zu einem Kinderspiel. Seien Sie also nicht überrascht, wenn Sie mit Ihrer Rückkehr zum Wahren Selbst das Interesse daran verlieren, einige Dinge zu erschaffen, die Ihnen vorher wichtig waren. Wenn Sie gelernt haben, unter die Symbole zu schauen, um zu erschaffen, was Sie sich immer am meisten gewünscht haben, scheinen die oberflächlicheren Wünsche weniger dringend und eher nebensächlich zu sein.

Wenn Sie sich nicht imstande fühlen, sich um das Wahre Selbst zu kümmern, neigen Sie vielleicht dazu, nach den Symbolen Ausschau zu halten. Vielleicht wissen Sie nicht, was Ihr Wahres Selbst ist, vielleicht scheint es unmöglich zu sein, Ihr Wahres Selbst zu erreichen, oder vielleicht ist Ihnen einfach nicht klar, daß ein Wahres Selbst überhaupt existiert. Wenn Sie also nicht in Kontakt zu den tieferen Möglichkeiten kommen können, streben Sie unwillkürlich zu den eher oberflächlichen. Sie können sogar gut darin werden, auf der oberflächlichen Ebene zu manifestieren und sehr viel in Ihrem Leben erschaffen. Und dennoch sitzen Sie dort fest, bis Sie wählen, sich umfassenderen Tiefen, *Ihren* umfassenderen Tiefen, zu öffnen und in sie einzutauchen.

Vielleicht stellen Sie fest, daß Sie den größten Teil Ihrer Zeit und Energie bei der Arbeit, die Erfüllung Ihrer Wünsche zu manifestieren, in die erste, zweite und dritte Ebene (und wahrscheinlich in dieser Reihenfolge) einbringen. Trotzdem ist es wichtig, sich ebenfalls der vierten Ebene bewußt zu sein. Die Arbeit (oder das Spiel) mit den tiefer gehenden Ebenen des Wunsches ist ein Weg, auf dem Sie sich nach innen wenden und gründlicher erforschen können, wer Sie sind, doch zugleich weiterhin mit der äußeren

Welt verbunden bleiben. Sie können sich zwischen „innen" und „außen", „oberflächlich" und „tief" hin- und herbewegen und sind doch niemals am falschen Ort.

Bei dieser Erforschung gibt es keinen falschen Ort. Alles sind Sie, und alles ist wertvoll. Bleiben Sie einfach aufmerksam. Je mehr Gewahrsein Sie in diesen Prozeß einfließen lassen, um so schneller werden Sie lernen.

KONTROLLE AUFGEBEN

Ihre Essenz ist Licht und Liebe. Ferner ist die gesamte physische Wirklichkeit nur die Manifestation von Licht und die Manifestation von Liebe in unzähligen Formen.

Lassen Sie uns untersuchen, was damit gemeint ist. Wenn Sie das Gefühl von Liebe empfinden, fällt es leicht, das als eine Manifestation von Liebe zu identifizieren. Desgleichen ist ein Strahlen oder eine Leichtigkeit Ihres Geistes, das bzw. die Sie wahrnehmen, ohne weiteres als eine Manifestation von Licht erkennbar. Aber diese einleuchtenden Beispiele stellen lediglich die Spitze des Eisberges dar. Alle Erfahrungen, von der banalsten bis zur ungewöhnlichsten, vermitteln Licht und Liebe, und in vielen wird das ihnen innewohnende große Potential nicht erkannt.

Jede schwierige Situation in Ihrem Leben ist ebenso eine Manifestation von Liebe wie jede angenehme Situation. Denken Sie z.B. an eine Erfahrung, die Schmerz oder Unbehagen in Ihr Leben zu bringen schien. Vielleicht erinnern Sie sich daran, wie bedrückend Sie es empfunden und wie sehr Sie sich dagegen gesträubt haben. Möglicherweise halten Sie diese Erfahrung noch immer für negativ. Offensichtlich erweckte die Situation nicht den Eindruck, eine Manifestation von Licht oder Liebe zu sein, doch das war sie. Sie kam zu Ihnen voller Möglichkeiten zum Lernen – damit Sie wachsen. Wenn Sie alle Ereignisse aufrichtig als Vehikel des Lichtes und der Liebe erkennen, tritt eine Qualität der Fülle und Hingabe in Ihr Leben ein. Sie können eine tiefe Verbindung, ein Gefühl von Frieden, Offenheit und Sicherheit, nicht finden, wenn Sie diese Grundwahrheit nicht akzeptieren.

◆ *Wenn Sie die Realität von Licht und Liebe in allen Lebenserfahrungen zu sehen, zu erkennen und zu fühlen vermögen, sind Sie von der Anhaftung an den Glauben an Nicht-Fülle befreit.*

Diese Vorstellung kann dazu führen, daß Sie denken: „Also gut, was immer in meinem Leben vor sich geht, ist Licht und Liebe. Einiges davon fühlt sich gut an, anderes fühlt sich schlecht an, aber alles ist Licht und Liebe. Wie kontrolliere ich nun diese Manifestationen von Licht und Liebe, um mehr gute Erfahrungen und weniger schlechte zu erschaffen?"

Bei angenehmen, aufregenden oder wunderbaren Erfahrungen neigt man zu der Denkweise: „Im Moment gestaltet sich alles so, wie es sein sollte. Alles geht gut." Eine solche Meinung impliziert, daß eine Situation, in der die Dinge nicht so angenehm und gut verlaufen, bedeutet, daß etwas nicht stimmt, daß die Dinge nicht gutgehen, daß es eine „schlechte" Situation ist. Wenn Sie an Erfahrungen als etwas Gutes oder Schlechtes, Positives oder Negatives denken, schränken Sie sich selbst ein und schließen sich von wichtigen Wegen zum Wachstum aus.

Aus der Sicht des unbegrenzten Geistes ist nichts daran auszusetzen, wenn Dinge unangenehm sind – vielleicht haben Sie Schmerzen, fühlen sich unsicher oder fürchten sich. Es geht einfach darum, daß Sie als menschliches Wesen das Leben inmitten von Unbehagen bereitwillig annehmen. Trotzdem sind Liebe und Licht in dieser Erfahrung vorhanden, gleichgültig, um was für eine Situation es sich handeln oder wie unangenehm sie sein mag.

Sie können Ihre Manifestationen nicht bis dahin kontrollieren, daß Sie nur Erfahrungen erschaffen, die Sie für positiv halten, was bedeutet, daß sie sich für Sie gut anfühlen. Bis zu einem gewissen Grade müssen Sie zulassen, daß das Leben sich Ihnen ohne Kontrolle darbietet. Es ist wirklich in Ordnung, wenn Sie sich sagen: „Ich möchte eine Arbeit manifestieren, die widerspiegelt, wer ich wirklich bin, und mir die Möglichkeit gibt, mein Wahres Selbst in der Welt zum Ausdruck zu bringen." Es ist ebenfalls gut zu sagen: „Ich möchte mehr finanzielle Unterstützung und ein stärkeres Wohlgefühl in meinem Leben erschaffen" oder „Ich wünsche mir liebevolle Beziehungen; ich möchte eine Offenheit in meinem Herzen erfahren, die ich in diesem Leben noch nicht empfunden habe". Aber es ist einschränkend, wenn Sie hinzufügen: „... und ich bin nicht offen für irgend etwas anderes."

Wenn Sie diese Art von Kontrolle ausüben, lassen Sie sich einige Ihrer wahrscheinlich größten Erfahrungen entgehen, falls diese mit Schmerz oder Verlust einhergehen. So hält man eine Situation, die beispielsweise Kummer verursacht, oft für etwas Schlechtes, eben weil sie so unangenehm ist. Tatsächlich könnte Ihr Verstand Ihnen sagen, daß es verrückt sei, sich etwas zu wünschen, das Ihnen Kummer bereitet. Und trotzdem weiß Ihr Wahres Selbst in seiner tiefen Weisheit, daß Kummer das System reinigen und das Herz auf wirkungsvolle Weise öffnen kann. Folglich können Sie sich wirklich für eine schmerzliche Erfahrung entscheiden aufgrund dessen, was sie zu bieten hat.

Auf der bewußten Ich-Ebene wünschen Sie sich gewöhnlich keinen Kummer (Schmerz, Krankheit, Leiden usw.). Tatsächlich wird Ihr Ich sich solchen Erfahrungen oft entschieden widersetzen und irgendeinen Teil ihrer Manifestation ablehnen. Aber vergessen Sie nicht, daß Ihr Ich-Bewußtsein der oberflächlichste Aspekt Ihres Wesen ist (der vom Wahren Selbst „entfernteste") und daher die geringste wahre Macht besitzt. Ihr Wahres Selbst verfügt über eine viel größere Macht im Manifestieren. Es setzt diese Macht ein, um genau die Situationen zu erzeugen, die Ihnen ein perfektes Wachstum bieten. Auf dieser Ebene tiefen Mitgefühls und umfassender Einsicht wünschen Sie sich alle Ihre Erfahrungen.

◆ *Jeder Gedanke, ob bewußt oder unbewußt, ist machtvoll.*

Ihre Gedanken erschaffen buchstäblich Ihre Wirklichkeit – die vergangene, gegenwärtige und zukünftige. Indem Sie bewußt Ihre Gedanken lenken, können Sie ihre Macht einsetzen, um sich nach der tiefen Ebene des Selbst auszurichten, das Sie durchs Leben führt. Diese Ausrichtung kann besonders wirkungsvoll dabei sein, eine bedrückende Erfahrung zu transformieren. Wenn Sie beispielsweise einem persönlichen Problem gegenüberstehen, können Sie kurz innehalten, einen tiefen Atemzug nehmen und – ohne etwas von Ihrem Kummer zu leugnen – beschließen, daß diese Situation Ihnen Ihre wirkliche Macht zurückgeben soll. Nehmen Sie sich einen Augenblick Zeit, um eine Affirmation wie ungefähr die folgende zu sprechen: „Ich öffne mich allem, was ich bin. Ich richte mich nach der höheren Wahrheit aus, nach dem höheren Licht, nach der höheren Liebe. Durch diese Situation lasse ich die Energie meines Wahren Selbst in mein Leben hineinfließen."

Manchmal werden Sie die Wirkungen dieser Affirmation direkt wahrnehmen. Zu anderen Zeiten fühlen Sie vielleicht erst einmal überhaupt nichts. Vertrauen Sie trotzdem auf den Gedanken an die Ausrichtung und halten Sie inne, damit eine tiefe Veränderung stattfinden kann, auch wenn sie möglicherweise so subtil ist, daß Sie sie nicht bewußt wahrnehmen können. Ihre Absicht ist machtvoll, und die Veränderung wird stattfinden, ungeachtet dessen, ob Sie sie bemerken. Subtile Veränderungen ereignen sich auf der innersten Energieebene und legen das Fundament für zukünftige Erfahrungen, die Ihrer Affirmation entsprechen werden.

Wenn Sie nach dieser Ausrichtung die noch so subtilste Empfindung haben, daß sich etwas verändert hat, beachten Sie es. Vielleicht ist Ihre Wirbelsäule aufrechter, haben sich Ihre Gesichtsmuskeln ein wenig entspannt oder empfinden Sie ein ungewohntes Gefühl der Leichtigkeit. Wie fein, wie unbedeutend es auch sein mag, erkennen Sie es an. „Ich akzeptiere das Licht, und lasse seine Feinheit zu."

Wenn Sie die Kraft einer solch zarten, feinen Erfahrung verstehen, nehmen Sie im Leben sehr viel weniger als selbstverständlich hin. Indem Sie sich auf die überaus feinen Veränderungen einstimmen, die als Reaktion auf Ihre gelenkten Gedanken und Gefühle auftreten, beginnen Sie wirklich zu verstehen und zu erleben, wie Sie in jedem Augenblick auf Ihre Wirklichkeit einwirken.

◆ *Die Wirklichkeit wird Stückchen für Stückchen erschaffen.*

Stellen Sie sich vor, daß Ihr gegenwärtiges Leben, Ihre gegenwärtige Wirklichkeit, ein großes Puzzle ist, das aus mikroskopisch kleinen Teilen besteht, die Sie zusammenfügen. Einige Stellen sind noch leer, so daß das Puzzle unvollständig ist. Jedesmal wenn Sie sich nach einer feinen Veränderung in sich ausrichten, nehmen Sie ein neues Teil dieses Puzzles und fügen es an seinem Platz ein. Dies ist ein selbstbestimmter Weg, auf dem Sie Ihr Leben buchstäblich zusammensetzen, während Sie weitergehen. Indem Sie bewußt wählen, worauf Sie sich einstimmen, erschaffen Sie den Inhalt des Puzzles und die Formen Ihres Lebens.

ERKENNEN SIE IHRE SCHÖPFERKRAFT ALS IHR EIGEN AN

Wenn Sie darüber nachdenken, Ihr Leben bewußt zu erschaffen, wünschen Sie sich vielleicht, besser im Manifestieren zu sein. Aber die Wahrheit ist, daß Sie bereits in jedem Augenblick wirklich ausgezeichnet manifestieren! Betrachten Sie einfach Ihr Leben, und sehen Sie, wieviel Ihnen zugefallen ist. Ob Glück, Traurigkeit, Angst, Zweifel, Schmerz, Freude oder Unbeschwertheit – Ihr Leben ist eine reiche Mischung – so wie es ist –, damit Sie lebendig, kraftvoll und voller menschlicher Erfahrungen sind.

Gerade Ihre Fähigkeit, in der physischen Wirklichkeit zu erschaffen, hat es Ihnen überhaupt ermöglicht, hier zu sein. Ein Wesen ohne die angeborene Fähigkeit zum Manifestieren würde niemals in die physische Wirklichkeit gelangen. Um hier sein zu können, mußten Sie sich erst in die physische Form hinein manifestieren. Nachdem Sie das vollbracht haben, verfügen Sie von Natur aus über die Fähigkeit, alles in Ihrem Leben zu manifestieren, und diese Fähigkeit verlieren Sie nie.

◆ *Sie sind der Schöpfer Ihres Lebens; auf irgendeiner Ebene haben Sie jede Erfahrung, der Sie begegnet sind, gewollt oder gebraucht.*

Diese Wahrheit anzunehmen ist ein grundlegender Schritt auf ein bewußteres Manifestieren hin. Sie erlaubt Ihnen, daß Sie die Macht erkennen, die Sie schon immer eingesetzt haben, und damit anfangen, sie mit Absicht zu lenken. Und doch stellen Sie vielleicht fest, daß Sie dieser Vorstellung einen gewissen Widerstand entgegenbringen. Zu glauben, daß Sie Ihr Leben erschaffen und alles, was Sie erschaffen haben, gewollt haben, kann für Ihr Ich-Bewußtsein erschreckend sein. Ihr Ich vergißt oft, daß höhere Ebenen Ihres Wesens die Aufsicht führen.

Wenn Sie mit Ihrer Arbeit unglücklich sind und nicht genug Geld haben, um die Rechnungen zu begleichen, kann Ihr Ich sich weigern zu akzeptieren, daß Sie eine solche „unerwünschte" Situation erschaffen haben. Vielleicht sagt es: „Ich wäre dumm, so etwas zu erschaffen!" Vielleicht denkt es, daß Verantwortung für die Erschaffung Ihres Lebens zu übernehmen, bedeutet, sich die Schuld geben zu müssen – als ob das Manifestieren einer derartigen schwierigen oder unangenehmen Situation etwas Negatives sei.

Ihr Ich vergißt, daß die tiefere Seele Ihres Wesens Ihr Leben aus einem anderen Blickwinkel betrachtet. Vielleicht will Ihr Ich die Situation, einer Arbeit nachzugehen, die Sie hassen, und nicht genügend Geld zu haben, um Ihre Rechnungen bezahlen zu können, nicht haben; aber vielleicht wählt Ihre Seele diese Situation aus. Ihre Seele kann erkennen, daß Sie durch diese Herausforderung wichtige Lektionen lernen werden: Lektionen darüber, wer Sie wirklich sind, welche spirituelle Beziehung Sie zum Geld haben; oder wie die Klärung Ihrer Geldprobleme einen tiefer gehenden inneren Kampf beilegen kann.

◆ *Die Lehren der Seele sind gewöhnlich viel umfassender als alles, was das Ich direkt erfassen kann.*

Vielleicht sind Sie nicht imstande, völlig zu verstehen, um was es sich bei Ihrer Lektion handelt, bis Sie sie durchlebt haben. Denn auf diese Weise lehrt Ihre Seele Ihr Ich – indem es sie lebt. Lassen Sie sich also unwissend sein, bis Sie die tiefere Lehre weit genug durchlebt haben, um sie wirklich zu verstehen! Gestatten Sie es sich außerdem, sich dem Gefühl hinzugeben, daß Sie irgendwo tief innen jede Situation in Ihrem Leben gewollt und erschaffen haben und sich genügend lieben, um sich der Lernerfahrung, die sie mit sich bringt, zu öffnen.

Wenn Sie glauben, daß Ihre Manifestationsfähigkeit anzuerkennen bedeutet, daß Sie sich selbst die Schuld für Ihre „Mißgeschicke" geben müssen, finden Sie heraus, ob Sie Ihr Herz einem neuen Mitgefühl öffnen können, das sanft die Selbstbeschuldigung schmelzen läßt. Ihre Manifestationen sind niemals falsch oder schlecht. Sie können manchmal unangenehm, schmerzhaft oder überwältigend sein, aber sie dienen immer einem tieferen Zweck. Immer.

Vielleicht sind Sie es gewohnt, anderen (anderen Menschen oder äußeren Umständen) die Schuld für einige Ihrer Schwierigkeiten oder Ihr Leid zu geben. Das ist sehr menschlich, und fast jeder neigt dazu. Ihre Fähigkeit zu manifestieren als die Ihre anzuerkennen sprengt dieses Muster der Schuldzuweisung, und auf diese Veränderung kann Ihr Ich mit Widerstand reagieren.

Es können drei Hauptformen von Widerstand auftreten.

1. Angst davor, die Schuld abzuschieben

Wenn Ihr Ich andere Leute oder Situationen verantwortlich machen muß („Er ist die Ursache meines Unglücks", „Du kannst dich nicht gegen das System auflehnen", „So ist das Leben nun einmal"), wird es Angst davor haben, die äußere Schuld loszulassen, als ob man ihm seine Verteidigungsanlage wegnehmen würde. Hier lautet die Grundprämisse: *Jemand* muß die Schuld tragen; wenn es nicht ihre/seine Schuld ist, dann muß es meine sein." Innerhalb dieser Überzeugung fällt die Schuld automatisch auf Sie zurück, wenn Sie andere von ihr entheben. Das fühlt sich unangenehm, ungerecht und schwächend an; kein Wunder, daß Sie sich dagegen wehren!

2. Angst davor, Ihre Macht zu verlieren

Ihr Ich kann annehmen: Wenn es die Verantwortung für die Erschaffung Ihres Lebens übernimmt, bedeutet das automatisch, jeden anderen von der Verantwortung für sein oder ihr Verhalten zu befreien. Wenn Sie sich selbst für verantwortlich halten, aber glauben, daß Sie andere Menschen nicht länger für sich selbst verantwortlich halten können, fühlt es sich an, als würden diese Menschen Macht haben und Sie nicht. Sie fühlen sich geschwächt und in eine passive Rolle gedrängt. Kein Wunder, daß Sie sich auch dagegen sträuben!

3. Angst davor, festzustecken

Vielleicht haben Sie die geheime Überzeugung: Wenn Sie der Verantwortung für etwas Unangenehmes in Ihrem Leben ausweichen, wird es verschwinden – oder zumindest weniger real sein. Die B-Seite davon ist die Angst: Wenn Sie sich zu dem bekennen, was Sie erschaffen haben, und sich dem ehrlich stellen, wird seine Wirklichkeit sich in noch höherem Maße verstärken und greifen. Ihre Annahme geht dahin, daß Sie dann feststecken und das Muster wiederholen – ein für allemal in ihm gefangen sind. Und wieder wehren Sie sich.

In dem Maße, in dem Sie sich von allem distanzieren, was auch immer Sie in Ihrem Leben manifestiert haben, werden Sie es ironischerweise trotz dieser Überzeugungen wahrscheinlich weiterhin manifestieren. Wenn Sie sich bewußt oder unbewußt sagen: „Ich will meine Fähigkeit zu manifestieren nicht anschauen; ich will nicht zugeben, daß ich das Problem in meinem Leben erschaffen habe", werden Sie gerade dieses Problem wahrscheinlich immer wiederholen. Sie erschaffen unbewußt immer wieder Erfahrungen, bis Sie Ihre Schöpfung als die Ihre anerkennen.

Indem Sie die Idee, daß Sie alles erschaffen, was Sie haben, ablehnen, entfernen Sie sich von Ihrer Macht und schwächen Ihre Fähigkeit, das von Ihnen Gewünschte anzuziehen. Oder wenn Sie Ihr gegenwärtiges Leben ablehnen und versuchen, aus ihm in etwas Neues hinein zu fliehen, werden Sie feststellen, daß Sie ihm niemals wirklich zu entkommen scheinen. Indem Sie Ihr gegenwärtiges Leben voll und ganz annehmen und sich selbst mittendrin lieben, können Sie heilen, was geheilt werden muß, können Sie sich befreien und befähigt sein, etwas Neues zu erschaffen und anzuziehen.

◆ *Zu leben ist der Akt, sich dem Leben, das Sie bereits haben, hinzugeben, es zu erforschen und dabei zu lernen, sich inmitten all Ihrer Schöpfungen selbst zu lieben.*

Wenn Sie völlig akzeptieren, daß Sie Ihr Leben erschaffen haben, nehmen Sie bereitwillig Ihre schöpferische Kraft an. Es wird dann viel einfacher sein, Ihr Leben zu ändern. Sie können eine problematische Erfahrung betrachten und aufrichtig sagen: „Es hat den Anschein, als wäre mir das zugestoßen, und es hat den Anschein, als wäre ich verrückt, mir so etwas in meinem Leben zu wünschen. Trotzdem erkenne ich aus dem Kern meines Wesens, daß ich das manifestiert habe. Ich akzeptiere, daß ich diese Erfahrung aus tiefer Weisheit und Liebe zu mir selbst heraus erschaffen habe. Ich öffne mich der Lektion, die sie zu bieten hat."

Wenn Ihnen weiterhin nicht bewußt ist, daß Sie alles in Ihrem Leben manifestieren, haben Sie nach wie vor das Gefühl, daß Ihnen Dinge einfach passieren. Aber wenn Sie sich gestatten, Ihre tiefe schöpferische Kraft anzuerkennen und sich nach ihr auszurichten, befreien Sie sich, um bewußter und mitfühlender zu manifestieren.

Sie können dies auf eine andere Weise zum Ausdruck bringen, indem Sie sich – wenn sie sich dem inneren Schöpfer hingeben – dem hingeben, alles in Ihrem Leben erschaffen zu haben. Sie lieben sich selbst inmitten Ihrer Schöpfung, anstatt sich zu verurteilen, gleichgültig wie angenehm oder unangenehm Ihr Leben sein mag. Diese Hingabe ist ein Akt der Stärke. Menschen, die dazu imstande sind, braucht man nur sehr wenig darüber zu sagen, wie man manifestiert.

Hingabe ist nicht einfach geistig oder emotional. Sie geht viel tiefer. Es ist ein Gefühl, als ob Sie völlig in die Erfahrung Ihrer selbst als Schöpfer Ihres Lebens und in die Liebe zu sich selbst inmitten Ihrer Schöpfung eintauchen. Diese Liebe bedeutet nicht unbedingt, daß Sie lieben, *was*

Sie in Ihrem Leben erschaffen haben, oder gar, daß Sie sich besonders wohl damit fühlen müssen, sondern daß Sie inmitten all dessen sich *selbst* lieben. Fortan werden Sie intuitiv wissen, wie Sie erschaffen, was Sie sich in der Zukunft wünschen. Während Sie derart versunken sind, werden tatsächlich alle Gedanken und aufrichtigen Gefühle in bezug darauf, was Sie sich in Ihrem Leben wünschen, sofort in die Programmierung für zukünftige Manifestationen eingegeben. Wenn Sie die Erfahrung von sich selbst als Manifestierendem machen, sind Sie imstande, diese Fähigkeit zu manifestieren bewußt zu lenken, um jeden beliebigen Bereich Ihres Lebens zu bereichern.

TRANSFORMIEREN SIE IHRE BLOCKADEN

Bedeutende Übergänge sind nicht immer problemlos. Es nimmt Zeit in Anspruch, neue Wahrheiten zu leben. Während Sie eine Transformation durchmachen, hat es manchmal den Anschein, als ob jedes persönliche Muster, das Sie jemals zurückgehalten hat, stärker wird oder sich Ihnen aus einem neuen Winkel zeigt. Vielleicht finden Sie sich in Gefühlen oder Erinnerungen darin gefangen, daß Sie ungeliebt und allein waren. Vielleicht treten emotionaler Schmerz und Verzweiflung an die Oberfläche. Starre Meinungen wie: „Ich kann es nicht haben" oder „Ich verdiene es nicht", scheinen eine Weile die Oberhand zu gewinnen. Sie können verwirrt oder frustriert werden oder daran zweifeln, daß Sie Fortschritte machen.

Vergessen Sie nicht, daß es völlig in Ordnung ist, wenn so etwas geschieht. Es bedeutet nicht, daß Sie an Boden verlieren oder mit Ihrem Wachstum keinen Erfolg haben werden. Es bedeutet einfach, daß Sie bereit sind, sich auf eine tiefere Ebene fallen zu lassen. Dies ist wie ein Licht, das in die dunklen Ecken Ihres Unbewußten leuchtet und auf dieser Ebene alles ausspült, was Sie noch immer zurückhält und vom Wahren Selbst getrennt sein läßt. Diese Schatten sind nicht geltend gemachte Aspekte Ihres Wesens, Bereiche oder Probleme, wo Sie sich bislang fürchteten, „das

Licht einzuschalten". Jetzt lassen Sie diese Probleme aus Selbstliebe heraus hervortreten, um ihnen entgegenzutreten und sie bereitwillig anzunehmen.

◆ *Jeder dunkle Bereich ist Ihre Opferung an das Licht Ihres wahren Wesens.*

Immer wenn Sie durch die Dunkelheit gehen, ist das ein heiliger Übergangsritus, vollzogen aus großer Selbstliebe und der Bereitschaft, heil zu werden, ganz gleich, wie das Problem gestaltet ist. Sie bewegen sich in größere Fülle hinein, öffnen Ihr Herz und gehen weiter, es jedem Schatten ermöglichend, seinen Weg zum Licht zu finden, wenn es der Heilung dient.

Inmitten dieses Übergangs können Ihre inneren Hindernisse für die Erfüllung Ihrer wahren Wünsche sehr real erscheinen. In der Auseinandersetzung mit diesem Problem müssen Sie verstehen, daß kein Hindernis ein wirkliches Hindernis ist; d.h., kein Hindernis verfügt über eigene Macht. Eine Blockade scheint real zu sein, weil Sie sie erfahren und weil sie Sie zu beeinträchtigen scheint. Aber sobald Sie zu einer echten inneren Bereitschaft und Willigkeit gelangen, sich durch Ihr altes Muster hindurchzubewegen, verliert die Blockade ihre Gewalt.

Erlauben Sie sich einfach, Ihren beschränkten Überzeugungen etwas Größeres hinzuzufügen. Sie müssen sich selten einer beschränkten Erfahrung oder Meinung entledigen, um über sie hinauszuwachsen. Es wird Sie am meisten befähigen, wenn Sie ihr einfach etwas hinzufügen, das Ihnen helfen wird, sich auszudehnen.

◆ *Die Wahrheit wird Ihnen immer helfen, sich auszudehnen.*

Ihre Hindernisse sind die Bereiche, in denen Ihr Ich-Bewußtsein sich mit Einschränkung identifiziert. Manchmal haben Sie vielleicht das Gefühl, als ob Ihr Ich die größte Macht über sie ausübt, aber weil es der oberflächlichste Aspekt Ihres Wesens ist, verfügt es immer über die geringste wahre Macht. Wie wir bereits gesehen haben, rührt die größte Macht von dem tiefsten Kern Ihres Wesens her: dem wahren, unbegrenzten Selbst. Während Sie sich von Ihrem Ich aus nach innen oder tiefer bewegen, hat jede Ebene des Gewahrseins eine höhere Wahrheit zum Inhalt und folglich größere Macht. Mit anderen Worten, je genauer Ihr Gewahrsein nach dem Wahren Selbst ausgerichtet ist, um so mehr Macht führt es mit sich.

So kann beispielsweise die Überzeugung: „Ich kann es nicht haben" ungestört bestehen bleiben, und Sie können trotzdem bekommen, was Sie sich wünschen. Wenn Sie sich gestatten, zwei Ebenen des Gewahrseins um eine bestimmte Frage herum beizubehalten, wird das tiefere Gewahrsein immer mehr Macht mit sich führen und im Laufe der Zeit die oberflächlichere Überzeugung transformieren. Wenn Sie also den Glauben Ihres Ich-Bewußtseins an Beschränkung („Ich kann es nicht haben") neben der tieferen Wahrheit der Essenz Ihres Wunsches („Ich möchte größeres Behagen haben") oder der Fülle der Essenz („Ich bin bereit, zu haben") aufrechterhalten, wird die tiefere Wahrheit die Oberhand haben.

Es kann eine Zeit dauern und die ständige Erinnerung daran erfordern, sich auf die tiefere Ebene einzustimmen, wann immer ein Hindernis Sie aufzuhalten scheint, aber früher oder später wird die tiefere Wahrheit Ihre Blockade transformieren. Aus diesem Grund müssen Sie Ihr Hindernis nicht ablehnen oder bekämpfen. Wenn es Ihnen zur Gewohnheit geworden ist, sich der tieferen Ebene zu öffnen, wird Ihre Blockade auf natürlichem Wege durch die größere Macht der tieferen Wahrheit transformiert werden. Dieser Prozeß kann sich außerdem überaus positiv auf andere Methoden auswirken, die Sie zur geistigen, emotionalen oder energetischen Reinigung erforschen.

◆ *Die Wahrheit transformiert immer das, was nicht wahr ist.*

Die Wahrheit Ihres Wesens ist ein helles Licht, das in die Schatten Ihres weniger Wahren Selbst leuchten und die Dunkelheit in Licht verwandeln wird, wann immer Sie ihm diese Schatten darbringen. Diese Darbringung vollziehen Sie mit Ihrem Gewahrsein. Wenn Sie einen einschränkenden Glauben oder Wunsch erkennen, lassen Sie zu, daß Ihr

Gewahrsein sich auf eine tiefere Ebene bewegt, zu dem umfassenderen Glauben, der bereits zusammen mit dem beschränkten existiert, oder zu dem tieferen Wunsch unterhalb des oberflächlichen.

Wenn die umfassendere Wahrheit die unbedeutendere transformiert, beginnt die Energie, die zum Erhalt Ihrer Einschränkung diente, der Erweiterung Ihrer Erfahrung zu dienen. Ähnlich dient die gesamte alte Energie, die gegen Sie zu arbeiten oder Ihren Weg zu blockieren schien, jetzt Ihnen, indem sie Ihren Weg frei macht und Sie in größeres Wachstum vorwärtstreibt.

Fügen Sie also der Überzeugung: „Ich kann es nicht haben, und ich verdiene es nicht; außer mir bekommt jeder, was er haben will" etwas Größeres hinzu. Erinnern Sie sich daran, was Sie wirklich sind: Liebe. Erinnern Sie sich aus dieser Liebe heraus daran, was Sie sich wirklich wünschen. Dann erlauben Sie sich diesen wahren Wunsch, auch wenn Ihre Konditionierung oder Denkgewohnheit Ihnen sagt, daß Sie es nicht haben können. „Ich wünsche mir das Gefühl von Unterstützung in meinem Leben. Ich bin bereit, es anzunehmen, auch wenn ich glaube, daß ich es nicht verdiene." „Ich wünsche mir Freude oder Wohlgefühl in meinem Leben, auch wenn ich immer geglaubt habe, daß es eher für andere als für mich bestimmt ist. Ich will es trotzdem, und ich bin bereit, es zu haben." Auf diese Weise befähigen Sie sich in hohem Maße. Keine Ihrer Einschränkungen wird Sie jemals wirklich aufhalten. Das Universum ist sehr großzügig, und Sie können immer haben, was Sie sich wirklich wünschen oder brauchen. Sie müssen lediglich bereit sein.

Während Sie sich in diese Veränderung des Gewahrseins hineinbewegen, kann die mentale Konditionierung, die Sie bisher zurückgehalten hat, weiterhin auf Sie einreden und Ihnen Dinge sagen wie etwa: „Du bist nicht gut genug", „Du verdienst es nicht, zu bekommen, was du dir wünschst", „Du kannst es nicht haben. Wenn du es bekommst, wirst du es wieder verlieren". Vielleicht sind Sie überdies noch von Menschen umgeben, die diese beschränkte Überzeugung widerspiegeln, indem sie Ihnen nach wie vor Unterstützung versagen. Aber jetzt haben Sie selbst inmitten dieser alten Einschränkung eine größere Auswahl. Ohne dieser Einschränkung Widerstand zu leisten, können Sie ihr eine umfassendere Wirklichkeit hinzufügen, eine, die Sie befähigt. Sie können sich gestatten, sie zu haben.

Wenn diese alte, nicht unterstützende Stimme auftaucht, müssen Sie sie nicht beiseite schieben. Bestätigen Sie sie einfach. Sagen Sie: „Da ist sie schon wieder." Dann bestätigen und wählen Sie die neue Wirklichkeit: „Trotz allem will ich haben, was ich mir wünsche, und ich bin bereit, es zu haben." Richten Sie sich nach der neuen Stimme aus, bekennen Sie sich zu der tieferen Wahrheit, und spüren Sie sie in Ihrem Körper.

Wenn Sie sich auf diese Weise täglich ausrichten, wird diese neue Stimme für Sie so real wie die alte – und mit der Zeit sogar noch realer. Ihre Einstimmung auf die Wahrheit verstärkt sich, und Ihre gesamte Selbst-Erfahrung wächst, um Ihre wahren Wünsche einzuschließen. Im Laufe dieser Entwicklung beginnt Ihr äußeres Leben, sich zu verändern und diese Veränderung auch widerzuspiegeln.

Denken Sie daran, daß Dinge sich nicht für Sie ändern, weil Sie ein guter Mensch sind, weil Sie spirituell genug sind oder weil Sie sich geschmackvoll kleiden. Das sind allesamt gleichermaßen willkürliche Bewertungen, und sie spielen keine Rolle. Was Sie in Ihrer Selbst-Erfahrung beibehalten, ist maßgebend dafür, was Sie in Ihrem Leben erschaffen. Wenn Sie sich gestatten können, sich an Ihre Essenz zu erinnern, Ihre wahren Wünsche zu fühlen und Erfüllung anzunehmen, kann Ihnen so viel mehr zufallen.

◆ ◆ ◆

Einstimmung

Seien Sie der Schöpfer Ihres Lebens I

Während Sie Ihrem Leben nachgehen, halten Sie mehrmals täglich einen Augenblick lang inne, um Ihr Leben zu betrachten. Ungeachtet dessen, was Sie gerade tun, denken oder fühlen, sagen Sie sich: „Ja, ich habe das erschaffen, und ich liebe mich selbst in dieser Schöpfung." Versinken

Sie ganz in dieses Gefühl, der Schöpfer Ihres Lebens zu sein. Sich auf diese Weise etwa zehn- oder zwölfmal täglich eine Woche lang einzustimmen, wird helfen, eine Veränderung in Ihrem Gewahrsein und in Ihrer Fähigkeit, in Ihrem Leben wahrhaftig bei sich selbst zu sein, herbeiführen.

Wenn Sie sagen: „Ich liebe mich selbst", werden Sie es manchmal fühlen und manchmal nicht; beides ist in Ordnung. Zuweilen ist die Selbstliebe neben anderen Gefühlen spürbar. Zu anderen Zeiten kann eine intensive Emotion das Gefühl der Selbstliebe, das eher von einer feineren Schwingung ist, völlig überschatten.

Wenn Sie keine Liebe spüren, nehmen Sie einen Atemzug. Schauen Sie nach innen, so als würden Sie die zarten Farben eines Sonnenuntergangs suchen. Wenn Sie ein zartes Gefühl der Selbstliebe finden, atmen Sie, um es zu bestätigen und anzunehmen. Wenn Sie trotzdem überhaupt keine Liebe spüren, machen Sie sich keine Sorgen. Das bedeutet nicht, daß sie nicht vorhanden ist oder Sie die Übung falsch durchführen. Ihr Akt der inneren Ausrichtung wird Wirkung zeigen, ob Sie nun imstande sind, sie auf der bewußtesten Ebene zu spüren, oder nicht. Er wird auf einer tieferen Ebene wirken und mit der Zeit an die Oberfläche treten.

◆ ◆ ◆

Einstimmung

Seien Sie der Schöpfer Ihres Lebens II

Nehmen Sie sich eine Woche lang jeden Tag etwas Zeit, um Ihr Leben zu prüfen. Gestatten Sie sich anzuerkennen, daß Sie bereits eine Fülle an menschlichen Erfahrungen erschaffen haben. Ob die Gefühle angenehm oder unangenehm sind, ist dabei unerheblich. Während dieser Lebensprüfung sind Sie bei sich, so wie Sie jetzt sind, und schenken dem Beachtung, wieviel Sie bereits erschaffen haben.

Denken Sie in dieser Woche außerdem daran, sich zu erlauben, vorübergehend den Wunsch loszulassen, irgend etwas in Ihrem Leben zu ändern, wenn es nicht unbedingt notwendig ist. Es kann befreiend sein, sich eine Woche

Urlaub von dem Gefühl zu nehmen, daß irgend etwas nicht in Ordnung ist und Sie etwas dagegen unternehmen müssen.

Diese Übung kann die Angst heraufbeschwören, daß Sie alles in Ihrem Leben verzeihen und folglich damit, so wie es ist, belastet sein werden. Ihr Verstand will sich vielleicht auf Veränderung konzentrieren, um den Dingen auszuweichen, so wie sie sind. Aber sorgen Sie trotz dieser Reaktion dafür, sich zu erlauben, Urlaub von dem Versuch oder selbst dem Wunsch zu nehmen, etwas zu verändern.

Sie können beschließen, den Wunsch nach Veränderung mit einem Gedanken oder einer Affirmation wie beispielsweise der folgenden auszugleichen: „Ich erlaube mir, Lernerfahrungen und Befähigung von allem anzunehmen, was ich in meinem Leben bereits erschaffen habe" oder „Ich gebe mich allem hin, was ich zu dieser Zeit erschaffen habe, und ich vertraue darauf, daß es mich zum Wachstum führen wird". Wie es bei Affirmationen immer der Fall ist, verwenden Sie Formulierungen, die einfach gehalten sind und sich richtig für Sie anfühlen.

Bei der ersten Lektion, die darin besteht, daß Sie lernen, Ihre Fähigkeit zu manifestieren bewußter zu lenken, geht es darum, anzuerkennen, daß das, was Sie bereits getan haben, genügt. Wenn Sie aufhören, vor dem wegzulaufen, womit Sie augenblicklich leben, fangen Sie an, sich zu erlauben, Ihr Leben, so wie es ist, bereitwillig anzunehmen. Sie können sich selbst nicht akzeptieren, wenn Sie das Gefühl haben, vor dem bereits Erschaffenen weglaufen zu müssen, indem Sie schnell etwas besseres erschaffen. Öffnen Sie Ihr Herz für die Gegenwart, und lernen Sie aus allem, was Sie manifestiert haben. In diesem Augenblick sind Sie vollkommen. Sie sind bereits ein hervorragender Schöpfer.

◆ ◆ ◆

Einstimmung

Seien Sie der Schöpfer Ihres Lebens III

Jeden Abend, wenn Sie sich zum Schlafen hinlegen, richten Sie sich voller Mitgefühl nach sich selbst als demjenigen aus, der Ihr Leben manifestiert. Spüren Sie, wie sich Ihr Körper entspannt, während Sie die folgende Affirmation denken und fühlen: „Ich öffne mich der wahren Weisheit und dem wahren Mitgefühl im Kern meines Wesens. Ich richte mich nach mir selbst als demjenigen aus, der manifestiert und Schöpfer meines Lebens ist. Ich lasse dieses Wissen für mich wirklich werden." Ändern Sie den Wortlaut so ab, wie es sich für Sie am geeignetsten anfühlt.

◆ ◆ ◆

Meditation

Seien Sie der Schöpfer Ihres Lebens IV

1. Setzen Sie sich für kurze Zeit ruhig hin, und spüren Sie die sanfte Bewegung Ihres Atems. ... Lenken Sie Ihre Aufmerksamkeit in Ihr Herz hinein. Fühlen Sie die Offenheit und Wärme Ihres Herzens. ...

2. Denken oder fühlen Sie aus dem Innern Ihres Herzens wie folgt: „Ich richte mich in dem Kern meines Wesens aus, im Sitz tiefer Weisheit und tiefen Mitgefühls. ... Ich bitte diese Weisheit und dieses Mitgefühl, hervorzutreten, um mir zu helfen, das Leben, das ich bereits erschaffen habe, voll und ganz zu erfahren. ... Von Herzen richte ich mich nach mir selbst als demjenigen aus, der manifestiert. ... Ich bin immer kraftvoll und ausgerichtet." ...

3. Bleiben Sie im Nachhall Ihrer Affirmation ein paar Minuten länger sitzen. Wenn Sie bereit sind, die Meditation zu beenden, atmen Sie tief, und werden Sie sich Ihres übrigen Körpers gewahr. Öffnen Sie dann langsam Ihre Augen, strecken und bewegen Sie sich, und stehen Sie auf, wenn Sie bereit dafür sind.

◆ ◆ ◆

Nehmen Sie
Ihre Emotionen an

*Ihre schwierigsten Emotionen
können Wege zur Heilung sein*

◆

EMOTIONEN ALS MITTEL
DES GEIST-BEWUSSTSEINS

Emotionen sind die unbegrenzte Strömung des Lebens, die durch den physischen Körper fließt. Das Ich vergißt das und hält Emotionen für etwas, das man beurteilen und kontrollieren muß, anstatt für etwas, das uns nährt und belebt. Wir beurteilen bestimmte Emotionen als positiv oder negativ und nehmen sie an oder wehren uns gegen sie. In dem Maße, wie wir sie annehmen oder abwehren, nehmen wir die unbegrenzte Strömung des Lebens an oder wehren sie ab, während sie durch uns fließt. Die dichtesten Aspekte des Selbst – der Körper und das Ich-Bewußtsein – haben es am meisten nötig, diese Strömung zu empfangen, denn es sind diejenigen, die sie entbehren müssen, wenn Sie einer Emotion Widerstand leisten. Wenn der Fluß der Emotionen offen und klar ist, kann der verfeinerte Geist für die dichtesten Ebenen unseres Wesens wirklich werden.

Achten Sie darauf, wie Sie auf den Gedanken reagieren, daß Ihr Wesen auch eine Ebene hoher Dichte hat. Vielleicht gefällt es Ihnen nicht, sich selbst als dicht zu betrachten, und als erste Reaktion können Sie Ihre Dichte verleugnen oder den Wunsch verspüren, sie so schnell wie möglich zu transformieren. Vielleicht denken Sie: „Dichte kann nicht gut sein. Ich will spirituell und vergeistigt sein. Ich will mit Dichte nichts zu tun haben."

Erfreuen Sie sich Ihrer Dichte! Wollen Sie das Leben in physischer Form genießen, so müssen Sie in Dichte eintreten und in ihr schwelgen. Als Sie ein kleines Kind waren, fanden Sie Vergnügen an allem in der physischen Welt, auch an Ihrer Dichte. Für Augen, die noch überall Essenz erkennen konnten, gab die Dichte der Emotionen leuchtende Farben ab und war in gewisser Hinsicht viel faszinierender als die Kultivierung des Geistes.

Überdenken Sie also die Dichte von Emotionen. Lieben Sie die Dichte Ihres menschlichen Ich. Beanspruchen Sie sie. Tatsächlich sollten Sie auf Ihren Anteil an Dichte bestehen! Deshalb sind Sie hierhergekommen, und Sie haben das Recht darauf, sie zu erforschen.

◆ *Alles, wogegen Sie sich auch immer wehren, wird zu einer Last.*

Einige Menschen wehren sich gegen die Unbegrenztheit des verfeinerten Geistes und interpretieren den spirituellen Aspekt des Lebens als eine Last; sie wird zu einem schweren Kreuz, das man zu tragen hat. Wehrt man sich andererseits gegen Emotionen, führt dies zu einem Verlust der Freude an Dichte, wodurch die dichteren Aspekte des Lebens anscheinend zu einem Kampf oder bedrückend werden. Aber wenn Emotionen akzeptiert und erforscht, wahrgenommen und integriert werden, ruft das eine stärkere Verbindung mit dem Selbst sowie ein tieferes Gewahrsein der Verbundenheit aller Menschen und aller Dinge hervor.

Emotionen sind fließend. Sie haben keine festgelegten Grenzen, durch die sie voneinander getrennt werden. Jede tiefempfundene Emotion verfügt über das Potential, den Weg für andere Emotionen zu öffnen. Nehmen wir als Beispiel an, daß Sie mehrere Monate lang so intensiv an einem Projekt gearbeitet haben, daß Ihnen keine Zeit blieb, sich Ihrer Gefühle bewußt zu sein. Dann ist das Projekt abgeschlossen, und Sie haben auf einmal viel Zeit. Während sich Ihr Tempo verlangsamt, fangen Sie an, Emotionen wahrzunehmen, um deren Existenz Sie nicht wußten.

Vielleicht gehört Traurigkeit dazu. Während Sie bei Ihren Gefühlen verweilen, wird aus der Traurigkeit tiefer Kummer. Sie schließen sich einer Selbsthilfegruppe an, damit Sie einen sicheren Ort haben, an dem Sie Ihren Kummer fühlen und darüber sprechen können. Während Sie diesen Kummer durchleben, stellen Sie an irgendeinem Punkt fest, daß eine neue Freude in Ihr Leben einzutreten beginnt. Sie werden gewahr, daß Ihren Kummer zu fühlen den Raum freigemacht hat, damit Sie ebenfalls die tiefere Freude empfinden können. Die fließende Beschaffenheit der Emotion und Ihre Bereitschaft, in ihrer Strömung zu schwimmen, haben Sie in eine kraftvollere Intimität mit sich selbst geführt.

Es ist außerdem möglich, daß der Kummer (oder irgendeine andere tiefempfundene Emotion) dazu führt, daß Sie sich spontan Ihrer Verbindung mit allen anderen Menschen, die diese Emotion fühlen oder gefühlt haben, bewußt werden läßt. Emotion ist eine Energie, die keinem gehört und nicht in der Person, die sie empfindet, anfängt oder aufhört. Jede Emotion fließt durch alle physischen Wesen und verbindet sie miteinander auf der tiefsten Ebene des physischen Gewahrseins.

Folglich ist der Kummer, den Sie spüren, nicht Ihr Kummer; es ist *der* Kummer, der durch alle Menschen fließt. Ähnlich ist die Traurigkeit, die Freude oder die Liebe, die Sie empfinden, nicht die Ihrige, sondern eine universale Energie, die Sie sich erschließen und für sich interpretieren. Wenn Sie sich dieser Emotion in Ihrem Leben öffnen, wird sie zu einem kraftvollen Ausdruck Ihrer Verbindung mit sich selbst und anderen.

Wenn der Widerstand gegen Emotionen ein seit langem bestehendes Muster von Ihnen ist, haben Sie dieses Muster wahrscheinlich als Reaktion auf frühen Druck von seiten Ihrer Umgebung angenommen. Vielleicht haben Sie in Ihrer Familie, verstärkt durch Erfahrungen in der Gesellschaft, gelernt, sich gegen Ihre Gefühle zu sträuben oder sie zu leugnen. Wenn Ihre gegenwärtige Umgebung weiterhin Ihre emotionale Vitalität herabsetzt, anstatt Sie darin zu unterstützen, sie zurückzugewinnen, können Sie sich durchaus unfähig fühlen, etwas zu ändern. Es kann sich allzu bedrohlich anfühlen, wenn man sich ohne eine mit-fühlende, vertrauenswürdige Unterstützung von außen stark geleugneten Gefühlen öffnen möchte.

Sie müssen sich Emotionen nicht allein öffnen. Vielleicht sind Sie allein auch gar nicht dazu imstande. Wenn eine einschränkende Umgebung Sie einen derart wichtigen Aspekt Ihres Wesens ausschließen ließ, kann eine unterstützende Umgebung vonnöten sein, um es Ihnen zu ermöglichen, sich ihm wieder zu öffnen. Sie verdienen es, Ihr kraftvolles emotionales Selbst und mit ihm die Freude an Dichte zurückzugewinnen. Sie haben jedes Recht auf eine Umgebung, die Ihnen echte Unterstützung gewährt.

Die Herausforderung besteht darin, diese Umgebung zu finden. Emotionale Unterstützung zu suchen und nicht aufzugeben, falls es sich als schwierig erweist, sie zu finden, ist an sich eine wichtige Arbeit. Manchmal sagen Menschen: „Ich kann nicht die richtigen Freunde, den richtigen Therapeut, die richtige Gruppe, die richtige Technik finden" usw. Vielleicht trifft das bis jetzt auch auf Sie zu, aber wie stark ist Ihr Beharren? Wie engagiert sind Sie? Wie anspruchsvoll sind Sie in bezug auf das Leben; was müßte geschehen, damit Sie bereit sind, Ihre unterstützende Umgebung zu erschaffen?

Vielleicht ist es nicht immer einfach, das zu finden, was Sie suchen, aber das bedeutet nicht, daß es unerreichbar ist. Alles, wonach Sie sich wirklich sehnen, ist erreichbar. Das ist eine gegebene Tatsache im Leben. Wie Sie es erreichen, ist ein Spiegelbild Ihres Engagements für sich selbst, Ihres Engagements dafür, den Glanz dessen, voll und ganz lebendig zu sein, zurückzugewinnen.

◆ *Ihr Gefäß für das Geist-Bewußtsein in diesem Leben ist Ihr dichtes Ich.*

Ihr Ich-Bewußtsein umfaßt Ihre Gedanken, Ihre Emotionen und Ihren physischen Körper sowie Ihre Beziehung zu der äußeren Welt und anderen Menschen. Es ist das Gefäß, in dem Sie den unbegrenzten Geist mit sich tragen, während Sie durchs Leben gehen. In dem Maße, wie Sie sich der Dichte des Gefäßes widersetzen, schränken Sie Ihre

Fähigkeit zum bewußten Gewahrsein des Geistes ein. Wenn Sie danach streben, äußerst spirituell zu sein, nehmen Sie sich liebevoll Ihres menschlichen Ich an, denn dies ist wahrhaftig das göttliche Werk.

LIEBE

Als Sie in dieses Leben eintraten, brachten Sie die Erinnerung an die Wahrheit Ihres Seins mit. Die Unbegrenztheit des Geistes war noch wirklich für Sie, und Sie besaßen ein derart vollkommenes Liebesvermögen, daß es keine Trennung gab. Sie waren wirklich eins mit allen Dingen und allen Wesen.

Wie wir bereits gesehen haben, haben Sie sich dann an die Umgebung angepaßt, in der Sie aufwuchsen (Ihre Familie, Ihre soziale Umwelt und die Gesellschaft im allgemeinen), und die dort herrschenden Überzeugungen und Erfahrungen übernommen. Dieses kulturelle Bewußtsein war nicht auf das unbegrenzte Sein gegründet; ganz im Gegenteil sagte es Ihnen, daß Sie nicht eins mit anderen sind. Einen Großteil der Säuglingszeit und der frühen Kindheit verbrachten Sie damit, zu lernen, daß man Sie hier in der physischen Wirklichkeit so betrachtet und auf Sie reagiert, als wären Sie völlig getrennt von ihr. Dafür wurde von Ihnen verlangt, diese Wirklichkeit der Trennung durch Ihre Handlungen, Ihre Kommunikation und Ihre innere Erfahrung nach außen zu bringen. Durch diese Trennung wurden Ihr Selbstgefühl und Ihr Wirklichkeitssinn immer mehr eingeschränkt.

Diese Phase in Ihrer Ich-Entwicklung war ein wichtiger Bestandteil Ihrer Anpassung an die physische Wirklichkeit und ihr begrenztes Bewußtsein. Sie sind hierhergekommen, um in der physischen Welt zu sein, und Sie machten sich die Beeinflussung des physischen Bewußtseins zu eigen, um diese Wirklichkeit gründlicher zu erforschen.

Jetzt beginnen Sie dadurch, daß Sie die Trennung und Einschränkung der physischen Wirklichkeit erforschen, sich der umfassenderen Erinnerung erneut zu öffnen. Diesmal fordern Sie das Gewahrsein des Wahren Selbst auf, langsam in Ihr Ich-Bewußtsein einzutauchen, in den Aspekt Ihres Wesens, der das in der physischen Welt vorherrschende begrenzte Bewußtsein verkörpert. Bei dieser Integration geht es im Grunde um die Entdeckung, daß Sie nicht länger darauf beschränkt sein müssen, zwischen dem Untertauchen in die offensichtliche Einschränkung der physischen Wirklichkeit und der Ausdehnung in die Freiheit des unbegrenzten Seins zu wählen. Es muß kein Entweder-Oder mehr geben. Aus der Mitte jeder begrenzten Erfahrung können Sie sich dem unbegrenzten Sein öffnen.

◆ *Sie entwickeln die Fähigkeit, sowohl das Begrenzte als auch das Unbegrenzte zu enthalten und mit sich zu führen.*

Die Integration des unbegrenzten Seins in eine Wirklichkeit, die sich zuvor auf Begrenzung gründete, wird letztendlich in der gesamten planetarischen Kultur erfolgreich verlaufen. Dieser Erfolg wurde bereits bestimmt, nicht von einer mächtigen Kraft oder einem mächtigen Wesen „von außen", sondern durch das kollektive Bewußtsein aller beteiligten Wesen. Alle Wesen, Sie mit eingeschlossen, die diese Bestimmung in die Wirklichkeit umsetzen, haben ihre Aufgaben mit Sorgfält gewählt.

Während Sie Ihre Erinnerung an das Wahre Selbst und die Einheit mit allen Dingen und allen Wesen zurückgewinnen, rufen Sie sich ins Gedächtnis zurück, daß diese Einheit auf bedingungsloser Liebe gegründet ist. Wesen, die im Wahren Selbst ausgerichtet sind, schließen sich an eine tiefe Ebene an, von der sie mit unbegrenzter Liebe und dem Gefühl, wirklich zu Hause zu sein, überflutet werden. Diese tiefe Liebe strahlt spontan nach außen und verbindet sie energetisch und spirituell mit allen anderen physischen und nicht-physischen Wesen.

Alle Menschen wünschen sich diesen Zustand der Wahrheit und Liebe, ob sie sich nun dessen bewußt sind oder nicht. Jeder Mensch, der ein starkes Gefühl der Sehnsucht empfindet, zum eigenen Selbst zurückzukehren, sehnt sich nach diesem Zustand, in dem nichts die tiefe Verbindung zwischen dem Selbst und anderen beeinträchtigen kann. Es scheint allzu viele Erfahrungen zu geben, die die Menschen davon abhalten, ihre wahre Verbindung mit sich selbst und miteinander zu spüren, und gerade das ist so schmerzhaft in der Welt. /

HASS

In diesem Zusammenhang kommt Haß ins Spiel. Auf einer grundlegenden Ebene ist Haß ein Ventil für die Verletzung, von dem zutiefst liebevollen Aspekt des Wahren Selbst getrennt zu sein. Wegen seiner Intensität und seines äußersten Unbehagens wird der Haß dann auch zu einer weiteren trennenden Erfahrung und trägt zusätzlich dazu bei, den Teufelskreis aufrecht zu erhalten. Indem der Haß Ihre tiefe, liebevolle Verbindung mit sich selbst und anderen blockiert, erscheint die Welt als noch gefährlicher. Es wird noch mehr Energie dafür eingesetzt, sich selbst zu verteidigen und zu beschützen, was die Trennung verstärkt und Sie noch weiter von der bewußten Verbindung mit dem Wahren Selbst entfernt.

Rufen Sie sich kurz eine Situation ins Gedächtnis zurück, in der Sie eine andere Person gehaßt haben. Vielleicht haben Sie in dieser Situation äußersten Zorn und Haß empfunden oder vielleicht einfach Haß in Form von Ärger, den Sie anscheinend nicht loslassen konnten, die Art von Ärger, der Tag für Tag an Ihnen zehrte. Vielleicht war Ihr Haß auf etwas Bestimmtes, das diese Person gesagt oder getan hatte, zurückzuführen.

Um was es sich bei dem Haß auch zu handeln schien, eine gründlichere Prüfung würde wahrscheinlich erkennen lassen, daß das Ereignis, das Ihren Haß auslöste, Gefühle hervorbrachte, die Sie von Ihrer Verbindung mit Ihrem Wahren Selbst trennten. Sie verloren den Kontakt zu Ihrem wahren Zustand der Selbstliebe aufgrund der Handlungen, Gedanken oder Gefühle dieser Person. Und weil Sie die Verbindung mit Ihrem Wahren Selbst verloren haben, ging Ihnen zudem die Fähigkeit verloren, eine tiefe Ebene der bedingungslosen Liebe und der Verbindung mit anderen Menschen, besonders mit der gehaßten Person, wahrzunehmen.

Erinnern Sie sich daran, daß es Ihr grundlegender wahrer Zustand ist, in unbegrenzter Liebe zu allen Wesen und in Verbindung mit ihnen zu sein. Diese Einheit bewirkt ein Gefühl des inneren Friedens und der Sicherheit, das Ihr größter Schatz ist. Wenn das Verhalten irgendeiner Person zu einer Reaktion in Ihnen anspornt, die Ihre Fähigkeit, liebevolle Verbindung zu spüren, blockiert, ist es so, als wären Sie auf brutale Weise von Ihrem höchsten Wohl abgeschnitten. Dann fühlen Sie sich nicht nur dadurch verletzt, was die Person getan hat, sondern auch dadurch, daß Sie Ihre Verbindung mit dem Wahren Selbst verloren haben.

◆ *Der Verlust Ihrer natürlichen Fähigkeit, sich selbst und den Menschen, der Sie verletzt, zu lieben, ist der größtmögliche Verlust.*

Es ist sehr bedrohlich, wenn Sie durch die Handlungen eines anderen Ihre Verbindung zu dem Wahren Selbst und daher Ihr grundlegendes Gefühl des Wohlseins und der Sicherheit in der Welt verlieren können. Jeder Haß ist der Schmerz über den Verlust des Selbst und der Fähigkeit, sich geliebt zu fühlen und zu lieben. Daß ein anderer über die Macht verfügt, Sie von dieser Liebe abzuschneiden, läßt schreckliche Angst und Entrüstung aufkommen. Wenn Sie Ihren wahren Seinszustand durch das, was andere Menschen sagen oder tun, verlieren können, scheint die Welt wirklich brutal und unsicher zu sein.

Oft reagiert man auf diese Bedrohung, indem man sich selbst verteidigt und – geistig, emotional und physisch – in Kampfstellung geht. Wie Sie wissen, hat die kulturelle Programmierung der physischen Wirklichkeit Ihnen eingegeben, daß Sie im Falle einer Bedrohung Krieg zu führen haben. Zur Zeit ereignen sich mehr Kriege in der Welt, als man verfolgen kann, und einige finden in Ihrem eigenen Leben statt.

Im Krieg zu sein bedeutet nicht unbedingt, daß man zu einer Art Angriff im Außen übergeht. Sie können einfach eine lange innere Erfahrung von Krieg weiterführen, indem

Sie Menschen dafür hassen, was sie Ihnen angetan oder weggenommen haben. Dies kann sich als eine Liste von Dingen offenbaren, die Ihrer Meinung nach bei diesen Menschen nicht in Ordnung sind, Handlungen, die sie hätten unterlassen sollen, Verhaltensweisen, die Ihnen oder anderen Schmerz zufügten, Charaktermängel und dergleichen.

Ihre Liste kann sehr genau sein und sogar Probleme widerspiegeln, die wirklich einer Lösung bedürfen. Trotzdem lautet Ihr Grundanliegen eigentlich: „Was kann ich tun, um mich von dieser kriegerischen Haltung zu befreien, damit ich mich mit meinem Wahren Selbst wiederverbinden kann? Wie kann ich mich wieder der unbegrenzten Liebe öffnen, die mich mit dem ganzen Leben verbindet?"

Es ist erforderlich, daß Sie Ihre Absicht häufig erneuern, wenn Sie eine stärkere innere Verbindung in Ihr Leben zurückbringen wollen. Das heißt, Sie beschließen, allen Gefühlen, die Sie im Augenblick hegen, ein umfassenderes Gewahrsein hinzuzufügen. Erinnern Sie sich daran, daß Sie Ihren Gefühlen niemals Einhalt gebieten müssen, selbst wenn sie Sie einzuschränken scheinen. Sie müssen lediglich schöpferisch sein und es zulassen, daß Sie sich selbst über die Beschränkungen dieser Gefühle hinaus ausdehnen.

Haß kann eine sehr einschränkende Emotion sein, die Ihnen das Gefühl vermittelt, abgeschnitten zu sein, als ob außer diesem unangenehmen Gefühl nichts anderes existieren würde. Ihr Herz fühlt sich verschlossen an, und Sie sind niedergeschlagen, weil Sie sich nicht aus seiner Gewalt zu befreien vermögen.

Wenn Sie das Gefühl haben, im Haß festzusitzen, können Sie sich mit Hilfe des Unbehagens Ihren Wunsch, stärkeres Licht in diesen Aspekt Ihres Ich-Bewußtseins zu bringen, ins Gedächtnis zurückrufen. Sie können einen Augenblick lang innehalten und die folgende Affirmation sprechen: „Selbst inmitten dieses Gefühls wähle ich, mich an meine Verbindung zum Wahren Selbst und zum unendlichen Sein zu erinnern."

Manchmal wird der Haß so stark sein, daß kein Platz für irgendein anderes Gefühl mehr vorhanden zu sein scheint. Vielleicht müssen Sie sich noch immer in praktischer

Hinsicht konstruktiv mit Ihrer Wut und Ihrem Haß auseinandersetzen, doch zugleich wird Ihre Affirmation die energetischen Schaltungen legen, um in der Zukunft eine umfassendere Erfahrung zu ermöglichen.

Eine Affirmation nur eine Sekunde zu sprechen hat eine starke Wirkung, ungeachtet dessen, ob Sie sie in dem Augenblick bemerken. Die größte Wirkung findet auf einer tieferen Ebene als dem Gefühl statt. Selbst wenn Sie also Ihre Affirmation aufrichtig hundertmal über mehrere Tage oder Wochen wiederholen, ohne die Verbindung zu spüren, wird eine Wirkung eintreten, die aus allen diesen Sekunden resultiert. An irgendeinem Punkt werden Ihre inneren Schaltungen stark genug sein, so daß Ihnen allmählich ein Unterschied auffallen wird.

Früher oder später werden Sie bemerken, daß selbst inmitten Ihres Hasses noch immer eine Verbindung mit dem Wahren Selbst und der bedingungslosen Liebe bestehen kann. Sie werden anfangen, offen für die Liebe zu bleiben, auch wenn Sie Haß empfinden. Dann wird der Haß Sie nicht länger einschränken; er wird Sie nicht länger von der Liebe und einem erweiterten Gewahrsein trennen. Er wird nicht länger ein gefährliches, zerstörerisches Gefühl sein, das vermieden oder geleugnet werden muß; er wird einfach ein weiteres menschliches Gefühl sein, durch das das Licht der Wahrheit hervorleuchten und Transformation bewirken kann.

Was für ein wunderbarer Durchbruch! In diesem Augenblick werden Sie wirklich in der Lage sein, mehr als eine Wirklichkeit gleichzeitig in Ihrem Bewußtsein zu bewahren. Unterschätzen Sie diese Fähigkeit nicht; sie ist der Schlüssel dazu, das Bewußtsein zu erweitern und sich neuen Möglichkeiten zu öffnen. Aus diesem Grund ist sie ein immer wiederkehrendes Thema in diesem Buch.

Selbst wenn Sie wütend, traurig, frustriert oder haßerfüllt sind, können Sie (gleichzeitig!) Ihre Verbindung mit dem unbegrenzten Geist spüren. Es ist so, als ob ein Lichtstrahl in die Dunkelheit leuchtet. Während Sie weiterhin Ihre Verbindung mit dem unbegrenzten Sein bestätigen, wird dieser Lichtstrahl größer. Und auch wenn die Dunkelheit des Hasses Ihr Herz verschließt und größer zu sein scheint als der einfache Lichtstrahl, so verfügt dieser doch über eine stärkere Kraft, weil er vom Wahren Selbst herrührt.

Wenn Sie imstande sind, sowohl das Licht als auch die Dunkelheit zu umfassen, befinden Sie sich in einem überaus erleuchtenden Zustand. Das bedeutet, daß Sie nicht mehr eine Erfahrung einer anderen vorziehen müssen. Sie müssen nicht mehr zwischen Liebe *oder* Haß, Schuld *oder* Vergebung, Traurigkeit *oder* Freude, Ärger *oder* Offenherzigkeit wählen. Sie sind nicht mehr gespalten; kein bestimmtes Gefühl schließt Sie ein und hält sie vom Licht des Wahren Selbst fern. Dann haben Sie Zugang zu der ganzen Bandbreite von menschlichen Erfahrungen – diese bereitwillig anzunehmen, sind Sie in dieses Leben eingetreten.

VERGEBUNG

Vergebung ist das Gegenmittel bei Haß: Sie ist der Weg zurück zum Wahren Selbst. Der beste Ratschlag für jemanden, der in seinem Herzen Vergebung für einen anderen Menschen finden will, den er haßt, ist der folgende: Finden Sie zuerst Vergebung für sich selbst. Oft wollen Menschen ihr Augenmerk nicht darauf richten, sich selbst zu vergeben, weil sie glauben, das hieße, eine Schuld für etwas zugeben zu müssen. Ihrer Meinung nach vergibt man nur jemandem, der etwas Unrechtes getan hat. Es ist wichtig, sich klarzumachen, daß Menschen oft Vergebung brauchen, selbst wenn sie nichts Unrechtes getan haben.

Vergebung bedeutet nicht, daß Sie einem Menschen für ein Unrecht verzeihen, sondern vielmehr einfach daß Sie Mitgefühl haben, wo Mitgefühl vonnöten ist. Dann fällt es leichter, jedem zu vergeben, einschließlich sich selbst.

Auch wenn Sie glauben, daß jemand Ihnen ein Unrecht zugefügt oder Sie verletzt hat, kann es einfacher sein, diesem Menschen zu vergeben (oder mit der Situation ins reine zu kommen), wenn Sie zuerst sich selbst echtes Mitgefühl gewähren: „Ich vergebe mir selbst. Trotz allem, was diese Person mir angetan hat oder mich hat durchmachen lassen, gewähre ich mir selbst liebevolles Mitgefühl. Ich vergebe mir für den Schmerz und die Wut, die ich empfunden habe."

Vergessen Sie nicht, daß an Ihrem Schmerz und Ihrer Wut nichts verkehrt ist, aber es kann trotzdem wichtig sein, sich diese Gefühle zu vergeben. Oft gehen heftiger Schmerz oder Wut automatisch mit Schuldgefühlen einher, so daß es hilfreich sein kann, sich klarzumachen, daß Sie vielleicht unter Ihrem Schmerz, Ihrer Wut oder Ihrem Haß Schuldgefühle oder Scham über diese Gefühle verbergen. Weil diese Schuld oder Scham zu einem höheren Maß an Unbehagen beiträgt, können Sie unbewußt all diesen Gefühlen ausweichen, indem Sie selbstgerecht werden: „Nun, sie haben mich ungerecht behandelt und verdienen es darum auch, daß ihnen etwas Schlimmes zustößt", „Er sollte kommen und sich erst einmal bei mir entschuldigen", „Was Sie getan hat, würde ich nie tun".

◆ *Wann immer Sie mit einer anderen Person im Streit liegen, liegen Sie auch mit sich selbst im Streit.*

Das starke Schuldbewußtsein wegen Ihrer Gefühle ist der Streit oder Krieg, den Sie gegen sich selbst führen. Wenn Sie jemandem gegenüber selbstgerecht sind, um Ihrer eigenen Schuld oder Scham auszuweichen, bekämpfen Sie sich genauso wie die andere Person. Wahrscheinlich haben Sie bereits festgestellt, daß ein solcher doppelter Kampf ganz und gar verzehrend und selbstzerstörerisch wird – es ist ein Krieg, den Sie niemals gewinnen werden.

Wie können Sie inmitten dieses komplexen Netzes aus intensiven und schwierigen Gefühlen Heilung hervorrufen, damit Sie weitergehen können? Sich selbst zu vergeben durchschneidet alles und bringt Sie in einen Zustand der Selbstermächtigung und Einfachheit zurück: „Ich vergebe mir dafür, daß ich mich verletzt gefühlt habe. Ich vergebe mir meine Wut und meinen Haß. Ich vergebe mir dafür, daß ich mich vom wahren Kern meines Wesens getrennt habe."

Weil Vergebung bedeutet, Mitgefühl zu äußern, fühlen Sie sich vielleicht mit einer anderen Formulierung wohler: „Ich habe für mich selbst Mitgefühl inmitten dieses Schmerzes. Ich habe für mich selbst Mitgefühl inmitten meiner Wut und meines Hasses. Ich habe für mich selbst Mitgefühl dafür, daß ich durch die Handlungen oder Äußerungen eines anderen so leicht von der Wahrheit meines Seins getrennt werde."

Indem Sie sich selbst aufrichtig Mitgefühl zukommen lassen – und nicht Selbstgerechtigkeit dafür, daß man Ihnen Unrecht zugefügt hat, oder Selbstmitleid dafür, wie schrecklich die Qual gewesen ist, sondern echtes, begeistertes Mitgefühl, wird alles gemildert. Mit diesem Mildern beginnt Ihre Rüstung, die Sie im Kampf brauchten, zu schmelzen; Ihre kriegerische Haltung verliert an Starrheit, weil Sie mehr und mehr an wahrer Kraft gewinnen. Daß Sie weiterhin Mitgefühl für sich selbst inmitten Ihrer menschlichen Probleme empfinden, schwächt die kriegerische Haltung noch mehr ab. Dieser Prozeß wird sanft und natürlich vonstatten gehen, wenn Sie bereit sind, sich in Ihre größere Kraft hineinzubewegen.

Es geht also darum, aus der Mitte dieser kriegerischen Haltung sich selbst eine Hand des Mitgefühls zu reichen: „Jawohl, ich sehe den Schmerz und gewähre mir Mitgefühl. Ich erinnere mich daran, daß ich wieder mit meiner unbegrenzten Liebe verbunden sein will, auch wenn es sich in diesem Augenblick unmöglich anfühlen mag. Ich will die Liebe, die durch mein Sein strömt und mich mit allen anderen Wesen in Frieden und Wahrheit vereint, zurückgewinnen."

Denken Sie daran, daß alle gegenwärtigen Haßerlebnisse ein verborgenes Register von früheren, formenden Erfahrungen mit sich führen, als Sie sich zu einer ähnlich verheerenden Trennung von sich selbst gezwungen fühlten. Sie erleben niemals Haß, der wirklich nur von dem jeweiligen Augenblick herrührt. Jedes Haßgefühl birgt in sich die Erinnerung und die Last einer ungelösten Entrüstung darüber, daß Sie in der Vergangenheit Ihre Verbindung zum Wahren Selbst verloren haben. Folglich kann ein aktueller Konflikt, der bei Ihnen zu unerträglichem Zorn oder Haß führt, eine hervorragende Gelegenheit bieten, um mit einer gründlicheren Heilung Ihrer Vergangenheit anzufangen.

Bieten Sie Ihre ganze Aufmerksamkeit auf, wenn Sie sich automatisch in einer kriegerischen Haltung finden und sich außerstande fühlen, sie für sich selbst oder für die von Ihnen gehaßte Person aufzugeben. Vielleicht bemerken Sie, daß

Ihre Haßgefühle über die aktuelle Situation hinauszugehen scheinen und so tief in Ihre Vergangenheit zurückreichen, daß Sie keine klaren Bilder oder Erinnerungen mehr haben, die mit den Gefühlen einhergehen. Wenn Sie sich selbst Mitgefühl gewähren und Ihr Panzer weicher wird, können frühere Erlebnisse, in denen Sie vom Wahren Selbst getrennt waren, auftauchen, um erkannt zu werden. Vielleicht ist es Ihnen sogar möglich, Ihre erste Erfahrung der Trennung vom Wahren Selbst auszumachen und daraufhin zu heilen.

◆ *Erinnern Sie sich daran, daß Ihr Haß Sie nicht stillegen muß; er kann Sie an Mitgefühl erinnern und Ihnen die Gelegenheit geben, einige mächtige Gefühle zu reinigen.*

Sie bewegen sich durch den unerträglichen Schmerz des Hassens hindurch mit dem Wissen, daß Sie mehr als alles andere Ihre Verbindung mit dem unbegrenzten Sein zurückgewinnen wollen. Sie fühlen sich stärker zum Wahren Selbst hingezogen als zur Rache, sogar stärker als zu dem Wunsch, daß Ihre „Feinde" schließlich erkennen mögen, wie falsch, schlecht oder schwach sie sind. Ihr Wunsch nach der Wiederverbindung mit der unbegrenzten Liebe, den Frieden und der Göttlichkeit, die Sie wirklich sind, wird am wichtigsten. Wenn Sie Ihre Prioritäten so setzen, bringt Sie das in eine Machtposition; Ihre Feinde werden mit wahrer Absicht gelenkt.

Vielleicht stellen Sie fest, daß Ihr Energiesystem nicht stark genug ist, um die verschiedenen Prioritäten auf einmal sehr lange aufrechtzuerhalten. Das ist völlig in Ordnung. Je häufiger Sie die Erfahrung, sich für das Wahre Selbst zu entscheiden, wiederholen, um so schneller wird sich Ihr Energiesystem darauf einstellen und sich verstärken. Dann wird es Ihnen leichter fallen, die Erfahrungen über längere Zeiträume hinweg aufrechtzuerhalten.

Seien Sie sich darüber im klaren, daß – wenn Sie zwanzig, dreißig oder fünfzig Jahre mit der Gewohnheit gelebt haben, im Falle einer Bedrohung eine kriegerische Haltung einzunehmen – Ihr Energiemuster es gut versteht, Sie in Ihrer Kriegsführung zu unterstützen. Es kann eine Zeitlang dauern, bis sich Ihr Energiesystem zu dem Muster von

Mitgefühl und Vergebung umstrukturiert hat. Seien Sie in dieser Übergangszeit, die Tage, Wochen, Monate oder sogar Jahre anhalten kann, geduldig mit sich selbst. Auch wenn Ihr System längere Zeit zur Umstrukturierung benötigt, werden Sie letztendlich dazu befähigt sein, die Erfahrung des Wahren Selbst und des unbegrenzten Seins in Ihrem Alltagsleben kontinuierlicher zu erhalten.

Seien Sie sich bewußt, daß Ihr Ego vielleicht in regelmäßigen Abständen gegen die Vergebung und die Wiederverbindung mit dem Wahren Selbst protestiert. Das auf Selbstgerechtigkeit oder Selbstmitleid programmierte Ego kann nach wie vor darauf bestehen, daß man anderen Menschen zu verstehen geben sollte, welches Unrecht sie getan haben, daß sie bestraft, beschämt oder dazu gebracht werden müssen, sich zu entschuldigen, usw. Es ist nicht notwendig, Ihr Ego zum Schweigen zu bringen; es ist ein Ausdruck Ihrer Persönlichkeit und verdient es daher, gehört zu werden. Aber vielleicht sollten Sie sich daran erinnern, daß die größte Fähigkeit Ihres Ego nicht darin besteht, Sie zur umfassenderen Wahrheit und inneren Verbindung zurückzubringen.

Aufgrund des unterschiedlichen psychologischen und spirituellen Gebrauchs des Begriffs „Ego" neigen Sie vielleicht dazu, Ihr Ego für ein Problem zu halten, für Ichbezogenheit oder bestenfalls für etwas, das überwunden werden muß, wenn man spirituelle Erleuchtung erlangen will. Ich beziehe mich nicht auf diese Weise auf das Ego. Für unsere Zwecke ist das Ego einfach der Teil Ihres Geist-Bewußtseins, der sich vor langer Zeit an den Verlust Ihrer Verbindung zum Wahren Selbst angepaßt hat. In diesem Zustand des Verlustes wurde es tonangebend für Ihr Ich-Bewußtsein und übernahm die Verantwortung für Ihr Überleben in der begrenzten Wirklichkeit.

Alle Gedanken und Wahrnehmungen Ihres Ich vollziehen sich im Kontext von Trennung und Einschränkung. Für Ihr Ich ist das Wahre Selbst nicht wirklich. Folglich wird in den Wünschen und Handlungen, die von Ihrem Ego herrühren, niemals voll und ganz berücksichtigt, daß Einheit und unbegrenzte Liebe möglich sind. Kurzum, Ihr Ich kann Ihnen sagen, wie Sie in einer begrenzten Welt *ohne* Ihre Verbindung mit dem Wahren Selbst funktionieren können;

es kann Ihnen nicht zeigen, wie Sie sich wiederverbinden können. Dafür müssen Sie über Ihr Ich hinausgehen und Ihr Wahres Selbst dazu einladen, Ihnen den Weg zu zeigen. Sich selbst zu vergeben, wenn Sie mitten in Haß feststecken, ist eine wirkungsvolle Einladung.

Sie sehen also, daß Vergebung in erster Linie in Ihrer Beziehung zu sich selbst anfängt. Sich selbst mit den Gaben Ihres eigenen Herzens zu befähigen, befreit Sie von Verletzungen, die andere Ihnen anscheinend zugefügt haben. Indem Sie Ihre eigene Vergebung oder Ihr eigenes Mitgefühl annehmen, vergeben Sie anderen auf natürliche Weise – quasi als Nebenwirkung Ihrer Selbstheilung.

◆ ◆ ◆

Meditation

Vergebung

1. Schließen Sie Ihre Augen, und atmen Sie frei und tief. Jeder Atemzug erfüllt Sie mit einem Bild oder einem Gefühl von Liebe. Genießen Sie die Liebe, und lassen Sie sie in Ihrem Innern wachsen. ...

2. Wenn Sie bereit sind, denken Sie an jemanden, dem Sie nur schwer vergeben können. Stellen Sie sich vor, wie dieser Mensch hervortritt und Sie aus sicherer Entfernung ansieht. Gestatten Sie es sich zu fühlen, wie unangenehm es für Sie ist, Gefühle von Schuld, Haß, Frustration oder Groll der Person gegenüber zu hegen. ...

3. Während Sie diesen Menschen ansehen, nehmen Sie lediglich die folgende Veränderung in der Situation vor: Atmen Sie wieder Liebe in sich hinein. Diese Liebe ist nicht für die andere Person bestimmt, sondern für Sie selbst. Sie sind erfüllt vom Licht der Liebe, dem Gefühl der Liebe, dem Gedanken an Liebe. ... Jeder Atemzug gibt Ihnen mehr Liebe für sich selbst, sogar während Sie in der Gegenwart des anderen Menschen bleiben. ...

4. Aus dieser Ausrichtung nach Liebe heraus denken oder sprechen Sie Worte wie beispielsweise die folgenden: „Ich gebe mir selbst augenblicklich Liebe und Mitgefühl", „Ich lasse es zu, daß mein Wahres Selbst mich mit seinem Licht erfüllt", „Ich vergebe mir selbst meinen Schmerz und mein Leiden. Ich lasse mich von der Liebe heilen".

5. Spüren Sie, wie die Bedeutungen Ihrer Worte wirken, während Sie sie sprechen oder denken. Verweilen Sie bei dem Gefühl von Liebe, Mitgefühl, Vergebung oder Heilung, so lange Sie möchten. ...

6. Erlauben Sie der anderen Person jetzt sich aufzulösen, zu verschwinden oder aus Ihrer Vorstellung zu gehen. ... Wenn Sie bereit sind, die Meditation zu beenden, tritt Ihr Mitgefühl für sich selbst mit Ihnen in die Welt hinein. Wenn Sie Ihre Augen öffnen, bleiben die Liebe und die Heilung bestehen; sie sind jetzt wirklich in Ihnen.

◆ ◆ ◆

WUT

Irgendwann wird Ihre Erforschung der Liebe Sie an die Pforte der Wut führen. Wie viele Techniken Sie auch lernen mögen, um sich selbst und andere zu lieben, früher oder später müssen Sie sich mit Ihrer Wut aussöhnen. Dann gilt es zu lernen, Ihren Weg zu finden, um das wunderbare Licht des Lebens auch in einer Situation zu empfangen, in der Sie wütend sind.

Es ist völlig in Ordnung, wütend zu sein. Ihre Wut kann Ihnen bedeutsame Rückmeldungen über die Ereignisse um Sie herum geben und etwas dagegen unternehmen, wenn es nötig ist. Aber weil Wut gewöhnlich auf verzerrte und destruktive Weise zum Ausdruck gebracht wird und oft das Ich-Bewußtsein unter Ausschluß des bedingungslos liebenden Selbst aktiviert, sind viele Menschen der Meinung, daß Wut keine „spirituelle" Erfahrung sei.

Sie sollten verstehen, daß alle Gedanken und Gefühle, die Sie hegen können, von Geist durchdrungen sind. In jeder Zelle Ihres Körpers und jedem Aspekt Ihres Ich-Bewußtseins ist Geist enthalten. Sie können vom Geist niemals wirklich getrennt sein, weil Sie Geist sind. Folglich ist jede Erfahrung – einschließlich der Wut – spirituell und dient einem höheren Zweck.

Auf der Ich-Ebene ist es wichtig für Sie, daß Sie sich mit den Situationen, die Ihre Wut auslösen, auseinandersetzen. Das kann manchmal bedeuten, daß Sie in einem Konflikt oder einer bedrohlichen Situation für sich eintreten werden. Ein anderes Mal müssen Sie vielleicht abschätzen, ob sich Ihre Wut wirklich auf die sie auslösende Situation bezieht oder ein altes Muster am Werk ist, das Ihnen nicht länger von Nutzen ist. Falls es ein Problem für Sie ist, zu wissen, wie Sie mit Ihrer Wut (oder mit Ihrer Reaktion auf die Wut eines anderen) angemessen umzugehen haben, sollten Sie unbedingt die Unterstützung einer weisen und zuverlässigen Quelle heranziehen. Es gibt hervorragende Bücher und erfahrene Therapeuten, die Ihnen helfen können, eine gesunde Beziehung zur Wut zu entwickeln. Es lohnt sich, dieser Sache nachzugehen, und sie ist Bestandteil des lebenslangen Rituals, das dazu dient, Ihr Ich zu achten und zu reinigen, damit es Ihnen auf Ihrem Pfad des Wachstums dienen kann.

Aber für jetzt wollen wir die psychologischen Aspekte der Wut und ihre angemessenen Ausdrucksformen hinter uns lassen. (Diese müssen in einer Umgebung ergründet werden, in der Ihnen die Unterstützung zuteil wird, die Sie brauchen.) Statt dessen werden wir uns auf den energetischen Aspekt der Wut und darauf konzentrieren, wie Sie sich der Lebenskraft öffnen können, die sie in sich trägt.

◆ *Allen Emotionen wohnt Lebenskraft inne; diese Lebenskraft ist das Geburtsrecht eines jeden Wesens, das physische Form annimmt.*

Wenn Sie es sich erlauben, die Lebenskraft in Ihrer Wut zu bewahren, wird es Ihnen leichter fallen, es sich zu erlauben, alles andere zu bekommen, was Sie sich im Leben wirklich wünschen. Es geht darum, die Lebenskraft durch sich hindurchfließen zu lassen.

Weil die Lebenskraft der grundlegende Energiefluß des Lebens ist, ist sie es, die Sie mit der physischen Wirklichkeit verbindet, Ihnen buchstäblich Leben spendet und Sie befähigt, in der physischen Welt präsent und aktiv zu sein. Es wäre töricht, geradezu absurd, Ihre Lebenskraft zurückzuhalten oder zu blockieren. Warum sollten Sie sich wünschen, den Energiefluß aufzuhalten, der Sie am Leben und sogar Ihre Existenz in physischer Form erhält? Aber wenn Sie Ihre Wut verneinen, verneinen Sie ebenfalls Ihre Lebenskraft. Wenn Sie Ihre Wut nicht auf eine reine, offene, lebensbejahende Weise zulassen, arbeitet sie gegen Sie und trennt Sie energetisch von der Welt, die bereitwillig anzunehmen Sie in diese Welt gekommen sind.

Damit will ich nicht sagen, daß Sie immer wütend sein müssen, nur um in den Genuß der Lebenskraft zu kommen. Man kann sie in einer ganzen Bandbreite von Gefühlen und Seinszuständen erfahren. Sie verfügen über ein umfangreiches Repertoire! Aber indem Sie Ihre Wut leugnen oder zurückhalten, verweigern Sie sich selbst eine grundlegende Verbindung mit dem Leben.

◆ *Wenn Wut für Sie etwas Negatives zu sein scheint, denken Sie wahrscheinlich an verzerrte Wut.*

Sie sollten verstehen, daß Wut nicht immer mit Raserei gleichzusetzen oder zwangsläufig gewalttätig ist. Wut muß nicht fehlgeleitet, angestaut und in einem emotionalen Angriff herausgelassen werden. Reine Wut ist ein Gefühl, das einen Kanal für Energie erzeugt; sie spült die Lebenskraft durch Ihr System. Sie kann so stark sein wie die Kraft der Liebe oder der Freude, um Ihr Herz zu öffnen und Ihren Körper zu heilen. Reine Wut verbindet Menschen miteinander, anstatt sie voneinander zu trennen, sie ist kommunikativ, nicht zerstörerisch.

Warum wird Wut dann so oft als negativ und zerstörerisch empfunden? Wir leben in einer Kultur, in der das Ego vom Wahren Selbst getrennt ist und die übermäßig stark auf die Fähigkeit baut, „die Kontrolle zu haben". Das vorherrschende Muster besagt, daß Emotionen nur in dem Maße gefühlt werden dürfen, wie wir die Kontrolle über sie behalten können. Dieses Bedürfnis nach Kontrolle verhindert, daß wir uns mit Emotionen aussöhnen, die uns die Lebenskraft auf machtvolle Weise zuführen.

Weil wir uns nicht bewußt sind, daß wir wahrhaftig eins mit der Lebenskraft sind, scheint sie von uns getrennt und größer als wir zu sein. Folglich wird die Macht der Lebenskraft, die wir nicht kontrollieren können, als Bedrohung für jede Kontrolle empfunden, die wir im Leben eingeführt haben. Emotionen, wie z.B. Wut, die natürliche Leiter der rohen, unkontrollierten Lebenskraft sind, werden gefürchtet und im allgemeinen nicht gut gehandhabt.

Weil uns beigebracht wurde, unserer Wut zu mißtrauen, anstatt sie zu respektieren und ihren Fluß zu ermöglichen, wird sie häufig entstellt. Als Kultur haben wir so schwer daran gearbeitet, diese Emotion unter Kontrolle zu bringen, daß wir sogar das schwächste Gefühl von Wut mit dem Bedürfnis nach stärkerer Kontrolle verwechseln. Unsere Wut auszudrücken kann dann leicht in einen Kampf ausarten, um andere zu kontrollieren oder zu verhindern, von ihnen kontrolliert zu werden.

Beispielsweise haben Sie vielleicht gelernt, Ihre Wut auf andere zu richten, in dem Versuch, die Kontrolle über sie, die Situation oder Ihre Verwundbarkeit zu haben, anstatt sich von der Wut zeigen zu lassen, wie Heilung stattfinden kann. Oder vielleicht halten Sie Ihre Wut völlig unterdrückt, um sicherzustellen, daß Sie sie nicht zerstörerisch einsetzen. Indem Sie sich der Wut widersetzen oder sie nicht gelten lassen, verschwindet diese Energie nicht einfach. Weil sie irgendwohin gehen muß, wird sie oft in einen weniger klaren und direkten Ausdruck umgeleitet. Mit großer Wahrscheinlichkeit wird die Energie von abgelehnter Wut unbewußt nach innen gelenkt und gegen die eigene Person gerichtet.

Ein solches selbstzerstörerisches emotionales Muster können Sie unbewußt in Ihrer Kindheit oder Jugend angenommen haben. Vielleicht wollte in Ihrer Familie niemand der Empfänger Ihrer Wut sein, so daß Sie lernten, sie anderen gegenüber nicht direkt zum Ausdruck zu bringen. Vielleicht war es jedoch akzeptabel, wenn Sie Ihre Wut in Form von Selbstkritik oder Selbsthaß gegen sich selbst richteten. Möglicherweise haben Sie sogar verstanden, daß Sie es wirklich verdienen, daß Ihnen etwas Schlimmes widerfährt, wenn Sie Wut auf jemand zu empfinden. Diese Konditionierung könnte das Muster für die Energie Ihrer Wut, die auf zerstörerische Weise zu Ihnen zurückkommt, festgelegt haben.

In Anbetracht der kleinen Auswahl an Möglichkeiten, die die Kultur bietet, ist es natürlich, daß Sie sich sowohl gegen Ihre eigene Wut als auch gegen die Wut anderer Personen wehren. Es ist eine Ironie, daß Sie darum kämpfen, die Kontrolle zu behalten, und darüber den wahren Zweck der Wut vergessen! Sie vergessen dabei, daß Wut vielmehr eine Energie der Kommunikation und Verbindung ist als eine der Entfremdung und des Widerspruchs. Sie vergessen, daß Wut ein starkes Gefühl ist, das Ihr Energiesystem dazu veranlaßt, sich in höherem Maße der Lebenskraft zu öffnen. Sie vergessen, daß es im Leben eigentlich darum geht, offen für die Lebenskraft zu sein, damit sie durch Ihren Körper hindurchfließen und Sie mit dem Wahren Selbst verbinden kann, was demzufolge wichtiger ist, als eine Schlacht zu „gewinnen".

◆ *Wenn Sie die Fähigkeit entwickeln, die reine Vitalenergie in der Wut anzunehmen, öffnen Sie sich einer machtvollen, neuen heilenden Quelle.*

Als die Schöpfungsenergie ist die vitale Lebenskraft die stärkste Heilenergie, die existiert. Folglich ist Wut in ihrer reinen Form keine zerstörerische, sondern vielmehr eine heilende Energie. Weil nur wenige Menschen gelernt haben, offen für unverzerrte Wut zu sein und sie zu akzeptieren, sind sich auch nur wenige über die enorme Heilkraft im klaren, die sie mit sich führt.

Die Erforschung dieses wesentlichen Bestandteils der Wut macht es erforderlich, daß Sie eine klare Ausrichtung bewahren und aufmerksam bleiben. Sie brauchen eine starke, bewußte Verpflichtung sich selbst gegenüber, um präsent zu bleiben und die sich zeigenden Gefühle und Erfahrungen, wie sie aufeinanderfolgen, bis zum Ende wahrzunehmen.

Wenn Sie sich der reinen Lebenskraft in der Wut öffnen, werden Sie feststellen, daß Sie sich gleichfalls der reinen Erfahrung auf vielen anderen Ebenen zu öffnen anfangen. Die Lebenskraft verbindet Sie mit dem Wahren Selbst, und die Resultate dieser Verbindung sind immer weitreichend.

Als ersten Schritt dabei, sich der Vitalität der Wut zu öffnen, sollten Sie Notiz davon nehmen, daß – wenn Sie wütend sind – Ihnen eine enorme Energie zur Verfügung steht und Sie die Wahl haben, wie Sie sie lenken. Sie können diese Energie einsetzen, um sich innerlich abzusperren, sich abzutöten, sich zurückzuhalten, mißbräuchliche Gedanken über sich selbst zu hegen oder sie nach außen auf andere Menschen in ähnlich destruktiver Weise zu richten. Oder Sie können das Geschenk der Lebenskraft, die mit dieser Emotion einhergeht, annehmen und sich von ihr beleben lassen. Diese Lebenskraft wird Sie dann stärken und Ihr Leben und Ihre Beziehungen zu anderen Menschen bereichern.

Wut ist eine Emotion und eine physiologische Reaktion im Körper. Ob Sie diese auf eine destruktive oder lebensbejahende Weise einsetzen, wirkt sich unmittelbar auf die chemische Zusammensetzung Ihres Körpers aus, die wiederum Ihr physisches, mentales, emotionales und energetisches Wohl stärkt oder vermindert. Ihre Entscheidung darüber, wie Sie die Energie von Wut interpretieren und lenken, macht den ganzen Unterschied aus. Wird diese Wahl nicht bewußt getroffen, geht sie unbewußt von Ihren alten Gewohnheitsmustern aus. Auf welche Weise Ihre Wahl auch erfolgen mag, bewußt oder unbewußt, sie ist ausschlaggebend dafür, ob Sie sich in eine gesteigerte Erfahrung des kraftvollen Lebens oder in Erschöpfung hineinbewegen.

◆ *Unterhalb der Wut verbirgt sich gewöhnlich ein Gefühl der Hilflosigkeit.*

Auch wenn Sie nicht bewußt in Kontakt zu ihr stehen, kann diese Hilflosigkeit Sie dazu bringen, die wahre Macht, über die Sie immer in der Wut verfügen, zu übersehen: die Macht, sich für das Leben zu entscheiden. Wahrscheinlich sind Sie nicht darin geübt, eine solche Macht zu erkennen. Nur wenige Eltern sagen zu ihren wütenden Kindern: „Du bist wütend. Das ist ein starkes Gefühl, und ich möchte, daß du erkennst, wieviel Macht du hast. Es steht dir frei, diese Macht auf eine lebensbejahende Weise einzusetzen. Wie kannst du das tun? Was wäre ein guter Weg? Sprich mit mir darüber, und ich werde dir helfen." Aber wenn Sie diese Unterstützung von Ihren Eltern nicht bekommen haben, können Sie lernen, sie sich selbst zu geben.

Wenn Sie Wut empfinden, halten Sie kurz inne und holen Sie mehrmals tief Luft, um einen gewissen Abstand zu gewinnen. Nehmen Sie bewußt zur Kenntnis, daß Sie – trotz jeglicher quälender Emotion, die durch Ihr System zirkulieren könnte – in diesem Augenblick die Macht haben. Sie haben die Macht der Wahl!

Wenn Sie sich in Ihrer Wut auf diesen Gedanken konzentrieren, stellen Sie vielleicht fest, daß Sie sich dagegen wehren, Ihre Macht geltend zu machen. Ihre zur Gewohnheit gewordene Reaktion auf Wut scheint ein Eigenleben zu führen und ist vielleicht selbst für einen Augenblick schwer zu unterbinden. Wie unbrauchbar und unangenehm es auch sein mag, Sie können außerdem unbewußt Ihrem alten Muster verhaftet sein, das Ihnen sehr vertraut ist. Halten Sie Ausschau nach Ihrem Widerstand. Er ist natürlich. Nehmen Sie ihn zur Kenntnis, und fragen Sie sich dann: „Will ich dieses Mal dem Widerstand nachgeben und das alte Muster wiederholen oder aber eine Veränderung vornehmen und mich daran erinnern, daß ich in diesem Augenblick die Macht dazu habe?"

Natürlich handelt es sich bei dieser Macht nicht um die Macht über die Person oder die Situation, die im Mittelpunkt Ihrer aufgebrachten Gefühle steht. Es ist die Macht, wählen zu können, wieviel Lebensbejahung Sie in Ihrem Körper mit sich führen wollen. Das ist weitaus wichtiger als jeder Streit, über den Sie wahrscheinlich in Wut geraten.

◆ *Weil das kulturelle Muster von Wut so stark ist, kann man sich leicht darin verfangen, sich über die zur Debatte stehenden Fragen zu streiten und zu versuchen, die Kontrolle zu gewinnen oder aufrechtzuerhalten.*

Stellen Sie sich etwa vor, daß Sie mit jemandem Streit bekommen haben und Ihre Wut auflodert. Sie sind versucht, in Ihr altes Muster zu verfallen, nach dem Sie Ihre Wut benutzen, um Ihren Gegner einzuschüchtern, herabzusetzen oder an ihm herumzunörgeln – um den Streit zu gewinnen und folglich dem Gefühl, selbst besiegt zu werden, auszuweichen. Oder vielleicht neigen Sie dazu, vorzugeben, nicht wütend zu sein, zu schmollen oder dem anderen Schuldgefühle einzuimpfen, so daß er sich zurückzieht. In diesen Fällen wird die reine Energie Ihrer Wut fehlgeleitet, wodurch Ihre Lebenskraft nicht mehr frei fließt. In diesem gefährdeten Zustand haben Sie buchstäblich Ihre Quelle des wahren Wohlergehens vergessen, und das ist ein sehr realer Verlust für Sie. Lohnt es sich, reduzierte Lebenskraft für Ihr eigenes System in Kauf zu nehmen, um die Kontrolle in einem Streit zu gewinnen?

Indem Sie lernen, der Wut ihren natürlichen, direkten Ausdruck zu verleihen, was beinhaltet, daß Sie die Kontrolle über andere aufgeben, wird es Ihrer reinen Lebenskraft ermöglicht, durch alle Ebenen Ihres Wesens zu fließen und jede Zelle Ihres Körpers zu nähren und neu zu beleben. Das bedeutet eigentlich, in einem Streit zu gewinnen. Wenn beispielsweise die Meinung oder Entscheidung des anderen Menschen in der Realität die Oberhand gewinnt, können Sie den persönlichen Sieg davontragen, mit kraftvollem Leben erfüllt fortzugehen, was nicht vom Ergebnis der Auseinandersetzung abhängt.

Das soll natürlich nicht bedeuten, daß Sie immer eine Entweder-oder-Entscheidung zwischen innerem, persönlichem Sieg und äußerer Wirksamkeit treffen müssen. Sie müssen sich nicht zurückziehen oder sich in einem Konflikt passiv verhalten, um Ihre energetische Einheit zu wahren. Tatsächlich kann es, wenn Sie offenbleiben für die Lebenskraft, Ihnen die Macht über sich selbst zurückgeben und Ihre Fähigkeit erhöhen, zentriert zu sein, Ihren Standpunkt zu behaupten und mit der Kraft oder Leidenschaft zu kommunizieren, die Sie wahrhaftig empfinden.

Aber vielleicht müssen Sie zunächst damit anfangen, darauf zu achten, wie sie Ihre Wut fehlleiten, sobald sie auftritt, und sich dann selbst einige neue Alternativen zu geben. Es kann überaus hilfreich sein, sich neue Techniken für eine gesunde Beherrschung und gesunde Ausdrucksformen von Wut anzueignen. Auch indem Sie sich in Ihrem Leben oft für die Lebenskraft entscheiden und vertraut damit werden, wie sie sich in den verschiedensten Situationen anfühlt, kann sich eine erkennbare Grundlage des Wohlergehens entwickeln, auf die Sie zurückgreifen können, wenn Sie in Wut geraten.

Das Ergebnis ist, daß, wie Sie Wut ausdrücken, Ihnen manchmal die gewünschten äußeren Resultate einbringen wird und manchmal nicht. Trotzdem dient jede Erfahrung einem grundlegenden Zweck, nämlich dem, Sie in das unbegrenzte Leben einzutauchen. Wenn Sie diese Wahrheit akzeptieren, wird es zu Ihrer höchsten Priorität, sich neu zu beleben, indem Sie voll und ganz dafür offen sind, die Lebenskraft zu empfangen. Dann können Sie wählen, wie Sie in jeder Situation reagieren wollen. Die Grundlage dieser Wahl ist die Frage, was Ihren Fluß wahrer Lebenskraft und wahren Wohlergehens eher verstärken würde, als ihn zu schwächen.

Wenn Sie mit dieser klaren, ausgerichteten Absicht leben, können die Umgangsformen anderer Menschen mit Wut als Modelle für Ihr eigenes Verhalten an Bedeutung verlieren. Sie lösen sich von den in der Kultur vertretenen Denkweisen über die Wut. Während in den kulturellen Überzeugungen noch immer die unbewußte Annahme enthalten ist, daß Wut einem inneren Verlust oder Tod gleichkommt, fangen Sie an, Wut als einen Träger für das kraftvolle Leben einzusetzen.

◆ *In dem Augenblick, wo sie an ihrem Punkt der Macht angelangt sind, haben die meisten Menschen keine Vorstellung von der großartigen Wahl, der sie gegenüberstehen.*

Eine bewußte Wahl vorausgesetzt, würden sich die meisten Menschen für eine erhöhte pulsierende Lebenskraft entscheiden; doch relativ wenige sind sich eigentlich darüber im klaren, daß ihre Wut sie zu einer solchen Erfahrung führen kann. Ohne ein erweitertes Gewahrsein hat die kulturelle Gewohnheit die Oberhand und neigen

Menschen dazu, die Wut in ihrem Fluß pulsierender Lebenskraft zu unterdrücken. Der Körper und das Energiesystem kennen den Unterschied zwischen einem gesteigerten Leben und einem beraubten Leben; selbst eine subtile Einschränkung der Lebenskraft wird als eine Entwicklung hin zu Leblosigkeit erkannt. In dem Maße, wie sie sich verschließen, reagieren die meisten Menschen automatisch so auf Wut, als würde sie ihr Überleben bedrohen. Ironischerweise ist es das Sich-Verschließen, was die wahre Bedrohung darstellt. Ohne diese Dynamik zu verstehen, reagieren sie auf Wut, sowohl auf ihre eigene als auch auf die anderer, mit Angst.

Die Lösung von diesem kulturellen Muster bedeutet eine tiefgreifende Veränderung in Ihrem Leben; wiederum ist es natürlich, daß Ihr Ich seinen Widerstand an den Tag legt. In diesem Fall kann es hilfreich sein, innezuhalten, tief Atem zu holen und dann kurz dem Widerstand auf mitfühlende Weise Gehör zu schenken. Hören Sie, was die Stimme des Widerstandes zu sagen hat, und machen Sie sich Notizen. Schreiben Sie ein paar Worte auf, vielleicht sogar zwei oder drei Sätze, um die Botschaft einzufangen. Auf diese Weise wird der Widerstand auf Papier zum Ausdruck gebracht und freigegeben.

Wenn sich der Widerstand erneut meldet, wiederholen Sie nötigenfalls den Vorgang. Dabei können Ihnen wichtige Informationen über Ihren inneren Prozeß und die Bedürfnisse Ihres Ich offenbart werden. Indem Sie den Widerstand zum Ausdruck kommen lassen, ihm zuhören und ihn freigeben, geben Sie seinem Fluß eine neue Richtung. Er funktioniert nicht mehr in einem geschlossenen Kreislauf und hält Sie fest, sondern wird darin geschult, Sie in Kenntnis zu setzen und dann hindurchzugehen, so daß Sie frei sind, um sich auf neue Alternativen einzulassen.

Vergessen Sie nicht, daß der Widerstand dagegen, daß Sie selbst die Macht zur Veränderung haben, von dem Teil des Ich herrührt, der noch nicht weiß, daß Sie mehr Erfüllung haben können, als Sie in der Vergangenheit hatten. Es operiert aus Gewohnheit und Einschränkung heraus und versucht, Sie zu beschützen.

144

◆ *Als eine Schöpfung Ihres unbegrenzten Geistes ist Ihr Ich es wert, geliebt und geehrt zu werden; Sie müssen ihm aber nicht glauben, so wie Sie es früher getan haben.*

Achten Sie Ihr Ich, indem Sie sich seine Sorgen anhören; dann nehmen Sie einen weiteren tiefen Atemzug und kehren zu Ihrer Macht zurück. Nehmen Sie Ihre Wut wahr, und denken Sie bewußt über Ihre Wahl nach: „Ich fühle, wie eine starke Energie sich durch mich hindurchbewegt. Ich kann wählen, ob ich mich von ihr beleben oder verschließen lassen will. Lebenskraft oder Leblosigkeit. Kraftvolles Leben oder langsame Erschöpfung. Wofür entscheide ich mich?"

Wenn Sie an diesen Punkt angelangt sind, Lebendigkeit oder Erschöpfung in Erwägung zu ziehen, kann es sich manchmal unmöglich anfühlen, sich für das Leben zu entscheiden. Die alte Konditionierung kann immer noch zu stark erscheinen. Ihr innerer Selbstkritiker kann dies als ein Zeichen des persönlichen Versagens Ihrerseits interpretieren. Vielleicht sagt er, daß Sie ein schwacher Mensch sind, daß Sie nicht erleuchtet genug sind, daß Sie es nicht verdienen, sich gut zu fühlen, oder etwas ähnlich Herabsetzendes. Der Inhalt dieser kritischen Botschaften trifft gewöhnlich nicht zu und spielt sowieso keine Rolle. Hilfreicher als die Einschätzung Ihres Selbstwertes ist, einfach ehrlich mit sich selbst darüber zu sein, wenn Sie die Lebendigkeit des Lebens wählen, und auch dann, wenn Sie Leblosigkeit wählen. Eine ehrliche Beobachtung ist alles, was erforderlich ist.

Wenn Sie sich für Leblosigkeit entscheiden, heißt das nicht, daß Sie eine schlechte Wahl treffen. Sie tun einfach, was Sie tun. Sie können sich noch immer akzeptieren. Tatsächlich können Sie sich noch immer von ganzem Herzen selbst lieben, auch wenn Sie sich vielleicht wünschen, sich anders entschieden zu haben. Mit bewußtem Gewahrsein darauf zu achten, wie Sie sich entscheiden, während Sie sich gleichzeitig Akzeptanz, Unterstützung und Liebe gewähren, ist an sich eine bedeutsame Ermächtigung.

Die gute Nachricht ist, daß Sie in Ordnung sind, gleichgültig wie Ihre Entscheidung ausfällt. Es gibt keine „guten" oder „schlechten" Entscheidungen im Leben. Es gibt Entscheidungen, die Sie zu einer umfassenderen direkten Erfahrung der vitalen Lebenskraft führen, und Entscheidungen, die diese Erfahrung verringern, aber es gibt weder „gute" noch „schlechte". All die Entscheidungen, die Sie treffen, werden mit dem unbegrenzten Segen unbegrenzter Wesen ausgeführt. Und in all diesen Entscheidungen ist die absolute Liebe noch immer der Kern dessen, der Sie wirklich sind, gleichgültig was Sie in dem Augenblick, in dem Sie handeln, erfahren.

Es ist nichts an Ihnen auszusetzen, wenn Sie eine Wahl treffen, die den Fluß der Lebenskraft, die durch Ihr Wesen fließt, einschränkt. Indem Sie sich in dieser Situation akzeptieren und lieben, wird genaugenommen Ihr System gestärkt und werden neue Schaltungen gelegt, die Sie befähigen werden, beim nächsten Mal, beim übernächsten Mal oder beim überübernächsten Mal zu einer lebensbejahenderen Entscheidung zu gelangen. Wenn Sie sich dabei ertappen, daß Sie Ihre Wut nicht auf eine neue, lebensbejahende Weise lenken können, atmen Sie tief durch, erinnern Sie sich an die Liebe, die Sie sind, und klopfen Sie sich auf die Schulter dafür, ein hervorragendes menschliches Wesen zu sein, das sich der Erforschung der Begrenzung widmet.

Wenn Sie fest davon überzeugt sind, daß Wut zerstörerisch ist, kann es Ihnen schwerfallen, sich ihr zu öffnen, auch wenn Sie wissen, daß Wut eine vitale Heilkraft mit sich führt. Seien Sie sehr geduldig, sanft und liebevoll mit sich, und gehen Sie den Prozeß langsam an. Wenn Sie in Gefahr sind, von Emotionen überwältigt zu werden, Grund haben, sich vor Ihren Reaktionen auf Wut zu fürchten, oder neue Anregungen benötigen, um gesunde Ausdrucksweisen für diese starke Emotion zu entwickeln, unterstützen Sie sich selbst, indem Sie sich qualifizierte Hilfe von außen verschaffen.

Wut ist nicht immer angenehm, aber sie ist viel angenehmer, wenn es ihr ermöglicht wird, sich als die Vitalkraft des Lebens durch den Körper hindurchzubewegen, als wenn ihr Widerstand entgegengebracht wird, als wäre sie etwas Negatives oder Gefährliches. Wut ist gefährlich, wenn Sie sie gegen sich selbst oder andere richten. Sie kann heilsam für Sie selbst und andere sein, wenn sie ungehindert und natürlich fließen kann.

Wenn Sie es sich erlauben können, Wut zu fühlen, wobei Sie sich nicht vor sich selbst oder anderen verschließen, sondern sich genau der Lebenskraft öffnen, die Sie nährt und stärkt, werden Sie die Wut nicht mehr so sehr fürchten. Indem Sie sich der Vitalkraft des Lebens in der Wut öffnen, öffnen Sie sich dem Wahren Selbst, während Sie in Ihrem Körper in höherem Maße präsent werden. Sie bringen die Wahrheit Ihres Geistes in die physische Wirklichkeit, was der wesentliche Zweck Ihrer Reise in die Form ist.

◆ ◆ ◆

Einstimmung

In der Wut bewußt bleiben

Sie legen neue Muster fest, was der Wiederholung bedarf. Eine neue Erfahrung muß für den Körper wirklich sein, bevor eine echte Veränderung in den automatischen emotionalen Reaktionen erfolgen kann. Es wird hilfreich sein, wenn Sie sich in der Zeit, in der Sie neue Muster herausbilden, bewußt bleiben und Ihre Entscheidungen erleben. Wenn Wut hochkommt, können Sie die folgenden Schritte durchführen:

1. Nehmen Sie die kraftvolle Energie wahr.

2. Erkennen Sie, daß Sie an dem Punkt der Macht angelangt sind.

3. Seien Sie sich bewußt, daß Sie die Wahl haben, ob Sie Ihren Fluß der Lebenskraft verstärken oder einschränken wollen.

4. Werden Sie sich darüber klar, welcher Schritt Ihr Wohlergehen am besten unterstützen wird.

5. Bleiben Sie sich bewußt, während Sie Ihrer Wahl entsprechend handeln.

6. Akzeptieren Sie sich, und achten Sie darauf, wie sich das anfühlt.

◆ ◆ ◆

Meditation

Heilung durch Wut

Die folgende Meditation kann Ihnen Übung geben, Ihre energetischen Reaktionsmuster der Wut zu verändern. Sie können sie alle paar Tage oder Wochen ausprobieren und die Dauer von vielleicht fünf Minuten allmählich auf fünfzehn heraufsetzen. Am besten wählen Sie zunächst Zeiten, in denen Sie sich nicht in überwältigender Wut verloren haben, so daß Ihnen ein gewisser Handlungsspielraum bleibt. Bewegen Sie sich nicht so tief in die Wut hinein, daß Sie die natürliche Kontrolle verlieren. Sie sollten in der Lage sein, sich sanft in die Wut hinein- und wieder hinauszuführen. Erwägen Sie, jemanden bei sich zu haben, der Sie unterstützt oder führt, bis Sie sich wohl dabei fühlen, die Übung allein durchzuführen.

(*Anmerkung*: Falls Sie während dieser Visualisierung merken, daß Ihre Gefühle der Wut zu unangenehm oder intensiv werden, brechen Sie die Übung einfach ab. Öffnen Sie Ihre Augen, atmen Sie für ein paar Augenblicke sanft und leicht, und tauchen Sie in Liebe ein. Haben Sie Mitgefühl dafür, daß Sie so weit gegangen sind, wie Sie zu gehen bereit waren. Respektieren Sie Ihre Grenzen, und treiben Sie sich nicht an.)

1. Stellen Sie sich zunächst eine Situation vor, in der Sie wütend waren. Sie können sich an eine aus dem Leben gegriffene Situation erinnern oder sich eine ausdenken. Nehmen Sie sich ein wenig Zeit, damit diese Situation in Ihrer Vorstellung Form annehmen kann. ... Spüren Sie etwas von der Wut – nicht soviel, daß es Sie überwältigt,

sondern gerade genug, um sich daran zu erinnern, wie sich Wut anfühlt. ...

2. Stellen Sie sich außerdem vor, daß es nicht Ihre Absicht ist, die Situation, die Sie wütend macht, oder die Meinung oder Handlungen eines anderen zu verändern. Vielmehr ist es Ihre Absicht, die Lebenskraft zusammen mit der Wut durch Ihren Körper und Ihr Energiesystem hindurchfließen zu lassen. Die Lebenskraft zu spüren ist die wichtigste Erfahrung, und die Wut dient dazu lediglich als Werkzeug. Lassen Sie behutsam Ihr Energiesystem sich mehr öffnen, so daß die Lebenskraft durch Sie hindurchfließen kann. ...

3. Sie können die Wut spüren, doch zugleich brauchen Sie sie nicht in Handlungen oder Worte zu fassen. Sie brauchen nicht zu kämpfen. Sie brauchen niemand zu überzeugen oder mit jemandem zu interagieren. Sie befinden sich einfach in dieser Situation, um den positiven Fluß der Lebenskraft, den die Wut in sich trägt, zu erfahren. ...

4. Der Lebenskraft steht sehr viel Raum zur Verfügung, um sich durch Ihr System zu bewegen. Sie besitzt eine eigene natürliche Weisheit. Während diese Energie fließt, nährt und stärkt sie jede Zelle in Ihrem Körper. Sie führt Ihrem Wesen Leben und strahlenden Glanz zu. Akzeptieren Sie diese heilende Kraft, und nehmen Sie sie in sich auf. ...

5. Stellen Sie sich jetzt vor, daß die Situation, in der Sie wütend waren, sich in Licht auflöst. Mit ihr verschwindet jede Anspannung. Das Licht verweilt lange genug, um Sie von allen Resten von Wut, Konflikt oder Unbehagen zu reinigen, so daß Sie, mit strahlender Lebendigkeit und Wohlbefinden überflutet, zurückbleiben.

Wenn Sie mit dieser Meditation vertraut geworden sind und sich wohl dabei fühlen, sie allein durchzuführen, gehen Sie einen Schritt weiter, indem Sie sich diesem Prozeß bewußt öffnen, wenn Sie in einer Situation tatsächlich in Wut geraten. Das können Sie in lediglich einer oder zwei Minuten – oder sogar innerhalb weniger Sekunden, falls notwendig – bewerkstelligen. Halten Sie für einen Augenblick inne, nehmen Sie ein paar tiefe Atemzüge, und öffnen Sie sich mit diesen Atemzügen behutsam der Lebenskraft in der Wut. Lassen Sie sie so natürlich wie möglich durch Ihr System hindurchfließen. Geben Sie der Lebenskraft reichlich Platz. Erlauben Sie sich, diese positive Energie wahrzunehmen, wie sie sich durch Ihren Körper hindurchbewegt und direkt in Ihr Gewebe hineinfließt. Seien Sie sich bewußt, daß Sie eine heilende Energie erfahren, die Ihnen zeigen kann, wie Sie mit der Situation konstruktiv umgehen können.

Ergründen Sie die heilige Sexualität

Sexualität ist der Kern spiritueller Erfahrung

◆

SEXUELLE ENERGIE UND LEBENSKRAFT

Die sexuelle Energie verbindet uns mit der physischen Wirklichkeit auf ungefähr die gleiche Weise wie Wurzeln einen Baum mit der Erde verbinden. Sie ist unsere Erdungskraft. Durch unsere sexuelle Energie machen wir uns die Erde zu eigen und empfangen gleichzeitig nährende Erdenergie, die wir auf keine andere Weise empfangen können. Ebenso wie ein sehr großer und alter Baum niemals beschließen würde, seine Wurzeln zu durchtrennen, würden wir niemals Nutzen daraus ziehen, wenn wir unseren Fluß der sexuellen Energie zum Stillstand brächten. Sexuelle Energie, die natürlich fließen kann und auf eine Weise gelenkt wird, die Ihr Leben bereichert, stärkt unser System stets auf allen Ebenen.

Sie können sich Sexualität als die Lebenskraft vorstellen, die Sie von der Geist-Ebene in die physische Form mitbringen. Ihr Geist hat einen gewissen Schwingungsbereich, der speziell der Ihre ist. Wenn Ihr Geist in die physische Form eintritt, kommt diese Schwingung in Harmonie mit dem Schwingungsbereich, der das auf der physischen Ebene wirksame Bewußtsein zur Zeit Ihres Lebens auf Erden darstellt. Das ist Ihre vitale Lebenskraft. Ihre Fähigkeit, diese Lebenskraft fortwährend durch Ihr physisches

151

Wesen zu kanalisieren, erhält Sie in physischer Form am Leben. /

Diese Vitalkraft kann von sensitiven Menschen gespürt, gesehen und erfahren werden. Bei einem Baum fließt die Vitalkraft durch ihn hindurch. Bei einer Wolke fließt die Vitalkraft durch sie hindurch. Bei der Luft, so formlos sie auch zu sein scheint, fließt die Vitalkraft durch sie hindurch. Diese Energie haben alle Dinge und alle Wesen in physischer Form miteinander gemein.

◆ *Der eigentliche Zweck der sexuellen Energie besteht in der Vereinigung von Geist mit der physischen Form.*

Die sexuelle Energie dient in erster Linie dazu, Sie mit der physischen Wirklichkeit vertraut zu machen und es Ihrem Geist zu ermöglichen, sich energetisch die physische Welt zu eigen zu machen. Ein Vehikel dieser spirituellen Absicht ist die sexuelle Interaktion zwischen Menschen. Durch die Sexualität ist die Interaktion auf drei Ebenen möglich: auf der Ebene der physischen Körper, der Ebene der Energiesysteme und der geistigen Ebene.

Die westliche Kultur legt enormen Nachdruck auf die physische sexuelle Interaktion, aber sie lehrt nichts über die Notwendigkeit, die Verbindung unseres Geistes mit der physischen Wirklichkeit zu erfahren. Diese übermäßige Konzentration auf das Physische auf Kosten des Energetischen und Spirituellen führt zu einer Unvollkommenheit oder einem Ungleichgewicht in den sexuellen Erfahrungen vieler Menschen. Auf dieses Dilemma können sie reagieren, indem sie infolge ihres Bedürfnisses (das unbewußt und unbefriedigt ist), sich auf der energetischen und spirituellen Ebene zu verbinden, physische Sexualität überkompensieren.

In solchen Fällen kann sich ein Drang oder eine Sucht nach physischer sexueller Interaktion bemerkbar machen. Auf der unterbewußten oder unbewußten Ebene wird es zu innerer Unruhe, vielleicht sogar Panik kommen, wenn eine regelmäßige sexuelle Aktivität nicht möglich ist. Für diese Menschen ist physischer Sex kein Mittel, um den Geist mit der physischen Wirklichkeit zu verbinden; physischer Sex dient vielmehr als Ersatz. Ihre spirituelle Beziehung zur physischen Form ist schwach und wird bedroht, sobald Sex nicht verfügbar ist. Ohne sexuelle Aktivität ist ihr Selbst-Gefühl weniger „real", weniger geerdet, viel unbehaglicher.

Sexualität ist ein Kanal für die Lebenskraft – und das auf überaus konzentrierte und machtvolle Weise. Wie bei allen starken Gefühlen führt die Einschränkung des sexuellen Energieflusses zur Einschränkung des Flusses der Lebenskraft und der Verbindung mit der physischen Wirklichkeit. Ironischerweise existiert neben der übermäßigen Betonung von physischem Sex in unserer Kultur gleichfalls eine starke Konditionierung, die sexuelle Energie und folglich die Lebenskraft zu unterdrücken oder zu verzerren. Menschen, die besonders empfänglich für diese Konditionierung sind, leiden im Leben auf einer sehr tiefen Ebene.

Zahlreiche Einflüsse können Sie veranlaßt haben, sich Ihrer Sexualität zu verschließen. Viele auf moralischen oder religiösen Grundsätzen beruhende Überzeugungen besagen, daß sexuelle Aktivität unangemessen sei und zurückgehalten oder zumindest eingeschränkt werden müsse. Dies wird oft in dem Sinne interpretiert, daß Sexualität auf allen Ebenen automatisch geleugnet, verzerrt oder zurückgehalten werden muß. Jedoch ist die Einschränkung der sexuellen *Aktivität* möglich, ohne die sexuelle *Energie* einzuschränken. Mit einem klar ausgerichteten Gewahrsein kann die Energie ungehindert fließen, gleichgültig ob Sie wählen, sich nach ihr zu richten. (Sie sollten verstehen, daß sich sexuelle Energie auf eine Energie oder Schwingung bezieht, die bei weitem feiner ist als ein Gefühl. Sexuelle Energie ist genaugenommen nicht gleichbedeutend mit sexuellen Empfindungen, auch wenn Sie sich dieser Energie am stärksten durch Ihre sexuellen Empfindungen bewußt sein können.)

Viele Menschen, die spirituell erwachen, erfahren Sexualität als eine Ablenkung vom spirituellen Wachstum. Einige beharren darauf, daß jeder, dem es ernst mit dem spirituellen Wachstum ist, enthaltsam leben muß, um echte Fortschritte zu machen. Spiritualität und Sexualität werden für eine Dualität gehalten, für einen Entweder-Oder-Konflikt: Sie können entweder Spiritualität oder Sexualität haben, aber nicht beides.

Lassen Sie uns einen Augenblick auf die Dualität eingehen. Entweder-Oder-Annahmen sind einschränkend, weil sie Erfahrungen verneinen, die beides einschließen. Abgesehen von den zwei polarisierten Seiten der betreffenden Sache schließen sie alles andere aus. Angesichts dessen kann sich eine völlig neue Information oder Sichtweise nur schwer ihren Weg in die dualistische Wirklichkeit bahnen.

Soll damit gesagt werden, daß Dualität etwas Schlechtes ist? Überhaupt nicht. Erinnern Sie sich daran, daß Einschränkung keineswegs etwas Minderwertiges ist. Tatsächlich haben wir alle physische Form angenommen, um die Dualität zu erforschen, eben weil sie so einschränkend ist. Als Bestandteil Ihrer Erforschung versetzt es Sie in die Lage, Einschränkung aus erster Hand zu studieren, wenn Sie eine dualistische Auffassung und Beurteilung übernehmen.

Einige Menschen scheinen durchs Leben zu gehen und dabei die Wirklichkeit nur im Sinne von Einschränkung wahrzunehmen und alle Ideen oder Erfahrungen, die ihr Gewahrsein erweitern könnten, auszuschließen. Selbst wenn es vielleicht frustrierend ist, von solchen Menschen umgeben zu sein, falls wir sie uns anders wünschen, kann ihr Leben auf eine Art und Weise, die wir – oder sogar sie selbst – nicht bewußt erkennen, äußerst produktiv sein.

Wenn Menschen sich an Einschränkung orientieren, kann es Ihnen ermöglicht werden, sich stark und unerschütterlich auf eine bestimmte Schicht von Lebenserfahrung zu konzentrieren, und ihnen die Kraft geben, sich viel tiefer und gründlicher in sie hineinzubewegen, als sie das könnten, wenn sie offen für andere Möglichkeiten wären. Es ist eine Form der Spezialisierung. Indem sie von der Einschränkung (und im besonderen vielleicht von der Dualität) Gebrauch machen, um ihren Fokus zu erhalten, sind sie in der Lage, intensive Präzisionsarbeit bei der Erforschung des physischen Bewußtseins zu leisten.

Wenden wir uns wieder der Sexualität zu. Es besteht ferner der Glaube, daß Enthaltsamkeit spirituell wertvoll sei: Dieser Glaube entspringt keinem dualistischen Konflikt, sondern kommt auf natürlichem Weg zum Vorschein, wenn ein einzelner Mensch bereit dazu ist, die Enthaltsamkeit zu erforschen. Der Auslöser für eine solche Enthaltsamkeit kann eine tiefgreifende spirituelle Erfahrung oder die Hingabe an eine bestimmte spirituelle Lehre sein. Oder sie kann einfach mit einem inneren Wissen ihren Anfang nehmen, das sich im Bewußtsein dieser Person im Verlauf des Erwachens einstellt.

Es ist also offensichtlich, daß es Menschen gibt, die aus den verschiedensten Gründen gewählt haben, sich zugunsten ihres spirituellen Strebens der sexuellen Aktivität zu enthalten. Und es gibt Menschen, die gewählt haben, sexuellen Aktivitäten zusammen mit dem spirituellen Lernen nachzugehen. Beide Entscheidungen· spielen eine Rolle im spirituellen Wachstum und können als ein Vehikel der Transformation dienen. Keine der beiden Entscheidungen ist an sich besser als die andere. Von größter Bedeutung ist, daß Sie eine Entscheidung treffen, die wirklich richtig für Sie ist und Ihre Verbindung sowohl mit dem Geist als auch mit der physischen Form stärkt.

SEXUALITÄT LEBEN

Lassen Sie uns nun die Verbindung von Sexualität und Spiritualität erforschen, falls Sie in Ihrem täglichen Leben sexuell aktiv sind (oder es zumindest beabsichtigen). Vielleicht haben Sie festgestellt, daß Sexualität von spirituellem Gewahrsein ablenken kann, einfach aufgrund der starken physischen Empfindungen, die mit sexuellen Gefühlen einhergehen. Es ist nichts falsch daran, die Spiritualität dadurch zu vergessen, daß man sich von der Sexualität ablenken läßt. Aber wenn Sie beabsichtigen, sich mit Hilfe der Sexualität noch tiefer und vollendeter nach Ihrem Geist und dem anderer Menschen auszurichten, können Sie die folgende Verlagerung Ihres Gewahrseins ausprobieren.

Die Lebenskraft fließt durch die Schaltungen Ihres Energiesystems, das sehr genau nach Ihrem physischen Körper ausgerichtet ist. Wenn Ihr Körper physisch stimuliert wird, wird Ihr Energiesystem gleichfalls stimuliert. Diese Energie verbindet Ihren Geist durch Ihren Körper mit der physischen Wirklichkeit. Die sexuellen Gefühle erwecken nicht nur Ihren Körper, sondern regen auch das Energiesystem und den Geist an, so daß Sie von Leben pulsieren.

◆ *Während Sie mit sexuellen Gefühlen beschäftigt sind, ist es möglich, Ihr Gewahrsein zu erweitern, um nicht nur physische Empfindungen einzubeziehen, sondern ebenfalls energetische Schwingungen und die spirituelle Präsenz.*

Die folgenden vier Schritte können Ihnen helfen, sich auf eine langsame Erweiterung des Gewahrseins zu konzentrieren. Sie sollen zwar während der körperlichen Liebe durchgeführt werden, können aber auch ohne sexuell stimulierenden physischen Kontakt eingeübt werden. (Tatsächlich stellen diese Schritte eine Form der körperlichen Liebe an sich dar, ob nun physischer Sex stattfindet oder nicht.) Wenn Sie diesen Schritten während des physischen Liebesaktes folgen, stellen Sie vielleicht fest, daß sich Ihr Brennpunkt manchmal erweitert, um physisches, energetisches und spirituelles Gewahrsein zugleich einzubeziehen. Da diese Ausdehnung ein wichtiger Teil Ihres Wachstums ist, lassen Sie sich soviel Zeit, wie Sie dafür benötigen. Vielleicht möchten Sie mit Ihrem Partner ein Zeichen vereinbaren, durch das Sie sich verständigen können, wann immer einer von Ihnen in der physischen Aktivität innehalten oder sie verlangsamen muß, um sich erneut nach seinem inneren Brennpunkt auszurichten.

Es ist völlig in Ordnung, wenn Sie in der ersten Sitzung nicht alle vier Schritte vollständig abschließen! Die Wahrnehmung von Energie während des Liebesaktes ist für die meisten Menschen ein gewaltiger Sprung. Machen Sie sich keine Gedanken, wenn Sie feststellen, daß Sie für jeden Schritt mehrere Sitzungen benötigen. Viele Menschen verbringen ihr ganzes Leben damit, mit diesen Techniken zu arbeiten. Vergessen Sie nicht, daß dieses Wachstum allmählich verläuft und seine wichtigsten Wirkungen erst im Laufe der Zeit zutage treten werden. Ferner ist zu beachten: Wenn Sie an derart subtilen Gewahrseinsebenen arbeiten, sind die Rückmeldungen nicht immer entscheidend; Sie können oft Besseres leisten, als es Ihnen bewußt ist. Seien Sie geduldig und liebevoll mit sich selbst und Ihrem Partner, und genießen Sie den Prozeß.

◆ ◆ ◆

Einstimmung

Spirituelle Bewußtheit
bei der körperlichen Liebe

1. Ihre Energie

Wenn Ihr Energiesystem beim physischen Liebesakt pulsiert, kommt es zu einer farblichen Veränderung in Ihrem Energiefeld in und um Ihrem Körper herum. Stimmen Sie sich auf Ihre Energie ein, und ergründen Sie jeglichen Sinn für Schwingungen oder Farben. Stellen Sie sich Fragen wie beispielsweise: „Wohin bewegt sich meine Energie – was spüre ich? Wie ist die Schwingung? Welche Farbe fühle ich, die meine Energie hat?" Es genügt, wenn Sie vielleicht nur das Wort „Energie" denken, um es ins Blickfeld zu rücken.

Ihr Gefühl für die Energie kann überaus konzentriert oder eher diffus sein; beides ist in Ordnung. Weil es sich hierbei um eine feine Arbeit handelt, können Sie feststellen, daß Sie mehr Informationen durch innere Vorstellungen als durch tatsächliche physische Wahrnehmungen erhalten. Folgen Sie Ihrem Gewahrsein, und öffnen Sie sich allem, was kommt.

Wenn Sie Ihre Energie zusammen mit Ihrem physischen sexuellen Erleben wahrzunehmen vermögen, sind Sie bereit, den zweiten Schritt zu tun.

2. Die Energie Ihres Partners

Während Ihr Energiesystem pulsiert und die Lebenskraft hindurchfließt, wird auch das Energiesystem Ihres Partners automatisch stimuliert. Das ist eine sehr tiefe Kommunikation zwischen Ihnen beiden, die über Worte und physische Berührung hinausgeht. Es ist eine intime Verbindung von Energiesystem zu Energiesystem. Wenn Sie es sich erlauben, sich Ihrer energetischen Reaktion bewußt zu sein, wird es Ihnen leichter fallen, ebenfalls die Energie Ihres Partners zu spüren. Sie können Ihr Gewahrsein ausdehnen, um Ihren Partner einzubeziehen, indem Sie sich fragen: „Wo spüre ich die Energie, die in meinem Partner pulsiert oder sich bewegt? Welche Farbe hat diese Energie, welches Gefühl ruft sie hervor?"

Nehmen Sie sich reichlich Zeit, um diese zwei Schritte zu üben und zu erforschen. Wenn Sie die Energie sowohl in sich selbst als auch in Ihrem Partner zusammen mit den physischen sexuellen Empfindungen recht gut spüren oder wahrnehmen können, sind Sie bereit, sich mit dem Geist zu beschäftigen.

3. Ihr Geist

Bei diesem Schritt geht es darum, Ihren Geist inmitten Ihrer physischen und energetischen sexuellen Erfahrungen zu spüren und sich nach ihm auszurichten. Ihr Geist ist immer bei und in Ihnen. Lassen Sie Ihr Gewahrsein sich ausdehnen, um seine Gegenwart zu entdecken. Während Sie sich einstimmen, stellen Sie sich eine Frage wie etwa: „Welche Empfindung, welches Gefühl oder welche Vorstellung habe ich im Augenblick von meinem Geist?" Oder denken Sie einfach das Wort „Geist".

Vom physischen Körper ausgehend über das Energiesystem bis zum Geist ist jede Ebene sanfter, verfeinerter. Eben weil die Geist-Ebene derart fein ist, haben Sie anfangs vielleicht kein bewußtes Gefühl dafür, wie Ihr Geist ist. Mit zunehmender Übung werden Sie sich leichter auf ihn einstimmen können. Ihr Sinn für den Geist wird der Ihrige sein – nicht unbedingt wie der eines anderen – und kann sich ändern, während Ihr Gewahrsein zunimmt.

4. Der Geist Ihres Partners

Sobald Ihre Verbindung mit Ihrem Geist für Sie natürlicher und wirklicher geworden ist, stellt sich ein interessantes Phänomen ein. Sie werden feststellen, daß Sie sich persönlich des Geistes Ihres Partners immer bewußter werden. Weil der Zustand Ihres Geistes einer der Einheit ist, neigt er auf natürliche Weise dazu, eine wahre Verbindung mit anderen zu erfahren. Die Intimität, die Sie und Ihr Partner an diesem Punkt Ihrer körperlichen Liebe bereits entwickelt haben, ermöglicht es Ihrem Geist, Ihnen mühelos den Geist Ihres Partners zu zeigen. Weil diese Erfahrung derart subtil erfolgen kann, daß Sie sich dessen nicht sicher sind, müssen Sie vielleicht an ein Stichwort wie z. B. „Einheit" oder den Namen Ihres Partners denken.

❖ ❖ ❖

Durch diese Schritte wird Ihre sexuelle Interaktion mit Ihrem Partner intensiver. Sie beginnt auf der Ebene der physischen Körper, setzt sich auf der energetischen Ebene fort und dehnt sich schließlich aus, um die verfeinerte Wahrheit von Geist zu Geist einzubeziehen. Die Verbindung von Geist zu Geist ist die tiefste Intimität, die man erfahren kann. Es ist eine erregende Entdeckung und eine wahre Freude, so als würde man sich der größtmöglichen Freiheit öffnen.

Geistwesen schreien danach, in die physische Form einzutreten, um sich den enormen Erforschungen und Entdeckungen zu widmen, die in der Begrenzung geboten werden. Aber diejenigen, die hier sind, fühlen sich oft durch diese Welt eingeschränkt, und wenn sie etwas erfahren können, das sie über die physische Form hinausführt, sind sie ekstatisch. Diese Transzendenz und Freude sind bei der spirituellen Sexualität möglich. Diejenigen, die sie erfahren haben, würden es die absolute Vereinigung mit ihrem Sexualpartner nennen. Es ist ein Verschmelzen, eine Einheit von zwei Wesen, die zu einem werden, welche eine Rückkehr zu der Unendlichkeit ist, um die Sie einst wußten.

Die tiefe Befriedigung und Freude darüber, mit Ihrem Partner vereinigt zu sein, ähnelt sehr dem Gefühl der bedingungslosen Liebe. Aus diesem Zustand heraus sind Sie in der Lage, Ihren Partner mit Reinheit zu sehen. Es gibt kein Hindernis, kein Urteil, keine Trennung – sondern nur wahre Liebe und ein intuitives Verständnis dessen, wie tief Sie miteinander verbunden sind.

Also gibt es Platz für Spiritualität und Sexualität zusammen. Das eine kann das andere verstärken; wenn Sie sich auf die Einheit mit einer anderen Person zubewegen, erfahren Sie immer etwas über die Wahrheit Ihres höheren Seins.

Auf einer tiefen Geist-Ebene wissen Sie bereits um Ihre unbegrenzte Wahrheit, aber die Herausforderung besteht darin, dieses Wissen in Ihre Erfahrung des physischen Lebens hineinzubringen. Es ist eine Sache, um Ihr Wahres Selbst zu wissen, wenn Ihr Fokus in der geistigen Sphäre liegt – vielleicht im Schlafzustand, in der Meditation oder im Tod. Aber es ist eine andere Sache, dieses Gewahrsein ans Tageslicht zu bringen, wenn Sie stark in der physischen Welt verankert sind.

Welcher Weg wäre besser geeignet, Ihre Aufmerksamkeit auf die physische Wirklichkeit zu konzentrieren, als sie auf Ihren Körper zu lenken? Und welcher Stimulus wäre wirksamer als die Sexualität, um Ihr Gewahrsein auf Ihren Körper zu richten? Ihr Körper ist der Vertreter Ihres Geistes im physischen Bewußtsein. Er ist nicht nur ein Medium, um Ihren Geist zu befähigen, sich auf die physische Welt einzulassen, sondern Ihre ganze Beziehung zur physischen Wirklichkeit und zum physischen Bewußtsein spielt sich in Ihrem Körper ab.

◆ *Wenn Sie Einheit durch Sexualität erfahren, hat Ihr Körper unmittelbar an dem unbegrenzten Geist teil.*

In der transzendenten sexuellen Vereinigung prägt sich die Geist-Erfahrung auf zellularer und chemischer Ebene tief in Ihren Körper ein. Ihr Körper und Ihr Energiesystem werden auf eine Weise stimuliert, die kaum merklich, aber tiefgreifend die physischen und energetischen Muster auf einer inneren Ebene verändert. Diese Veränderung verankert die spirituelle Erfahrung in Ihrem ganzen Wesen, integriert sie in Ihren Körper und Ihr Ich-Bewußtsein und macht sie zu einem Teil der Wirklichkeit, aus der heraus Sie nun bewußt handeln. Diese Integration stärkt Ihre Fähigkeit, in der Zukunft umfassendere spirituelle Erfahrungen zu erschaffen und in sich aufzunehmen.

ENTHALTSAMKEIT

Sie können die dramatische Macht der vitalen Lebenskraft durch sexuelle Energie ergründen, ohne sich aktiv auf sexuelle Interaktion einzulassen. Im Grunde genommen wäre es zutreffender, „physische" sexuelle Interaktion zu sagen, denn sexuelle Interaktion findet auf energetischer Ebene immer statt, nicht nur von Person zu Person, sondern zwischen allen lebenden Dingen. Wenn Sie beispielsweise einen Baum betrachten, reicht die sexuelle Energie Ihres Wesens, das keine Grenzen kennt, über Sie hinaus und interagiert mit dem Baum. Ihre Vitalität, Ihre physische Lebenskraft, verschließt sich nicht vor irgend etwas oder irgend jemandem. Sie strahlt nach außen aus und stellt Kontakt zum Leben in allen Formen her.

Auch wenn Sie Enthaltsamkeit gewählt haben, können Sie sich dennoch der sexuellen Energie öffnen. Sie müssen sie nicht fürchten, kontrollieren oder ablehnen. Erlauben Sie es sich, sexuelle Energie einfach als die Lebenskraft zu betrachten, die Ihren Geist mit der physischen Wirklichkeit verbindet. Dieser Lebenskraft ein Hindernis in den Weg zu legen, würde Sie zurückhalten, voll und ganz in der physischen Welt präsent zu sein.

Wenn Sie genauer achtgeben, stellen Sie vielleicht fest, daß Sie nicht immer voll und ganz in der physischen Welt präsent sein wollen. Vielleicht haben Sie Angst davor, daß die Dichte der Erfahrungen in der physischen Welt, besonders Emotionen oder intensive physische Empfindungen, Ihre spirituelle Verbindung einschränken. Welcher Widerstand, welcher Schmerz oder welche Schwierigkeit darüber, in der physischen Wirklichkeit zu sein, auch bestehen mag, das Aufhalten des Flusses der vitalen Lebensenergie schwächt nur Ihre Fähigkeit, mit ihr umzugehen.

Viele Menschen glauben: Wenn sie die physische Lebenskraft in Ihrem Wesen unterdrücken und die spirituelle Energie ankurbeln, wären sie besser ausgerichtet, reiner und sicherer vor der physischen Wirklichkeit. Statt dessen führt die Unterdrückung oder der Widerstand gegen ihre Lebenskraft nur zu einem Ungleichgewicht, das sie schwächer und weniger stabil macht. Sie sind in die physische Form eingetreten, um sie zu ergründen, sie sich zu eigen zu machen, in ihr zu sein und von dort das Wissen um den Geist in das physische Bewußtsein hineinzubringen. Sie können diese Weiterentwicklung nicht abschließen, ohne physisch präsent zu sein. Unternehmen Sie also alles, was Ihnen möglich ist, um die vitale Lebenskraft makelloser fließen zu lassen. Diese Vitalenergie nährt Sie und bewirkt einen stärkeren Körper, ein kraftvolleres Energiefeld und eine tiefere Verbindung mit der physischen Wirklichkeit und dem Planeten Erde. Es kann bereits eine wirkungsvolle Veränderung für Sie sein, sexuelle Energie einfach als die vitale Lebenskraft zu betrachten.

◆ *Sexuelle Energie befähigt Sie, voll und ganz lebendig und spirituell offen für die physische Ebene zu sein.*

Wenn Sie mit Absicht enthaltsam leben, einfach keine sexuelle Beziehung haben oder sich aus einem anderen Grund physisch nicht nach Ihren sexuellen Gefühlen richten wollen, können Sie bewußt wählen, sich der sexuellen Energie zu öffnen, wann immer Sie spüren, daß sie sich in Ihrem Körper regt. Stellen Sie sie sich als einen Kanal der Lebenskraft vor, die durch Ihren Körper und Ihr Energiesystem hindurchfließt und Sie dabei am Leben erhält und ein kraftvolles Gleichgewicht wahrt. Dann lenken Sie diese Energie in einen Teil Ihres Körpers, der um Stärkung oder Heilung zu bitten scheint.

Sexuelle Energie ist ein mächtiger Heiler, wenn man sie frei fließen läßt und sie als das erkennt, was sie wirklich ist. Weil es die energetische Kraft des Lebens ist, die Ihren Geist mit der physischen Form verbindet, ist es die im höchstem Maße ausgeglichene und ausgerichtete physische Energie, die Sie erfahren können. Sie verfügt über unbegrenzte Macht, um auf der physischen Ebene zu erschaffen oder zu heilen.

Erinnern Sie sich jetzt an die Liebe, die Sie sind. In dem Kapitel über die „Selbstliebe" sprachen wir darüber, daß diese Liebe ebenfalls die Lebenskraft, die Essenz aller Dinge, Ihre Verbindung mit der Unbegrenztheit ist. Stellen Sie sich vor, welchen Nutzen sie hätten, wenn Sie sich bewußt auf die sexuelle Energie und die Liebe der Essenz zugleich einstimmen würden. Diese Energien zusammen können die Heilung von Unbegrenztheit und Liebe direkt in Ihren physischen Körper hineinbringen.

Weil sexuelle Energie die Vitalität der Essenz des Geistes in sich trägt und die physisch gewordene Energie von Einheit ist, verfügt sie über die Fähigkeit, zur Gewohnheit gewordene Anschauungen über Begrenzung und Trennung zu durchbrechen. Sie bringt die Wirklichkeit Ihrer wahren Natur in die Zellen Ihres Körpers und in Ihre Wahrnehmungen von der Welt um Sie herum hinein.

❖ ❖ ❖

Einstimmung

Sexuelle Energie und Heilung

1. Stellen Sie sich vor, daß Ihre sexuelle Energie von Ihrem Geist kommt. Sie ist ein Kanal der Lebenskraft, die durch Ihren Körper und Ihr Energiesystem hindurchfließt, Sie am Leben erhält und ein kraftvolles Gleichgewicht bewahrt. ...

2. Stellen Sie sich die Liebe, die die Essenz Ihres Wesens ist, vor, wie sie (vielleicht aus Ihrem Herz) zum Vorschein kommt und sich mit der zirkulierenden sexuellen Energie vereinigt. ...

3. Spüren Sie die Freude und das Wohlergehen, die diese Verbindung von Energie in Ihrem Körper hervorruft. ...

4. Lenken Sie diese Energie in die Teile Ihres Körpers, die der besonderen Aufmerksamkeit oder der Erneuerung bedürfen – vielleicht Halsentzündung, schmerzende Gelenke, verspannte Muskeln. ...

5. Wenn Sie mit den Chakren, den Energiezentren des Körpers, vertraut sind, können Sie heilende Energie in beliebige Chakren lenken, die Sie ausgleichen möchten. ...

6. Wenn Sie fertig sind, nehmen Sie drei tiefe Atemzüge und lenken Ihre Aufmerksamkeit wieder nach außen auf Ihre Umgebung zurück.

◆ ◆ ◆

Einstimmung

Sexuelle Energie und Einheit

1. Seien Sie sich der sexuellen Energie bewußt, wie sie durch Ihren Körper hindurchfließt. ...

2. Seien Sie sich dessen bewußt, daß Sie nicht beabsichtigen, diese Energie für sexuelle Aktivität aufzuwenden; statt dessen erlauben Sie es sich zu sehen, wie sie Sie mit allen Dingen und allen Wesen verbindet. ... Stellen Sie sich vor, daß Ihre sexuelle Energie von Ihrem Körper nach außen durch die Luft strahlt und Sie mit allem und jedem auf ihrem Weg vereinigt. ... Wenn Sie im Haus sind, gestatten Sie es Ihrer Sicht nach innen, Ihnen zu zeigen, wie diese feine Ausstrahlung von Ihrem Wesen ausgeht und sich mit der Wand, dem Boden, den Möbeln verbindet. ... Wenn Sie draußen sind, erleben Sie Ihre Verbindung mit den Bäumen, den Autos, den Menschen, der Straße, dem Himmel. ...

3. Achten Sie darauf, daß alle physischen Schöpfungen, ob von der Natur oder von Menschenhand geschaffen, durch diesen starken Energiefluß miteinander vereinigt sind. ... Einige Menschen sehen diese Verbindung als Licht- oder Energiefäden oder hervorleuchtende Farben. Andere haben überhaupt kein visuelles Bild, sondern spüren einfach die Einheit, während sie sich darauf konzentrieren. Seien Sie offen für alles, was Sie wahrnehmen. ...

4. Wenn Sie bereit sind, nehmen Sie drei Atemzüge, und geben Sie die Erfahrung der Einheit frei. Kehren Sie auf Ihre gewöhnliche Wahrnehmungsebene zurück.

Definieren Sie
Ihr Schicksal neu

*Ungeahnte Möglichkeiten werden sich
Ihnen eröffnen*

◆

DEM RUF FOLGEN

Aus jeder Zelle Ihres Körpers ruft Ihnen das bewußte und erfüllende Gewahrsein des Wahren Selbst zu. Es ist Ihre Bestimmung, es sich bewußtzumachen, und es zieht Sie auf Ihrem Lebensweg vorwärts. Manchmal spüren Sie den Zug und folgen ihm leicht und natürlich. Das ist Seligkeit. Ein anderes Mal müssen Sie erstaunliche Anstrengungen und den Schmerz verletzter Schienbeine auf sich nehmen, wenn Sie gegen unzählige halbvergrabene Hindernisse stoßen, die Ihnen im Weg stehen. Und dann kommt es vor, daß Ihr Weg völlig blockiert ist, so daß Sie überhaupt nicht mehr durchzukommen scheinen.

Die Hindernisse auf Ihrem Weg sind Schöpfungen Ihrer begrenzten Überzeugungen von der Wirklichkeit und Erwartungen an Sie, die Sie seit vielen Jahren – mehr als Sie sich bewußt sind – mit sich herumtragen. Sobald sie herausschießen und in Ihrem Leben Form annehmen, stoßen Sie geradewegs auf sie, und sie stellen sich Ihnen in den Weg. Wenn Sie weiterhin an ihre Existenz glauben, kämpfen Sie mit ihnen. Sie planen und versuchen auf Ihren Weg, um sie herum zu gehen. Aber Begrenzungen sind hartnäckig, und sie tauchen immer wieder plötzlich auf. Solange Sie sie in Ihrer Identität behalten, werden Sie ihnen auf Ihrem Weg begegnen.

Aber fassen Sie Mut. Erinnern Sie sich daran, daß unbegrenztes Leben im Kern von allem ruht, auch in Ihrer Begrenzung. Obwohl die Hindernisse auf Ihrem Weg nur ungelegene Behinderungen Ihrer fortschreitenden Entwicklung zu sein scheinen, sind sie ebenfalls Wegmarkierungen, die an Punkten der Macht angebracht sind. Sie können diese Macht geltend machen, indem Sie Ihr Gewahrsein verlagern und die Existenz von etwas Größerem als der Begrenzung, über die Sie stolpern, erkennen.

Dieses Größere ist die Wahl: Sie haben die Wahl. Sie können wählen, mit Ihrem früheren, zur Gewohnheit gewordenen Muster fortzufahren, oder Sie können wählen, sich dem unbegrenzten Selbst hinzugeben, um aufs neue Ihren Weg zu erschaffen. Ziehen Sie innerhalb dieses Rahmens in Betracht, daß Ihre Bestimmung eher eine Zugkraft sein kann als ein Plan, eher ein Prozeß als ein Ergebnis; es ist eher so, daß sie der Schwingung der Lebenskraft folgen, als daß Sie am richtigen Platz zur richtigen Zeit sind und das Richtige tun.

Es ist eine Bestimmung, die keine besondere Form aufweist und tatsächlich nicht von bestimmten Ereignissen oder Situationen abhängig ist; sie kann einfach zum Ausdruck kommen. Es gibt keine festgelegte Karte mit einem vorgegebenen Weg, dem Sie folgen müssen, um Ihr Leben lohnend zu machen, und es gibt keine konkreten Methoden, um Erfolg oder Mißerfolg zu messen. In einer solchen Wirklichkeit meint „Bestimmung" weniger die „richtige" Entfaltung Ihres Lebens als die angeborene Entfaltung Ihres Wesens.

Wenn sich Ihr Wesen entfaltet und Sie sich der Grenzenlosigkeit öffnen, werden die Formen in Ihrem Leben sicherlich berührt und umgestaltet. Tatsächlich wird der Impuls, dem Ruf der Bestimmung zu folgen, früher oder später in allen Aspekten Ihres Lebens ans Tageslicht treten, und dies kann Sie zu dem Wunsch veranlassen, bedeutsame Veränderungen vorzunehmen. Verwechseln Sie trotzdem nicht die eintretenden Veränderungen mit der Bestimmung selbst.

◆ *Wenn Sie der unendlichen Quelle folgen, passen Sie sich einem starken Rhythmus der Entwicklung und Transformation an, der Ihrem Ich vielleicht fremd ist. Zuweilen*

kann Ihr Ich schreien, daß der Rhythmus zu schnell sei,
und ein anderes Mal quengeln und sich beklagen, daß er
übertrieben langsam sei.

Die Veränderungen in Ihrem Leben können mit einem Gefühl der Unzufriedenheit ihren Anfang nehmen. Vielleicht
sind Sie unzufrieden mit Ihrer Arbeit, Ihren Beziehungen
oder einem anderen Lebensbereich, der mit Ihrem Ausdruck des Ich-Bewußtseins oder der Art und Weise, wie Sie
sich auf die Welt beziehen, zusammenhängt. Vielleicht
haben Sie das Gefühl, daß Sie sich tiefere Erfüllung in der
Situation wünschen und imstande sein wollen, mehr von
dem, der Sie wirklich sind, zum Ausdruck zu bringen oder
zu geben. Das Bedürfnis, die aktuelle Situation zu verändern oder eine völlig neue zu erschaffen, fordert Sie dazu
heraus, weiterhin tiefere innere Hilfsmittel heranzuziehen,
während Sie Ihren Weg machen.

Weil sehr viele Menschen sich genau an dieser Art Schei-
deweg in ihrer Arbeitssituation finden, werden wir das hier
als Beispiel nehmen. Vielleicht ist Ihre berufliche Tätigkeit
nicht der Bereich, der für Sie wichtig ist, vielleicht sehnen
Sie sich nach einer tieferen, umfassenderen Beziehung,
einem verträglicheren Freundeskreis oder einem neuen
kreativen Betätigungsfeld. Die Informationen in diesem Abschnitt können auf die verschiedensten Bereiche in Ihrem
Leben angewendet werden, wo Sie die Kraft spüren, die Sie
zu einer erweiterten, sich noch nicht vollständig manifestier-
ten Veränderung hintreibt.

Falls die Arbeit im Mittelpunkt Ihres Interesses steht,
sehnen Sie sich vielleicht nach einer Tätigkeit, die es
Ihnen ermöglicht, umfassender zum Ausdruck zu bringen,
wer Sie sind, und einen direkten, spürbaren Beitrag zur
Welt zu leisten. Diese Sehnsucht kann zur Leidenschaft
werden. Vielleicht spüren Sie Ihr großes Potential so stark
durch Ihren Körper fließen, daß es sich unangenehm
anfühlt, weil Sie noch nicht das angemessene Handeln
gefunden haben, um es in die Welt freizugeben. Sie sind
derart reif dafür, ihre wahre Arbeit zu finden, daß Sie im
Begriff sind zu platzen, aber möglicherweise wissen Sie
noch nicht einmal, um welche Art von Arbeit es sich

eigentlich handelt. Monate können verstreichen, ohne daß Sie an Klarheit gewonnen haben. Trotzdem zerren die Sehnsucht und die Bereitschaft, Ihre höhere Bestimmung, weiterhin an Ihnen.

Bei solchen Gelegenheiten scheint die innere Bereitschaft, sich auf eine neue Ebene des unbegrenzten Lebens zu bewegen, die tatsächlichen Ereignisse in Ihrem äußeren Leben zu überholen. Diese Nichtübereinstimmung zwischen innerer und äußerer Wirklichkeit ist eine der vielen möglichen Varianten der Spaltung, auf die wir unter Schritt 3, „Sehen Sie das größere Bild", eingegangen sind. Rufen Sie sich ins Gedächtnis zurück, daß die Spaltung die Kluft im Ich-Gewahrsein zwischen der Erfahrung der Begrenzung und der umfassenderen Wirklichkeit des unbegrenzten Seins ist. In diesem Fall erleben Sie diese Spaltung als die Kluft zwischen Ihrem wachsenden inneren Gewahrsein der Unbegrenztheit und den Umständen in Ihrem Leben, die sich noch immer einschränkend anfühlen.

Bei dieser Art der Spaltung scheint Ihre Tätigkeit zu begrenzt zu sein, um als ein erfüllender Ausdruck für Ihr Höheres Selbst zu dienen. Während die Zeit vergeht, fühlen Sie sich in Ihrem Privatleben vielleicht ausgedehnter, doch zugleich bei der Arbeit noch leerer und frustrierter. Bemühungen, Ihre neue Aufgabe herauszufinden, erweisen sich vielleicht als fruchtlos. Sie glauben, sich im Kreis zu drehen. Weil Sie noch nicht wirklich wissen, wohin Sie gehen, ist es verständlich, daß Sie nicht das Gefühl haben, merklich vorwärtszukommen.

Nach weiteren Bemühungen und Enttäuschungen fangen Sie vielleicht an, Ihre Energie mit Gedanken gegen sich selbst zu richten: „Mit mir stimmt etwas nicht, sonst hätte ich inzwischen meine neue Arbeit gefunden", „Ich gebe mir nicht genug Mühe", „Ich bin nicht klar genug", „Ich sollte spiritueller sein", „Ich sollte praktischer sein". Kurzum, Sie interpretieren das Vorhandensein der Spaltung in dem Sinne, daß Sie auf irgendeine Weise mit einem persönlichen Fehler behaftet sind.

Sie können sich auch für die andere Seite dieser Interpretation entscheiden. Anstatt sich selbst zum Feind zu machen, mögen Sie es vorziehen, den Fehler außerhalb Ihrer selbst zu suchen: „Mein Problem existiert nur, weil die Welt nicht bereit zu dem ist, was ich zu bieten habe", „Die Gesellschaft ist voll von Dichte und Begrenzung", „Die Leute sind verschlossen. Die Welt ist nicht strukturiert, um es Menschen wie mir zu ermöglichen, ihren Beitrag zu leisten".

Beide Interpretationen basieren auf der Annahme, daß es irgendwo einen Fehler gibt, und gewöhnlich ist es ein Fehler, den Sie nicht beheben können. Die Wirkung ist die gleiche, ungeachtet dessen, ob Sie den Fehler bei sich selbst oder außerhalb von sich suchen; Sie werden durch ihn behindert. Zu der Frustration, die Sie sowieso schon empfinden, kommt ein Gefühl von Unzulänglichkeit oder Untauglichkeit. Offensichtlich sollten Sie neu wählen, wie Sie sich auf die Situation beziehen wollen.

Auch wenn Ihr Ich möglicherweise in hektischer Wut nach einer neuen äußeren Handlungsweise suchen wird, kann es an diesem Punkt am wirkungsvollsten sein, wenn Sie einfach anerkennen, daß Sie in der Spaltung leben, und bewußter in ihr präsent werden. Um mit dieser Anerkennung anzufangen, stehen zwei grundlegende Schritte zur Verfügung.

◆ ◆ ◆

Einstimmung

Die Spaltung akzeptieren

1. Nehmen Sie sich zuerst etwas Ruhe und Zeit, und stimmen Sie sich auf das große Potential ein, das Sie im Innern stärker werden fühlen. Spüren Sie, wie es aus Ihren Tiefen emporsteigt und Sie erfüllt und durch jede Zelle in Ihrem Körper fließt. Achten Sie darauf, wie bereit diese Energie ist, in die Welt hinauszugehen und die Ausdehnung und Lebendigkeit Ihres wahren Geistes in die neue Arbeit hineinzubringen. Empfinden Sie das als eine Leidenschaft, und schätzen Sie es.

2. Wann immer Sie erkennen, daß die äußere Wirklichkeit sich noch nicht verändert hat, um Ihrer inneren Bereitschaft zu entsprechen, nehmen Sie sich ebenfalls Zeit, um darauf zu achten, wie sich das für Sie anfühlt. Spüren Sie den Unterschied zwischen Ihrer ausgedehnten inneren Bereitschaft und der Einschränkung, die noch immer in Ihrem äußeren Leben existiert. Versuchen Sie nicht, die Spannung oder das Unbehagen darüber, daß Sie in die Spaltung verstrickt sind, herunterzuspielen. Bleiben Sie in der Spaltung bei sich. Lassen sie das ganze Spektrum der Erfahrung wirklich sein.

◆ ◆ ◆

Es ist wichtig, sich Zeit für dieses Gewahrsein zu nehmen. Vielleicht ist es Ihre Gewohnheit, wie es bei den meisten Menschen der Fall ist, zu versuchen, die Spaltung so schnell wie möglich zu überwinden und ihre Wirkung zu bagatellisieren. Ihre automatische Reaktion könnte darin bestehen, Ihre Energie auf Touren zu bringen und Ihre ganze Kraft zu benutzen, die Sie aufbringen können, um mit Anlauf einen Sprung über die Spaltung hinweg auf die andere Seite zu versuchen – in der Hoffnung, daß Ihre neue Arbeit dort warten wird. Diese Bemühung ist ein Versuch, dem Unbehagen, mit der Spaltung zu leben, auszuweichen.

Auf diese Weise können Sie die Spaltung nicht erfolgreich überwinden. Sie werden immer wieder feststellen, daß Sie mittendrin anhalten. Ironischerweise geschieht das zu Ihrem Vorteil.

◆ *Wenn Sie sich gegen die Spaltung und ihr Unbehagen sträuben, sträuben Sie sich gegen einen Aspekt Ihrer selbst, der weiß, daß er in Ihrem Schritt vorwärts in ein umfassenderes Leben hinein einbezogen werden muß.*

Sie halten inne, weil es sich für den Aspekt Ihrer selbst, der in der Spaltung wartet, lohnt, innezuhalten. Er muß eng an Ihr Herz gehalten und von Ihnen in die Schöpfung Ihres neuen Lebens hineingetragen werden.

Eine Möglichkeit, um mit diesem zuweilen schwer faß-
baren Aspekt Freundschaft zu schließen, besteht darin, sich
für eine Weile an die Spaltung zu gewöhnen und zu fühlen,
wie sie ist. Wenn sie die Spaltung nicht mehr zu übersprin-
gen versuchen, und sich statt dessen erlauben, in ihr zu
sein, sträuben Sie sich nicht länger gegen das, was in der
Gegenwart vor sich geht, in dem Bemühen, weiterzukom-
men. Vielmehr geben Sie sich der Gegenwart hin und finden heraus, was sie zu Ihrer Reise beitragen kann. Das
ändert die Sache vollkommen.

Es verändert außerdem Ihr unmittelbares Ziel. Sie wünschen sich natürlich noch immer Ihre wahre Arbeit; diese
Absicht muß nicht schwächer werden. Aber das Hauptziel
ist jetzt, einfach bei allem gegenwärtig zu sein, was sich im
Augenblick offenbart. Bei dieser Hingabe nehmen Sie die
Lebendigkeit Ihrer Absicht wahr, die richtige Arbeit zu finden, und Sie lassen ebenfalls das Unbehagen darüber zu,
daß Ihnen Möglichkeiten innewohnen, die sich noch nicht
in der äußeren Welt manifestiert haben. Sie nehmen die
Spaltung wahr, was eine Vorbereitung darauf ist, Kraft zu
sammeln.

KRAFT SAMMELN

Dadurch, daß Sie Ihre Zeit bewußt in der Spaltung verbringen, erhalten Sie Gelegenheit, der unbeschriebe-
nen Schiefertafel des Nichtwissens zu begegnen, die manche als „die Leere" bezeichnen. Das Nichtwissen ist ein
wichtiger – und starker – Verbündeter. Sie haben bestimmt
schon seine Macht gespürt, aber vielleicht Angst vor ihm
bekommen und die Flucht ergriffen. Ohne zu verstehen,
wie Sie es in Ihren Dienst stellen können, ist es leicht, das
Nichtwissen als etwas zu fürchten, das Sie schwächen und
davon abhalten wird, Klarheit über Ihren Weg zu gewinnen.

Die Angst vor dem Nichtwissen kann ein Teil Ihrer
Beweggründe gewesen sein, Ihre Versuche fortzusetzen,
über die Spaltung zu springen. Vielleicht sträuben Sie sich

gegen das Nichtwissen und weichen ihm aus, weil Sie glauben, wenn Sie ihm nachgeben würden, Sie noch orientierungsloser und verlorener zurückbleiben. Sind Sie bereits frustriert oder haben Angst, weil Sie nicht wissen, wie Ihre neue Arbeit aussehen wird oder wie Sie sie finden werden, kann es den Anschein haben, als würden Sie sich vollkommen in die falsche Richtung bewegen, wenn Sie sich auf einen Zustand einlassen, in dem Sie noch weniger wissen.

Nichtwissen ist kein Mangel an Ideen. Es ist ein klarer, reiner, natürlicher Zustand des Gewahrseins, der das Ich überschreitet und Sie mit der unbegrenzten Möglichkeit verbindet. Glücklicherweise verschwindet das Nichtwissen nicht, nur weil Sie seinen Wert nicht erkennen; es bietet sich weiterhin an. Doch wenn Sie sich nicht bewußt werden, was es anbietet, werden Sie sich nach wie vor gegen es sträuben und versuchen, seine scheinbare Leere zu füllen. Womit werden Sie es zu füllen versuchen? Natürlich mit Wissen.

◆ *Wenn Sie Angst vor dem Nichtwissen haben, wird der Versuch zu wissen, Ihr natürlicher Schutz sein.*

Sie versuchen, das Nichtwissen mit Gedanken und Ideen zu füllen, von denen Sie hoffen, daß sie Sie zu Ihrer neuen Arbeit führen. Das Ich fühlt sich unwohl mit ausbaufähigen Fragen und beruhigt sich selbst, indem es Antworten präsentiert. Ähnlich fühlt es sich mit der offensichtlichen Leere der Spaltung unbehaglich und versucht, sie mit etwas Greifbarem zu füllen. Seiner Meinung nach können Sie Ihre neue Arbeit nur finden, wenn Sie die Kontrolle behalten, d.h. in diesem Fall, wenn Sie Ihren Weg dorthin „wissen" bzw. kennen. Es ist sich nicht bewußt, in welch höherem Maße befähigend und bereichernd es sein kann, wenn Sie Ihren Weg dorthin „nicht wissen" bzw. nicht kennen.

Das Nichtwissen ist ein machtvoller Seinszustand, der über die von Ihrem Intellekt erzeugten Gedanken und Ideen hinausgeht. Erinnern Sie sich daran, daß der Intellekt auf dem Ich beruht, das nur innerhalb der Begrenzungen erschaffen kann, die es bereits kennt. In Ihrer Sehnsucht nach einer wahren Arbeit bitten Sie um eine Erfahrung, die über Ihre frühere Norm hinausgeht. Um diese Arbeit zu finden, müssen Sie sich einem Gewahrseinszustand öffnen, der über Ihr früheres Wissen hinausgeht. Ironischerweise besteht ein Weg, über Ihr Wissen hinauszugehen, darin, sich in den Zustand des Nichtwissens zu begeben; in diesem Zustand sind Sie weit geöffnet.

◆ *Das Wissen des Ich siebt automatisch nicht vertraute Möglichkeiten aus. Das Nichtwissen schränkt Sie nicht auf die Möglichkeiten ein, die Ihr Intellekt hervorzurufen oder Ihr Ich zu planen vermag; statt dessen sind Sie für das Unbegrenzte offen.*

Die Sehnsucht, Ihre wahre Arbeit (oder Beziehung oder Kreativität) zu finden, ist eine Variante des Wunsches nach dem Wahren Selbst und folglich ein anderer reiner Zustand. Indem es der wahren Sehnsucht und dem Nichtwissen – zwei Energien der Essenz – ermöglicht wird, sich zu begegnen und zusammenzufließen, wird der Beginn von etwas Neuem und Umfassenderem ins Leben gerufen. Es ist nicht so sehr die Verbindung von wahrer Sehnsucht und Wissen, sondern die Verbindung von wahrer Sehnsucht und Nichtwissen, aus der die größte Möglichkeit hervorgeht.

◆ ◆ ◆

Meditation

Sehnsucht und Nichtwissen

1. Schließen Sie Ihre Augen und lassen Sie sich von Ihrem Atem tief in Ihr Selbst führen. Folgen Sie einigen Atemzügen in Ihren Kehlkopfbereich. … Folgen Sie einigen Atemzügen in Ihren Herzbereich. … Folgen Sie einigen Atemzügen in Ihren Bauch. …

2. Während Sie weiterhin sanft und leicht in das tiefere Selbst atmen, lassen Sie Ihre Sehnsucht hochkommen. … Vielleicht fühlen Sie Ihre Sehnsucht leidenschaftlich oder aber kaum; es spielt keine Rolle. Es ist nicht die

Empfindung, auf die es ankommt. Es ist Ihre Absicht. Wenn es Ihre Absicht ist, Ihre Sehnsucht an die Oberfläche kommen zu lassen, wird es auch geschehen, ob Sie es nun spüren oder nicht. ...

3. Fühlen Sie weiterhin die Sehnsucht, so wie sie ist. ... Fühlen Sie jetzt ebenfalls das Nichtwissen, als ob Sie es still einladen würden, sich auch einzufinden. ...

4. Das Nichtwissen kann sich als eine weiße Wand, ein leeres Loch, ein schönes Licht oder etwas anderes zeigen. Es kann sogar als „überhaupt nichts" kommen: kein Bild oder Gefühl oder Sinn von irgend etwas. Öffnen Sie sich ihm, auf welche Weise es sich auch einfindet. ...

5. Erlauben Sie es der Sehnsucht und dem Nichtwissen, Zeit mit Ihnen gemeinsam zu verbringen. ... Atmen Sie sanft und leicht in die Sehnsucht und das Nichtwissen hinein, es sich erlaubend, ihrer Gegenwart zu vertrauen.

6. Wenn Sie bereit sind, die Meditation zu beenden, richten Sie Ihr Gewahrsein auf Ihren ganzen Körper und achten darauf, wie er sich vom Kopf bis zu den Zehen anfühlt. ... Dann strecken Sie sich langsam und öffnen Ihre Augen.

❖ ❖ ❖

GEBEN SIE IHRER SPRACHE MACHT

Alles, was Sie sagen, beeinflußt Ihr Bewußtsein, wobei sich Ihre Denkgewohnheiten entweder bestärken oder verändern. Wenn das, was Sie äußern, Platz für neue und erfüllende Möglichkeiten zuläßt, bejahen Sie Ihr Wahres Selbst und können seine Führung annehmen. Aber wenn Sie in Einschränkungen sprechen, identifizieren Sie sich mit der Begrenzung Ihres Ich und bewirken, daß sich Ihre Gedanken weiterhin auf einem schmalen Pfad bewegen.

Wenn z.B. Ihr Ich dem Nichtwissen Widerstand leistet und ängstlich auf die Sicherheit konkreter Antworten bedacht ist, sagen Sie vielleicht automatisch: „Ich weiß einfach nicht, was ich tun soll. Ich wünsche mir, daß ich es wüßte!" Sofort wird Ihr Verstand an die Arbeit gehen und nach Antworten suchen, um das Nichtwissen mit Wissen zu füllen. Damit verpassen Sie die Gelegenheit, sich auszuweiten, sich zu entfalten.

Um sich darin zu üben, über Ihre Sehnsucht und das Nichtwissen auf eine Art und Weise zu sprechen, die Ihre Offenheit für unbegrenzte Möglichkeiten fördert, nehmen Sie sich etwas Zeit – setzen Sie sich hin und wenden Sie die folgenden Gesprächsrichtlinien mit einem Freund oder einer Freundin an. Es ist wichtig, daß dieser Mensch einwilligt zuzuhören, ohne Ihnen verbales Feedback, Ratschläge oder Anregungen zu geben. Die Fähigkeit, zuzuhören und Ihre Erfahrung aufzunehmen, ist sein oder ihr größter Beitrag.

◆ ◆ ◆

Einstimmung

Über Sehnsucht und Nichtwissen sprechen

1. Beschreiben Sie zunächst Ihre Sehnsucht. Öffnen Sie Ihr Herz, und sagen Sie, wie es sich anfühlt. Wenn Sie Visionen, Emotionen, physische Empfindungen oder Wahrnehmungen von Energie haben, die von der Sehnsucht herrühren, schildern Sie sie. Ihre Sehnsucht ist wertvoll; behandeln Sie sie wie einen Schatz, den Sie Ihrem Freund oder Ihrer Freundin zeigen.

2. Nachdem Sie über Ihre Sehnsucht gesprochen haben, nehmen Sie sich ungefähr genausoviel Zeit dafür, das Nichtwissen zu beschreiben. Lassen Sie es zu, daß das Nichtwissen sich Ihnen in seiner Stärke und Offenheit zeigt. Schildern Sie es Ihrem Freund oder Ihrer Freundin

ausführlich, und versuchen Sie nicht, seine Leere zu füllen. Indem Sie bei seiner Leere bleiben, können Sie zu seiner Weite und Schönheit geführt werden. Vielleicht sagen Sie etwas wie: „Das Nichtwissen ist nur ein weißer, leerer Raum." Gleich darauf hören Sie sich möglicherweise sagen: „Weißt du, seine Leere gibt mir wirklich die Zeit, die ich brauche, um etwas nicht zu überstürzen. Ich kann langsamer und bewußter vorgehen."

Was Sie tatsächlich sagen, kann natürlich etwas ganz anderes sein, aber von Bedeutung sind die folgenden Punkte: a) lassen Sie das Nichtwissen sich Ihnen zeigen; b) erkennen Sie das Nichtwissen als Ihren Verbündeten an; c) teilen Sie Ihre ganze Erfahrung mit; d) lassen Sie sich mit der Annahme sprechen, daß das Nichtwissen einem Zweck dient. Sie müssen seinen Zweck nicht augenblicklich erkennen. Sie müssen lediglich für das Nichtwissen empfänglich sein – für das, was wirklich und vertrauenswürdig an ihm ist.

◆ ◆ ◆

LEGEN SIE IHREN KURS FEST

Jeder Weg der Transformation wird Sie an unvorhergesehene Weggabelungen bringen. Praktische Entscheidungen müssen getroffen werden: Welche Richtung sollen Sie einschlagen? Welche Schritte sollen Sie unternehmen? Wen sollen Sie sich als Reisegefährten wählen? Während sich Ziele und Werte ändern, scheinen Ihre alten Entscheidungskriterien schwach oder unanwendbar zu sein. Wenn Sie noch nicht genau erkennen, worauf Sie zugesteuert sind, können Sie sich doppelt in Verlegenheit fühlen. Wie können Sie die weisesten Entscheidungen treffen, wenn Sie in Unsicherheit und Verwirrung verstrickt sind, aber zu einer Entscheidung kommen müssen?

Dabei kann das Nichtwissen helfen. Auch wenn der Intellekt gern glaubt, daß Informationen vom Wissen herrühren, entspringen die meisten Ihrer wahren Informationen unmittelbar dem Nichtwissen. Wie gerade erläutert wurde, sind Sie, wenn Sie sich ausschließlich auf das Wissen verlassen, durch die Grenzen dessen, was Ihr Ich versteht oder bereits erfahren hat, eingeschränkt. Wenn man auf einer Ebene des Gewahrseins verweilt, ist das Wissen außerordentlich hilfreich; wenn man sich jedoch in neues Terrain hineinwagt, stellt das Nichtwissen eine größere Hilfe dar.

Um eine Wahl zu treffen, bleiben Sie zuerst beim Nichtwissen. Verbringen Sie Zeit mit ihm. Machen Sie Ihren Frieden mit ihm. Erlauben Sie es sich, Ihre Ungeduld oder Ihre Neigung zu beachten, wegen Unsicherheit oder Angst durch das Nichtwissen hindurchzueilen. Wenn Sie keinen Kontakt zum Wahren Selbst haben, sind Sie besonders anfällig für Angst und das Bedürfnis, gierig nach Möglichkeiten zu greifen, um etwas zu tun, um sich ein Gefühl der Erleichterung oder Sicherheit zu verschaffen. Es ist das Gefühl: *„Das* wird mich sicher machen. *Das* wird mich in Ordnung bringen. *Das* zu tun wird mich glücklich machen."* Oder Sie hegen vielleicht den ängstlichen Gedanken: „Wenn ich nicht bald das Richtige zu tun finde, werde ich in großen Schwierigkeiten sein!"

Es kann äußerst hilfreich sein, wenn Sie Ihre Version dieses inneren Dialogs aufmerksam verfolgen. Das vermittelt Ihnen unmißverständlich, daß Sie sich mit der Begrenzung identifizieren. Wenn Sie sich bei diesem Muster ertappen, nehmen Sie einen Atemzug und geben diesem Teil Ihres Ich, der leidet, weil er nicht in Kontakt zum Wahren Selbst steht, Mitgefühl. Bekennen Sie sich dazu, daß Sie in diesem Augenblick einfach den begrenzten Aspekt Ihres Menschseins erfahren.

◆ *Sie sind in die physische Form eingetreten, um ein Mensch zu sein und sich aus der Mitte der menschlichen Begrenzung dem unbegrenzten Sein zu öffnen.*

Um Ihren Lebenszweck zu erfüllen, müssen Sie akzeptieren, daß Sie ganz und gar menschlich sind, was mit einbezieht, daß Sie in Begrenzungen leben. Mit Angst oder Panik zu reagieren und im Außen Ausschau zu halten nach der Kraft, die eigentlich vom Wahren Selbst kommt, beweist, daß Sie den begrenzten Aspekt des Menschseins gut leben. Haben Sie keine Angst davor. Die reine Sehnsucht danach, Ihren Lebenszweck zu erfüllen, wohnt Ihrem Wesen so stark inne, daß sie Sie weiterhin vorwärtsziehen wird, gleichgültig, wie tief Sie in das Begrenzte eingetaucht sind.

Nachdem Sie erkannt haben, daß das Gefühl der Dringlichkeit von Ihrem Ich stammt, und ihm Mitgefühl zuteil werden ließen, nehmen Sie einen weiteren tiefen Atemzug und wenden sich sanft der Sehnsucht und dem Nichtwissen, die Sie dahin führen werden, wo klar ist, was zu tun ist. Dadurch wird die Entscheidung aus der Hand des kleinen Selbst genommen, das versucht, die Kontrolle zu behalten, und dem Höheren Selbst übergeben, von dem aus eine Entscheidung getroffen werden kann, die Ihnen wirklich Ihre Macht zurückgibt.

Wie können Sie das bewerkstelligen? Eine Möglichkeit ist, sich mit der Meditation „Sehnsucht und Nichtwissen" vertraut zu machen, die am Ende vom Kapitel, *Kraft sammeln* vorgestellt wurde, und sie dann um einige Schritte zu ergänzen, die Ihre Entscheidungen dem Nichtwissen unterbreiten. Der vollständige Meditationsablauf wird im folgenden aufgeführt.

◆ ◆ ◆

Meditation

Sehnsucht, Nichtwissen und Entscheidungen

1. Schließen Sie Ihre Augen, und lassen Sie sich von Ihrem Atem tief in Ihr Selbst führen. Folgen Sie einigen Atemzügen in Ihren Kehlkopfbereich. ... Folgen Sie einigen Atemzügen in Ihren Herzbereich. ... Folgen Sie einigen Atemzügen in Ihren Bauch. ...

2. Während Sie weiterhin sanft und leicht in das tiefere Selbst atmen, lassen Sie Ihre Sehnsucht hochkommen. ... Vielleicht fühlen Sie Ihre Sehnsucht leidenschaftlich

oder aber kaum; es spielt keine Rolle. Es ist nicht die Empfindung, auf die es ankommt. Es ist Ihre Absicht. Wenn es Ihre Absicht ist, Ihre Sehnsucht an die Oberfläche kommen zu lassen, wird das auch geschehen, ob Sie es nun spüren oder nicht. ...

3. Fühlen Sie weiterhin die Sehnsucht, so wie sie ist. ... Fühlen Sie jetzt ebenfalls das Nichtwissen, als ob Sie es still einladen würden, sich auch einzufinden. ...

4. Das Nichtwissen kann sich als eine weiße Wand, ein leeres Loch, ein schönes Licht oder etwas anderes zeigen. Es kann sogar als überhaupt nichts kommen: kein Bild oder Gefühl oder Sinn von irgend etwas. Öffnen Sie sich ihm, auf welche Weise es sich auch einfindet. ...

5. Lassen Sie die Sehnsucht und das Nichtwissen Zeit mit Ihnen zusammen verbringen. ... Atmen Sie sanft und leicht in die Sehnsucht und das Nichtwissen hinein, und erlauben Sie es sich, ihrer Gegenwart zu vertrauen. ...

6. Übergeben Sie dem Nichtwissen eine Ihrer möglichen Entscheidungen, und fragen Sie: „Was ist mit dieser Möglichkeit?" Sie überreichen dem Nichtwissen buchstäblich die Energie dieser Möglichkeit, damit es Ihnen eine höhere Sicht widerspiegeln kann. ...

7. Lassen Sie zu, daß das Nichtwissen Ihnen die Essenz dieser Möglichkeit offenbart. Die Möglichkeit kann pulsierend und voller Leben werden, sie kann schwächer, blasser oder gedämpfter werden – oder etwas anderes kann sich ereignen. ... Verbringen Sie einige Momente damit, das Gefühl oder das Bild, das gezeigt wird, zu beobachten.

Wenn Sie die Botschaft über eine Wahlmöglichkeit erhalten haben, legen Sie diese beiseite und überreichen dem Nichtwissen die nächste. Sie können diesen Vorgang wiederholen, bis Sie ein energetisches Feedback über all die Möglichkeiten, die Sie in Erwägung ziehen, erhalten haben. Wenn Sie dem Nichtwissen mehrere

Entscheidungsmöglichkeiten vorbringen wollen und Sie erschöpft sind, bevor Sie alle durchgegangen sind, legen Sie einfach so lange eine Pause ein, bis Sie ausgeruht sind. Dann wiederholen Sie die Meditation mit den restlichen Wahlmöglichkeiten.

8. Wenn Sie bereit sind, die Meditation zu beenden, richten Sie Ihr Gewahrsein auf Ihren ganzen Körper und achten darauf, wie er sich vom Kopf bis zu den Zehen anfühlt. ... Dann strecken Sie sich langsam und öffnen Ihre Augen.

◆ ◆ ◆

Das Feedback des Nichtwissens kann die Form von Bildern annehmen, die Sie sofort verstehen, oder es kann abstrakter oder feiner in Erscheinung treten. Vielleicht müssen Sie völlig danach gehen, wie Sie sich fühlen. Mit etwas Übung werden Sie geschickter darin werden, die „Sprache" zu verstehen, die Sie mit dem Nichtwissen teilen. Sie können dann die Informationen vom Nichtwissen berücksichtigen, wenn Sie Ihre Wahlmöglichkeiten abwägen und Ihre Entscheidung treffen.

Wenn jede Möglichkeit wunderbar aussieht oder sich wunderbar anfühlt, während das Nichtwissen Ihnen die Energie zurückspiegelt, sollten Sie in Erwägung ziehen, daß Sie überhaupt keinen Fehler in Ihrer Entscheidung machen können. Tatsächlich stammt jede Entscheidung, die Sie treffen, von einem wichtigen Teil Ihrer selbst, der zum Ausdruck kommen will, auch wenn Sie sich dessen nicht bewußt sein mögen. Wenn Sie nach einer Entscheidung handeln, ob es sich nun dabei herausstellt, daß sie Ihnen Freude oder Leid, Fülle oder Verlust oder eine Verknüpfung von verschiedenen Erfahrungen bringt, wollte sich ein Aspekt Ihres Wesens zum Ausdruck bringen oder manifestieren, und Sie haben ihm dadurch Ausdruck verliehen, daß Sie gewählt haben. Indem Sie diesen Aspekt Ihres Selbst manifestieren und mit ihm über die Situation interagieren, die Sie aus dieser Entscheidung erschaffen haben, setzen Sie sich einer Lernerfahrung aus, die Sie dazu befähigen kann, zu wachsen und weiterzugehen.

Manchmal ist es besser, eine Entscheidung zu treffen und zu sehen, was passiert, als ständig Angst davor zu haben, zu der falschen zu kommen. Das Wichtigste ist einfach, daß Sie sich voll und ganz beleben, solange Sie hier in dieser Welt weilen. Jede Entscheidung, die Sie treffen, trägt diese Möglichkeit in sich.

DIE KARTE AUF DEN NEUESTEN STAND BRINGEN

Wenn Sie Ihr menschliches Selbst akzeptieren, mit Ihren Emotionen vertraut werden und Ratschläge vom Nichtwissen einholen, kann sich eine neue Vision entwickeln, die es Ihnen ermöglicht, Ihr Leben ehrlicher und schöpferischer zu betrachten. Vielleicht fangen Sie an, die unnötigen Urteile und Einschränkungen in Frage zu stellen, die Sie sich selbst und anderen über die Jahre hinweg auferlegt haben. Vielleicht wollen Sie überholte Emotions- oder Verhaltensmuster loslassen, die Ihnen keine Macht geben, sondern Beschränkungen, die Sie, um überleben zu können, in früheren Phasen Ihres Lebens übernommen haben. Wie können Sie das in Angriff nehmen?

Die Transformation geht sanfter und tiefer vonstatten, wenn Sie imstande sind, sich selbst Mitgefühl und Liebe zuteil werden zu lassen. Denken Sie für einen Moment darüber nach, sich selbst zu lieben. Für einige Menschen ist allein die Idee, sich selbst zu lieben, überwältigend; es scheint eine zu schwere Aufgabe zu sein. Sie nehmen unbewußt an, daß sie von Natur aus überhaupt nicht liebenswert seien, so daß jegliche Bemühungen, dieser Wirklichkeit entgegenzuwirken, erschöpfend sein oder einfach fehlschlagen würden. Sie glauben, daß sie Gefühle der Liebe heraufbeschwören müssen, einer niemals endenden Liebe. Was für eine mühsame Aufgabe!

Wenn Sie es zu schwierig finden, sich selbst zu lieben, können Sie es mit drei Anregungen versuchen:

Einstimmung

Zuneigung für sich selbst finden

1. Erinnern Sie sich an die Liebe, die Sie sind. Wenn Sie sich daran erinnern, daß unbegrenzte Liebe in jeder Zelle Ihres Körpers immer kraftvoll und lebendig vorhanden ist, fällt es Ihnen leichter, etwas Liebe zu sich selbst zu empfinden. Die Liebe ist etwas, das bereits in Ihnen existiert, und nicht etwas, das Sie auf der Stelle erschaffen müssen.

2. Denken Sie einfach von dem Standpunkt aus, daß Sie Zuneigung für sich selbst empfinden. Es scheint leicht zu sein, Zuneigung zu empfinden, so als wäre sie ein maßstäblich verkleinerter Ausdruck von Liebe. Tatsächlich ist sie „winzige Liebe". In Ihren selbstkritischsten Momenten müssen Sie sich nicht so weit ausstrecken, um ein kleines Gefühl von Zuneigung für sich selbst zu finden, aber der Nutzen aus dieser Zuneigung wird ungefähr genauso groß sein, als wenn Sie sich voller Begeisterung selbst lieben würden. Lassen Sie ein winziges Maß an Liebe – oder selbst ein winziges Maß an Zuneigung – genug sein.

3. Wenn Sie sich dabei ertappen, Ihre alten Muster zu wiederholen, nehmen Sie sich einen Augenblick Zeit, um sich zu fragen: „Wo ist in dieser Situation meine Zuneigung für mich?" Wenn Sie weiterhin mit aufrichtiger Ehrlichkeit fragen, werden Sie Zuneigung finden. Selbst wenn es sich bei dem alten Muster um Selbsthaß oder Selbstkritik handelt, was schrecklich unangenehm ist, ist es möglich, ein wenig innere Zuneigung für denjenigen, der Sie sind, zu finden. Es kann hilfreich sein, wenn Sie sich vorstellen, daß Sie weit genug zurücktreten, um zu einer umfassenderen Sicht zu gelangen. Oder stellen Sie sich vor, daß Sie mit größeren Augen sehen – Augen, die selbst Ihre winzigste Zuneigung für

sich selbst zu erkennen vermögen, wie verborgen sie auch sein mag.

❖ ❖ ❖

Lassen Sie uns einen Augenblick darauf eingehen, wie es ist, in einem überholten Muster gefangen zu sein – in einem so tief eingewurzelten Muster, daß es sich anfühlt, als würde es sich niemals auflösen. Bei einer eingehenderen Untersuchung treffen wir auf dieselben beiden Elemente, die wir weiter oben erläutert haben: wahre Sehnsucht und Nichtwissen. Sie sehnen sich nach einer umfassenderen Seinsweise, die Ihr Wahres Selbst zum Ausdruck bringt, doch zugleich wissen Sie nicht, ob sich das einschränkende Muster jemals verändern wird oder wie diese Veränderung vonstatten gehen könnte. Kurzum, Sie befinden sich in der Spaltung.

An diesem Punkt gesellt sich das kleine Selbst, das die Kontrolle behalten will, zu Ihnen. Das kleine Selbst will so schnell wie möglich die Spaltung überwinden und wird dies auch versuchen, indem es unverzüglich Maßnahmen ergreift, um das einschränkende Muster zu vermeiden, zu verleugnen oder zu entkleiden. Diese auf Kontrolle basierenden Bemühungen sind selten wirkungsvoll und führen oft zu Frustration und einem verstärkten Gefühl von Unbehagen darüber, in der Spaltung gefangen zu sein.

Was können Sie unternehmen? Wieder einmal werden Sie am erfolgreichsten sein, wenn Sie bei sich selbst präsent und Ihren Gefühlen gegenüber ehrlich sind. „Jetzt bin ich wieder in der Spaltung, und das ist unangenehm." Wenn Sie nicht länger versuchen, zu fliehen, können Sie das Muster, in dem Sie gefangen sind („Ich verhalte mich noch immer so!"), erleben, die Sehnsucht („Ich will eine neue Seinsweise, die von meinem Wahren Selbst herrührt und nicht von der alten, einschränkenden Konditionierung") fühlen und das Nichtwissen bei sich sein lassen („Ich weiß nicht, wie ich dieses Muster verändern kann, aber ich bin offen dafür und dem verpflichtet, daß es geschieht").

◆ *In der Spaltung zu sein ist so, als würde man oben auf einer Pyramide sitzen; ob Sie es nun wahrnehmen können oder nicht, alle Energien sind danach ausgerichtet, Ihnen Kraft zu geben.*

Weil es sich bei den in der Spaltung vorherrschenden Gefühlen oft um Hilflosigkeit, Angst und Frustration handelt, wird die Kraft leicht übersehen und fehlgeleitet. Doch ob Sie sich nun Ihres Verhaltens bewußt sind oder nicht, die Art und Weise, wie Sie Ihre Absicht lenken, ist maßgebend dafür, wie die Kraft genutzt wird. Wenn Sie sich der Spaltung widersetzen, ist es der Widerstand, der zunimmt, worauf sich das Gefühl, in einen Kampf verstrickt zu sein, verstärkt. Dies wird nicht viel Gelegenheit schaffen, das Muster zu verändern, das Sie ursprünglich bedrückt hat. Wenn Sie es sich jedoch mitfühlend erlauben, die Sehnsucht nach Veränderung und die Empfindungen, die damit einhergehen, in der Spaltung zu sein (Unbehagen, Erwartung, Aufregung, Angst und dergleichen), zu spüren, werden die schöpferischen Energien sowohl von Ihrer Sehnsucht als auch von Ihrer Bereitschaft, bei sich selbst gegenwärtig zu sein, Ihnen Ihre Macht zurückgeben. Und wenn Sie sich außerdem dem Nichtwissen öffnen, wird Ihre Fähigkeit, aus dem Unbegrenzten zu schöpfen, verstärkt, und Ihnen können sich neue Möglichkeiten auftun.

Mit dieser Art von Empfänglichkeit und Ermächtigung sind Sie offen für Transformation und stimmen sich auf Ihr wirkliches Potential ein. Mit der Zeit werden Sie bestimmte Schritte unternehmen müssen, um Ihr Ich im Verlauf dieser Veränderung zu unterstützen. Es ist gut, zu wissen, daß alles, was Sie aufrichtig für sich selbst wollen und was Sie durch den Beistand des Unbegrenzten erschaffen möchten, wirklich möglich ist.

Ihr Schicksal ist nicht von einer äußeren Quelle vorherbestimmt. Es ist in Ihnen und wird in jedem Augenblick von Ihrem eigenen unbegrenzten Selbst erschaffen und wiedererschaffen. Es ist so fließend und umwandelbar wie Sie. Wenn Ihnen die Richtung, die Sie eingeschlagen haben, oder das Gewicht der Last, die Sie tragen, nicht gefällt, können Sie Korrekturen vornehmen. Wiederum gehen Sie nicht so vor, daß Sie sich dem, was Sie auf Ihrem Weg finden, widersetzen oder es kontrollieren, sondern indem Sie Ihr Gewahrsein neu ausrichten. Unbegrenzte Möglichkeiten warten auf Sie.

BEFREIEN SIE SICH VON SELBSTURTEILEN

Wenn Sie sich von der Liebe, die Sie sind, getrennt fühlen, werden Sie leicht die Beute von Selbsturteilen. Selbsturteile sind unerbittlich; sie schlagen niemals nur einmal zu, sondern machen sich Ihre Gedanken zunutze, um immer wieder anzugreifen. Früher oder später können diese selbstablehnenden Gedanken alles darüber, wer Sie sind, und den Weg, auf dem Sie wandeln, zunichte machen und Sie desorientiert und verwirrt zurücklassen. Von quälenden Zweifeln erfüllt, schleppen Sie sich dahin und wundern sich, warum das Leben nicht mehr lohnend ist. Dann ist es an der Zeit, daß Sie Ihren Räuber zu Ihrer Beute machen.

So schmerzhaft und einschränkend selbstablehnende Gedanken auch sein mögen, sie sind nicht ganz und gar schlecht. In ihrem Kern befindet sich eine Energie, die Sie zu Ihrem Vorteil einsetzen können, gleichgültig wie lähmend der Inhalt des Gedankens auch ist. Sie können diese Energie im Kern als versteckte Nahrung betrachten, auf die Sie Anspruch erheben können. Wenn Sie sich selbst in Gedanken ablehnen, können Ihnen die folgenden drei Schritte helfen, um in einem Maße präsent und bewußt zu werden, so daß Sie von dieser Energie konstruktiv Gebrauch machen können.

◆ ◆ ◆

Einstimmung

Sich dem Selbsturteil stellen

1. Halten Sie für einen Moment inne, und machen Sie sich klar, daß selbstablehnende Gedanken auftreten. Es wird

Ihnen nicht helfen, sie zu ignorieren oder passiv zu akzeptieren. Es *wird* Ihnen helfen, ihr Gegenwärtig-Sein anzuerkennen.

2. Fühlen Sie, wie unangenehm es ist, seine Energie gegen sich selbst gerichtet zu halten. Achten Sie darauf, daß es nicht nur ein mentales Unbehagen ist, sondern sich auch unangenehm für Ihren Körper anfühlt, in mißbilligende Gedanken eingetaucht zu sein.

3. Verwenden Sie die Kraft Ihrer Absicht: Erklären Sie Ihren Wunsch, daß die Energie in den selbstablehnenden Gedanken Sie zu einer umfassenderen Erfahrung des Wahren Selbst bringt.

❖ ❖ ❖

Sie befinden sich also in der folgenden Situation: Sie bemerken einen quälend mißbilligenden Gedanken und spüren das emotionale und physische Unbehagen, das er hervorruft. Und während Sie mittendrin stehen, erinnern Sie sich an das, was Sie wollen: „Selbst inmitten dieser Kritik und dieses Unbehagens will ich, daß dieser Gedanke mich zu einer umfassenderen Erfahrung des Wahren Selbst führt." Oder, um präziser zu sein, sagen Sie: „Ich will, daß die Energie dieses Gedankens mich zu einer umfassenderen Erfahrung des Wahren Selbst führt." Die Unterscheidung zwischen dem Gedanken und seiner Energie ist wichtig. Es ist nicht der Inhalt des Gedankens, der Sie zum Wahren Selbst bringen wird, sondern die Energie in dessen Kern.

❖ *Sie wollen sich nach der Kraft – der Energie im Kern – des Gedankens ausrichten.*

Energie existiert im Kern aller Gedanken, Gefühle, Dinge und Lebewesen. Jede Schöpfung, ob sie als angenehm oder unangenehm, gut oder schlecht, begrenzt oder unbegrenzt erfahren wird, trägt in ihrer Essenz die unbegrenzte Liebe und die Kreativität der pulsierenden Lebenskraft in sich.

Der Inhalt eines jeden Gedankens ist immer der Lebenskraft, die der Gedanke in seinem Kern in sich trägt, unter-
geordnet. Aus diesem Grund funktionieren „negative" Gedanken genausogut wie „positive" – die öffnen Sie dem
Wahren Selbst, *wenn Sie sich daran erinnern, über den
Inhalt hinauszugehen und sich der Energie im Kern zuzu-
wenden.*

Alle Dinge entspringen der Quelle. Die Quelle ist unbegrenzte, bedingungslose Liebe und Wohlergehen. Sie umfaßt jede Möglichkeit. Je tiefer Sie in die Erfahrung der
Quelle eingetaucht sind, um so tiefer sind Sie in unbegrenzte Liebe, jede Möglichkeit und absolutes Wohlbefinden eingetaucht, ungeachtet dessen, was in Ihrem Leben
vor sich geht, und ungeachtet dessen, was Sie denken. Was
für eine wunderbare Ironie ist es, daß Sie die Quelle selbst
durch Ihre selbstkritischen Gedanken finden können! Das
ist recht leicht zu bewerkstelligen und eine hervorragende
Übung. Es erinnert Sie daran, daß das, was dem urteilenden
Geist am realsten und am beständigsten zu sein scheint,
tatsächlich die geringste Wahrheit und Kraft in sich trägt,
wenn Sie einfach Ihr Gewahrsein auf eine tiefere Ebene
richten.

Verurteilende Gedanken können für Ihr Wesen zerstörerisch sein, wenn Sie auf der Inhaltsebene bleiben. Der
Glaube an den Inhalt fügt Ihrem Selbstbild Schaden zu und
verletzt Ihr Ich. Andererseits kann der Widerstand oder die
Auflehnung gegen verurteilende Gedanken sehr erschöpfend sein. Das bedeutet, daß Sie immer einen aussichts-
losen Kampf führen. Selbst wenn Sie versuchen, sich gegen
den Inhalt eines Selbsturteils zu verteidigen, indem Sie mit
umgekehrten Erklärungen kontern wie etwa: „Nein, ich bin
nicht schlecht, ich bin gut" oder „An mir ist nichts falsch.
Ich bin wirklich in Ordnung", setzt das kritische Denken
wieder ein, sobald Sie mit Ihrer Verteidigung aufgehört
haben. Dann müssen Sie wieder und immer wieder in die
Schlacht ziehen. Es ist ein erschöpfender Krieg!

Wiederum besitzt die Energie im Kern eines jeden
Gedankens die Kraft, Sie bewußt in Kontakt mit dem Wahren Selbst zu bringen. Doch zugleich fehlt dem Inhalt der
meisten Gedanken, die Sie im Laufe Ihres Tages hegen,

187

diese Fähigkeit. Wenn Sie nicht mehr mit dem Inhalt Ihrer selbstablehnenden Gedanken beschäftigt sind, sondern sich direkt der Energie der Quelle in sich zuwenden, wird diese Sie nähren, und Sie befreien sich davon, von Selbsturteilen gequält zu werden. Ein Selbsturteil wird wie alles andere auch einfach nur zu einem Medium, um Sie mit der Quelle wiederzuverbinden.

◆ *Die Quelle ist immer der Heiler.*

Wenn es Ihnen zur Gewohnheit geworden ist, sich inmitten von Selbstablehnung für die Quelle zu entscheiden, taucht ein bemerkenswertes Phänomen auf, eine Veränderung, die sich auf Ihre ganze Beziehung zur Welt auswirkt: Indem Sie sich von dem Inhalt der selbsteinschränkenden Gedanken befreien und wählen, in Ihrem Kern von der Energie der Quelle ermächtigt und vorwärtsgetragen zu werden, überschreiten Sie die Begrenztheit und richten sich nach der Grenzenlosigkeit aus. Sobald Sie mit diesem Muster vertraut werden, werden Sie feststellen, daß Sie dieses Überschreiten automatisch auch auf andere Situationen in Ihrem Leben anwenden.

Um zu sehen, wie das vor sich geht, nehmen Sie sich einen Augenblick Zeit – stellen Sie sich eine bedrohliche Situation vor, in der Sie in die Ecke gedrängt werden und nicht mehr herauskommen. Sie sind gefangen und spüren, daß Ihnen etwas Schreckliches passiert, doch zugleich sind Sie zu hilflos, um dem Einhalt zu gebieten. Achten Sie auf dieses Gefühl. Es ist dem Gefühl recht ähnlich, das in Ihrem Körper hervorgerufen wird, wenn Sie sich in Ihren Gedanken scharf verurteilen; Ihr Körper fühlt den Schmerz der auf sich selbst gerichteten Feindseligkeit und die Qual, nicht davon loskommen zu können.

Stellen Sie sich jetzt vor, daß Sie selbst in einer solchen Verstrickung imstande sind, sich an die Liebe, die Sie sind, zu erinnern oder sich auf irgendeine Weise mit Ihrem Wahren Selbst wiederzuverbinden. Dabei erfahren Sie ein Gefühl der Freiheit und natürlichen Macht. Anstatt Anspannung und Schmerz zu empfinden, entspannt sich Ihr Körper, um Wohlgefühl und Freude zu erfahren. Es ist sicher, sein

Gewahrsein auszudehnen. Sie wissen, daß es Ihnen immer wohl ergeht, ungeachtet dessen, was außen passiert, und Sie spüren, daß die Energie, die sich im Kern von allem in der Situation um Sie herum befindet, die Unbegrenztheit der Quelle ist und alle Möglichkeiten in sich trägt.

Indem Sie diese Art von Verlagerung erfahren – zur Quelle hinüberschreiten, wann immer die Qual des Selbsturteils auftaucht – erlernen Ihr Körper und Ihr Ich dieses Hinüberschreiten als ein neues Muster. Wenn sie oft genug wiederholt wird, wird diese Verlagerung automatisch vonstatten gehen und an Umfang zunehmen. Wenn Sie daran gewöhnt sind, in der Mitte eines quälenden Selbsturteils zur Quelle hinüberzuschreiten, wird dieses Hinüberschreiten auch in anderen Situationen ausgelöst werden, welche die gleiche Art von Qual in Ihrem Körper hervorrufen.

Es ist wunderbar, wenn sich diese Veränderung automatisch einstellt. Das bedeutet, daß Sie spontan das Unbegrenzte inmitten von Begrenzung anstreben. Manchmal wird dies auf derart feine Weise vor sich gehen, daß Sie davon bewußt keine Notiz nehmen. Ein anderes Mal wird es eine herrliche Überraschung sein. Wenn es Ihnen in Fleisch und Blut übergegangen ist, werden Sie hocherfreut sein über das damit einhergehende Wohlergehen.

Nähren Sie Ihr Ich

Ihr Ich muß der Verbündete
Ihres Geist-Bewußtseins sein

TRANSFORMATION UND PERFEKTION

Das Leben als einen fortlaufenden Prozeß der Transformation zu leben ist ein wunderbares Abenteuer. Indem Sie sich den Herausforderungen stellen, denen Sie auf Ihrem Weg begegnen, gewinnen Sie innere Stärke, entwickeln emotionale Tiefe und Beweglichkeit und lernen, Beschränkungen zu transzendieren, die Sie ansonsten vielleicht weiterhin in Muster des Kampfes und des Unglücklichseins einschließen würden.

Doch wie bei allen anderen Dingen auch ist ein Gleichgewicht notwendig. Ein übermäßig starkes Vertrauen auf Transformation kann eine Sucht sein, die eintritt, wenn Menschen sich fortwährend auf Veränderung konzentrieren, weil sie sich nicht so akzeptieren können, wie sie sind. Weil die Motivation für diese Art von Transformation Selbstablehnung ist, lenken diese Bemühungen um Veränderung davon ab, bei sich selbst zu sein. Hier die Hauptschwierigkeiten dieses Musters:

1. Gleichgültig, in welchem Maße eine Veränderung vollzogen wurde, es reicht niemals aus, um voll und ganz zufrieden zu sein.

2. Weil die herbeigeführte Veränderung nicht auf einem Gefühl des Wohlergehens beruhte, stellt sie sich in ihrem Umfang als enttäuschend begrenzt heraus oder ist nicht von Dauer.

3. Dem Grundproblem der Selbstablehnung wird ausgewichen und es bleibt ungelöst.

Die Sucht nach Transformation kann nach innen (sich selbst verändern) oder nach außen (die Welt verändern) gerichtet sein und trägt oft eine Stimmung in sich, als ob es um Leben oder Tod ginge. Die Grundannahme des nach innen gerichteten Musters besagt: „Ich muß mich verändern, um in Ordnung zu sein", das nach außen gerichtete Muster hingegen: „Die Welt muß [oder andere Menschen müssen] sich verändern, damit ich in Ordnung bin." Der nach innen gerichtete Dialog kann weiterhin einige der folgenden Erklärungen einbeziehen. Vielleicht erkennen Sie einige von ihnen wieder: „Um zu wachsen [oder zu heilen], muß ich mich verändern", „Um mit Menschen besser auszukommen, Geld zu manifestieren oder einen Beitrag zur Welt zu leisten, muß ich mich verändern", „Um fähig zu sein, mit mir selbst zu leben, muß ich etwas Besseres werden, als ich es bereits bin".

Das Bedürfnis, sich selbst (oder jemand anderen) zu verändern, um zu einem Gefühl des Wohlergehens zu gelangen, bringt Sie in eine entschieden ungünstige Lage. Es bedeutet, mit Leere und Unsicherheit zu leben, während Sie versuchen, das zu werden, was auch immer Sie für besser halten. Die Mühen, die Sie aufwenden, um diese Veränderung zu bewirken, können endlos und erschöpfend sein.

Damit soll nicht gesagt sein, daß Sie den Weg der Transformation aufgeben und sich mit inneren Mustern und äußeren Umständen, die sich nicht richtig für Sie anfühlen, zufriedengeben sollen. Wachstum und Veränderung sind wichtig. Es kann jedoch hilfreich sein, einen ehrlichen Blick auf die Einstellung zu werfen, die Ihre Veränderung motiviert. Wenn die Überzeugungen, die Sie über sich selbst haben und die Ihre Veränderung veranlaßt haben, gesund sind, werden die von Ihnen herbeigeführten Veränderungen Ihre Gesundheit auf allen Ebenen fördern. Wenn diese Überzeugungen der Selbstablehnung entstammen, werden Ihre Veränderungen, wie drastisch sie auch sein mögen, von begrenztem Nutzen sein.

Und wenn nun die eigentliche Wahrheit ist, daß Sie so genügen, wie Sie jetzt sind? Und wenn nun Wohlbefinden Ihr Geburtsrecht ist und für Sie augenblicklich real wird, sobald Sie bereit sind, es sich haben zu lassen? Und wenn nun jede Veränderung und Transformation in Ihnen und in der Welt eine Möglichkeit ist, aber keine Notwendigkeit?

Sie sollten verstehen, daß aus der Sicht des unbegrenzten Geistes nichts an Ihnen auszusetzen ist; Sie sind vollkommen, so wie Sie sind. Sie haben keinen Fehler oder Makel. Selbst Ihr Leiden oder das Leiden anderer ist kein Zeichen dafür, daß irgend etwas in Ordnung gebracht werden muß. Alles birgt in sich Vollkommenheit, so wie es ist.

◆ *Auch wenn es Ihrem Ich schwerfällt, das zu akzeptieren oder zu glauben, an Ihnen oder an der Welt muß nichts verändert werden, damit Wohlergehen eintritt.*

Kraftvolles Leben fließt durch alle Dinge, alle Wesen und alle Situationen hindurch, so wie sie jetzt sind. Unendliches Wohlergehen existiert bereits überall, auch wenn es oft nicht erkannt wird.

Wenn morgen jeder Mensch auf Erden sich für die Erfahrung des vollkommenen Wohlergehens öffnen und die erhabene Wonne über den Fluß der Lebenskraft spüren würde, fände sofort und automatisch eine Veränderung in der allgemeinen Meinung darüber statt, was in der Welt getan werden sollte. Es gäbe keine Panik, keine Dringlichkeit und keinen Widerstand mehr in bezug darauf, Veränderungen vorzunehmen. Statt dessen gäbe es das Wissen, daß die Quelle überall lebendig und kraftvoll ist, in den größten Katastrophen so sehr wie in den wunderschönsten und ehrfurchtgebietendsten Schöpfungen der Natur. Fortan würden die Menschen Veränderungen aus reiner Wahl und Ausrichtung und nicht aus dringender Not und Leiden heraus vornehmen. Ihre Energien würden dazu dienen, eine Umgebung für alle Wesen zu erschaffen, die das große Wohl zum Ausdruck bringt, das bereits existiert.

Diese Absicht unterscheidet sich sehr von dem Versuch, Dinge zu verändern, damit Menschen dem Leiden entkommen können. Die Erfahrung des Leidens ist real, aber das bedeutet nicht, daß sie die höchste Wahrheit in sich trägt. Ihre Wirklichkeit basiert auf der Orientierung des Ich nach Begrenzung und Trennung. Handlungen, die unternommen werden, um dem Leiden zu entkommen, verstärken den Glauben an das Leiden als eine grundlegende Kraft der Existenz.

Erkennen Sie: Indem Sie sich mit dem Leben auf einer oberflächlichen Ebene identifizieren, sind Sie innerhalb der Illusion der Beschränkung konzentriert, denn dort wird das Leiden wahrgenommen. Auf dieser Ebene können Ihre Handlungen zu einer Veränderung in den Formen führen, wo Leiden auftritt, aber das Leiden wird nicht ausgemerzt, solange Sie an es glauben.

◆ *Wohlergehen ist der natürliche Zustand des Wahren Selbst und des unbegrenzten Geistes.*

Wenn Sie Leiden transformieren wollen, richten Sie Ihr Gewahrsein auf das Wohlergehen, das bereits auf der tiefsten Ebene *existiert*. Dort können Sie, frei vom Leiden, Entscheidungen treffen und Veränderungen vornehmen, die von einem reinen Gefühl des inneren Friedens ausgehen, ungeachtet der äußeren Situation. Ihre Handlungen werden dann von unbegrenzter schöpferischer Kraft getragen sein und weiterhin Wohlergehen als die grundlegendste Wirklichkeit offenbaren.

Wenn Sie den Drang verspüren, Veränderungen in Ihrem Leben oder in der Welt hervorzurufen, erfahren Sie sich wahrscheinlich nicht als ein Vehikel der erhabenen Wonne der Lebenskraft. Vielleicht konzentrieren Sie sich auf Veränderungen, um diesen Mangel zu kompensieren. Veränderung hervorzubringen wird zu einem Ersatz für das, was Sie sich am sehnlichsten wünschen, aber nicht haben. Doch weil es oberflächlicher ist, ist es auch viel weniger befriedigend, sich selbst oder andere zu verändern – als die volle Erfahrung der Quelle zu genießen. Wenn Sie von der Quelle getrennt sind, ist die Veränderung, die Sie vornehmen – in Ihnen, in einer anderen Person, in der Welt –, niemals wirklich ausreichend. Es gibt immer mehr, das Ihnen mit einer vertrauten Dringlichkeit zuruft.

Wiederum soll das keineswegs als eine Anregung verstanden werden, daß Sie nicht versuchen sollten, Dinge zu verändern. Passiv und wirkungslos in der Welt zu verharren ist keine Lösung, wenn Sie Ihre Verbindung mit der Quelle verfehlen. Aber vielleicht müssen Sie sich der Kraft Ihrer Sehnsucht nach dem inneren Frieden der tiefen Verbindung stellen.

◆ *Es gibt eine Methode, um mühelos und sofort herauszufinden, ob Sie sich von der Quelle getrennt fühlen: das Maß, in dem Sie Angst in Ihrem Leben fühlen, ist das Maß, in dem Sie getrennt sind.*

Es ist wichtig zu unterscheiden, ob man sich von der Quelle getrennt *fühlt* oder von ihr getrennt *ist*. Tatsächlich gibt es so etwas wie Getrenntsein nicht, weil die Quelle in jedem Aspekt Ihres Selbst und Ihrer Welt vorhanden ist. Für unsere Zwecke bedeutet Getrenntsein lediglich, das bewußte Gewahrsein der Präsenz der Quelle verloren zu haben und sich statt dessen nach der Ich-Wirklichkeit von Trennung und Begrenzung zu orientieren.

NÄHREN SIE IHR ICH

Weil das Ich solch ein starker Teil Ihrer Selbst-Erfahrung ist, müssen Sie gut auf es aufpassen. Dazu zählt, daß Sie es respektieren, indem Sie seine Bedürfnisse erkennen und ihm eine gesunde innere und äußere Umgebung geben. Wenn Sie in Betracht ziehen, Veränderungen in Ihrem Leben vorzunehmen, können die folgenden vier Schritte hilfreich sein:

Einstimmung

Veränderungen in Ihrem Leben hervorrufen

1. Lassen Sie zuerst die Idee los, sich selbst zu verändern, um ein besserer Mensch zu werden.

2. Nehmen Sie für einen Augenblick an, daß Sie in Ordnung sind, so wie Sie sind, und daß Sie jetzt sofort Wohlergehen erleben können, ohne irgendwelche inneren oder äußeren Veränderungen vorzunehmen.

3. Aus diesem klaren Raum fragen Sie sich: „Was braucht mein Ich, um das höchste Maß an Gesundheit zu genießen?"

4. Erstellen Sie eine Liste der ersten ein bis fünf Maßnahmen, die Sie treffen, oder inneren Veränderungen, die Sie vornehmen können, um Ihr Ich darin zu unterstützen, gesund zu leben und sich wohl zu fühlen.

◆ ◆ ◆

Sie können herausfinden, daß Ihr Ich mehr Gesellschaft von unterstützenden Freunden, mehr Liebe, eine Veränderung in Ihrer Arbeitssituation, mehr Spiel und Freude, ein Gefühl für Leistung oder Herausforderung, einen gesünderen Körper, um darin zu leben, benötigt, daß es braucht, daß Sie Ihr Ich-Bewußtsein direkter ausdrücken oder Ihren Emotionen mehr Aufmerksamkeit schenken – um nur ein paar Möglichkeiten aufzuzählen. Beispielsweise könnte Ihr Ich Sie darum bitten, einige Freundschaften, die Sie bereits haben, zu vertiefen und sich von anderen zu distanzieren, oder damit fortzufahren, neue Freunde zu finden, die Ihnen mehr zusagen.

Oder weil Ihr Körper der Sitz Ihres Ich ist, müssen Sie ihm vielleicht mehr Aufmerksamkeit und Sorgfalt zukommen lassen. Ebenso wie Sie nicht in einem Haus leben wollen, das zusammenfällt, wollen Sie Ihr Ich nicht in einem Körper unterbringen, der wegen fehlender Sorgfalt zusammenfällt. Vielleicht müssen Sie Nahrungsmittel und Aktivitäten aussuchen, die Ihren Körper nähren und stärken, so daß Ihr Ich in einer sauberen, starken, unterstützenden physischen Umgebung leben kann.

Angemessene emotionale Sorgfalt für sich selbst ist genauso wichtig wie angemessene Ernährung und sportliche Betätigung. Ihr Ich könnte Ihnen sagen, daß Sie ein tieferes Verständnis für Ihre emotionalen Reaktionen brauchen, vielleicht von einigen neuen Wahlmöglichkeiten begleitet, um alte Muster zu ersetzen, die Ihnen nicht mehr nützen; oder daß Sie Gefühle loslassen könnten, die Sie schon zu lange zurückgehalten haben; oder größeres Mitgefühl für sich selbst haben; oder ein aufrichtiges Schulterklopfen, um das emotionale Wachstum anzuerkennen, mit dem Sie bereits begonnen haben.

Vielleicht sind Sie in der Lage, Ihre emotionalen Bedürfnisse durch die Unterstützung von Freunden zu befriedigen, denen Sie vertrauen können, daß sie absolut ehrlich mit Ihnen sind, durch einen guten Therapeuten oder einer Selbsthilfegruppe, oder durch aktives Engagement in Ihrer Gemeinde, das für Sie Sinn macht. Vergessen Sie nicht, Ihre Quelle für eine gesunde emotionale Interaktion und ein gesundes emotionales Wachstum zu finden, wenn Ihr Ich es verlangt. Sie brauchen offene, reine, starke emotionale Schaltungen, die Ihnen in der Welt nützen.

◆ *Sich um die Bedürfnisse seines Ich zu kümmern ist die für einen gesunden Mensch erforderliche grundlegende Haushaltsführung.*

Wieviel Haushaltsführung ist notwendig? Durch emotionales Aufräumen, angemessene Ernährung, angemessene körperliche Bewegung und ein gesundes Verhältnis zu Familie, Freunden und der Gemeinde erhält das Ich wichtige Nahrung. Aber selbst diese gesundheitsfördernden Maßnahmen sind nur voll und ganz erfüllend, wenn sie mit der Einstimmung auf den Geist einhergehen.

Der Geist ist die Quelle, aus der sich das Ich manifestiert. Für ein ausgeglichenes Leben muß das Medium des Ausdrucks (Ich) stark entwickelt sein, aber es darf nicht mit dem höheren Bewußtsein verwechselt werden, welches dieses Ausdrücken durchführt (Geist). Es ist der unbegrenzte Geist, der uns mit allen Dingen und allen Wesen in Einheit verbindet; das Ich kann das von sich aus nicht vollbringen.

Denken Sie an die Unausgewogenheiten, die sich einstellen, wenn entweder das Ich oder der Geist ignoriert werden. Einige Menschen, die stark Ich-orientiert sind, beachten nicht den Geist und ziehen seine Kraft nur als letzten Ausweg heran. Durch dieses übermäßige Sich-Verlassen auf das Ich bleiben sie auf die Begrenzung konzentriert und erschaffen ein Leben der Illusion und Bindung. Andererseits neigen einige spirituell orientierte Menschen dazu, nur den Wert des Geistes anzuerkennen und die Bedeutung des Ich zu verneinen oder sich gegen sie zu wehren. Da sie von Ihrem Ich losgelöst sind, ist es schwierig für sie, ihre tiefere Erfahrung in ihre Probleme des täglichen Lebens zu integrieren.

Die höchste Aufgabe des Ich besteht darin, dem Geist als Medium zu dienen. Ein geschwächtes Ich ist weniger imstande, die brillante Schwingung des Geistes zu ertragen, während ein gesundes Ich keine Mühe damit hat. Weil Ihr Ich die physische Welt in den Brennpunkt gerückt hat, hat sein Bewußtsein – welches es auch immer haben mag –, Auswirkungen auf Ihre alltägliche Sicht der Welt. Indem Sie die Gesundheit Ihres Ich unterstützen, erhöht sich Ihre Fähigkeit, die Brillanz des Geistes in Ihr Leben hineinzubringen.

Wenn Ihr gesundes Ich sich dem Wahren Selbst öffnet, geben Sie sich dem Unbegrenzten hin. In dieser Ausrichtung herrscht vollkommenes Wohlergehen; es existiert nichts, was nicht Wohlergehen ist. Selbst eine Situation in Ihrem Leben, die Ihnen normalerweise starkes Leiden bereiten kann, ist frei von jedem Kummer, wenn sie von diesem Zustand des erleuchteten Wohlergehens betrachtet wird. Eine solche Situation wird statt dessen mit unbegrenzter Liebe, Mitgefühl und Hingabe an die erhabene

Schönheit des Lebens erfüllt. Das Leiden wird durch das Wissen ersetzt, daß im wesentlichen nichts falsch ist und alles perfekt ist. Ihre Bindung an irgend etwas außerhalb Ihrer selbst, von der Sie hofften, sie würde Sie vor dem Leiden retten, wird automatisch aufgegeben. Sie sind bereits gerettet, denn Sie sind eins mit der Quelle.

Für den logischen Verstand kann es ein Problem sein, dieses Konzept zu verstehen. Von dem auf Trennung ausgerichteten Fokus des Ich aus mag es schwierig sein, sich eine Wirklichkeit vorzustellen und an sie zu glauben, die keinen Kampf gegen Angst und Leiden einbezieht. Doch diese Wirklichkeit existiert, und das Wahre Selbst wartet darauf, sie Ihnen zu zeigen. Seien Sie geduldig und liebevoll mit sich selbst, während Sie lernen, sie wahrzunehmen.

WO IST IHRE UNTERSTÜTZUNG?

Haben Sie schon Ihre unerschütterliche Quelle der Unterstützung gefunden? Ohne sie kann das Leben Sie überwältigen und Ihr Weg unglaublich lang oder steinig erscheinen. Gleichgültig wie beschwerlich das Gehen ist, Sie müssen wissen, daß man sich um Sie kümmert und Sie führt, daß eine Sie unterstützende Kraft existiert, die Sie nicht im Stich läßt.

Fragen Sie sich: „Wo ist gerade jetzt meine in höchstem Maße wahre, zuverlässigste Unterstützung?" Vielleicht sind Sie sich der Unterstützung bestimmter Menschen in Ihrem Leben bewußt, aber gehen Sie tiefer. Wo ist die Unterstützung, die sogar noch beständiger und größer ist als die, die eine andere Person Ihnen geben kann? Wo ist die Unterstützung, die über die Sicherheit hinausgeht, die Sie aus Geld oder einer befriedigenden Karriere beziehen können? Wo ist die Unterstützung, die immer da ist und nicht für einen Augenblick schwankt? Sie suchen nach einer Unterstützung, die nicht abnimmt durch irgend etwas, das um Sie herum geschieht, durch die Handlungen anderer Menschen oder durch das, was Sie in der Welt gewinnen oder verlieren. Sie suchen nach der Quelle.

Wo können Sie die Quelle finden? Sie ist das Unbegrenzte; sie ist überall. Das Wahre Selbst ist Ihre Verbindung zu ihr, also schauen Sie nach innen. Wenn Sie es dem Wahren Selbst erlauben, immer realer für Sie zu werden, finden Sie göttliche Unterstützung um sich herum und in sich, die absolut von nichts, was Sie denken, fühlen oder erfahren können, bedroht wird. Sie sind in das Wissen eingetaucht, daß genaugenommen wirklich nichts existiert außer der Unterstützung der Quelle.

Meditation ist ein Weg, um sich nach der Quelle auszurichten, und weil diese Quelle überall gefunden werden kann, kann jede Art von Meditation Sie zu ihr führen. Vielleicht möchten Sie einige Ihrer alltäglichen Aktivitäten als Meditationen ausprobieren. Es folgt eine Auswahl von drei praktischen und angenehmen Möglichkeiten.

◆ ◆ ◆

Einstimmung

Die Unterstützung der Quelle spüren

1. Nehmen Sie sich regelmäßig Zeit, um ruhig dazusitzen, und lassen Sie zu, daß Ihr Atem Sie zu Ihrer inneren Quelle führt. Mit jedem Atemzug denken oder äußern Sie behutsam Ihre Absicht, sich zu verbinden. Sie können Wörter wie die folgenden verwenden: „Ich richte mich nach der unerschütterlichen Unterstützung der Quelle aus, die immer in mir ist." Fühlen Sie die unterstützende Gegenwart der Quelle. Wenn Ihre Gedanken abschweifen, wiederholen Sie einfach Ihre Affirmation der Absicht. Genießen Sie die Verbindung.

2. Gestatten Sie es der Bewegung Ihres Körpers und der Schönheit der Natur beim Spazierengehen oder Joggen, Ihr Gewahrsein zu der unerschütterlichen inneren Quelle zu führen. Während Sie sich bewegen, verwenden Sie regelmäßig eine verbale Affirmation wie die oben erwähnte, um Ihre Absicht zu lenken und ausgerichtet zu halten.

3. Sprechen Sie mit anderen Menschen über Ihre innere Quelle der Unterstützung. Wenn Sie Kontakt zu ihr haben oder gern haben würden, kann das Sprechen darüber, wie sich die Quelle anfühlt und wie Sie ihre Unterstützung nutzen können, eine Form von Meditation sein. Wenn dieses Gespräch kein müßiges Geschwätz ist, sondern dazu dient, Sie in die Erfahrung hineinzuführen, kann es die innere Verbindung wirklicher machen. Suchen Sie sich zu diesem Zweck Menschen aus, vielleicht gute Freunde oder eine spirituelle Selbsthilfegruppe, die Verständnis dafür aufbringen und sich ebenfalls diese Art von tieferer Erfahrung wünschen.

◆ ◆ ◆

Das Ich als Verbündeter

In diesem Buch ging es bereits darum, daß das Ich gewohnheitsmäßig den Geist übersieht oder ablehnt. Als der innere Steuermann, der weiß, wie er uns durch die begrenzte Wirklichkeit bringt, scheint das Ich kaum fähig zu sein, Grenzenlosigkeit zu erkennen. Statt dessen arbeitet es schwer daran, die Kontrolle über das zu behalten, was es kennt. Eine Erfahrung von Unbegrenztheit interpretiert das Ich oft als eine Störung. Als automatische Reaktion darauf versucht es, der Störung ein Ende zu setzen, damit es wieder zu vertrauten Dingen zurückkehren kann. Auf diese Weise wehrt sich das Ich gegen die Unbegrenztheit.

Glücklicherweise enthält die Geschichte noch einen anderen Aspekt, nämlich den, daß sich das Ich nach Unbegrenztheit sehnt. Weil das Ich der Teil unseres Wesens ist, der Trennung von der Quelle erfährt, ist es auch der Teil unseres Wesens, in dem alles Leiden stattfindet. Doch zugleich möchte das Ich in Wirklichkeit nicht leiden.

Selbst wenn das Leiden ein seit langem bestehendes, zur Gewohnheit gewordenes Muster in Ihrem Leben ist, das unmöglich abzulegen scheint – Ihr Ich mag es trotzdem nicht. Vielleicht wurde Ihnen in Ihrer Kindheit der Eindruck vermittelt, daß Sie am „wirklichsten" sind, wenn Sie leiden, oder daß Sie auf die rechtschaffenste Weise leben, wenn Sie Schmerzen haben. Dies kann Ihr Ich dazu veranlassen, am Leiden als einer sich selbst bestätigenden Wirklichkeit festzuhalten. Doch selbst unterhalb dieses eingewurzelten Musters sehnt sich Ihr Ich danach, frei von Leiden zu sein und zu heilen.

Wenn Sie die Unendlichkeit oft genug in Ihr bewußtes Gewahrsein hineinlassen, beginnt Ihr Ich zu erkennen, daß Unbegrenztheit eine Möglichkeit *ist*. Wird diese Erfahrung wiederholt, wird das Ich schließlich bereit sein, Ihre Absicht, ohne Begrenzung zu leben, zu unterstützen anstatt Widerstand zu leisten. Ihr Ich beginnt sich dann auszudehnen und – trotz alter Bindungen und Überzeugungen über Begrenzung – der umfassenderen Wirklichkeit zu öffnen. Ein solcher Wendepunkt ist von größter Bedeutung.

Betrachten Sie die Situationen in Ihrem Leben, in denen sich Widerstand gegen die Unbegrenztheit zeigte. Sie können sie daran erkennen, daß Ihr Ich Ihnen sagt: „Das ist nicht real. Du bist ein Narr, dein Leben um unbegrenztes Denken oder unbegrenztes Handeln herum zu erschaffen. Was glaubst du wohl, wer du eigentlich bist? Und wie kommst du überhaupt darauf, daß dieses neue Getue funktionieren wird?" In diesen Bemerkungen hören Sie die Angst Ihres Ich und sein Bedürfnis nach Kontrolle. Erkennen Sie seine Angst an, und segnen Sie sie. Sie brauchen sich nicht gegen sie zu wehren, denn es hilft nicht, sich Ihrem Widerstand zu widersetzen. Sie müssen lediglich den Schmerz spüren, den er in Ihnen bereitet. Fühlen Sie den Schmerz über die Trennung von der Quelle und den Schmerz darüber, Ihrem Wahren Selbst nicht zu vertrauen.

Wenn Sie diese Qual erkennen und erfahren, können Sie sagen: „Ja, da ist sie wieder." Indem Sie sie akzeptieren, sind Sie offen genug, um außerdem hinzuzufügen: „In der Mitte dieses Schmerzes in meinem Ich wähle ich, mich dem unendlichen Sein zu öffnen. Ich sehne mich danach, und ich bin bereit, es anzunehmen. Ich lasse unbegrenzte Liebe und Wohlergehen meinen Körper erfüllen. Ich erlaube es mir, ein Kanal für die pulsierende Lebenskraft zu sein."

Diese Art der Affirmation Ihrer wahren Absicht birgt eine enorme Kraft in sich. Erinnern Sie sich daran, daß, ungeachtet dessen, ob Sie in diesem Augenblick die Transformation wahrnehmen, durch diese innere Erklärung etwas Wichtiges geschieht. Benutzen Sie die Bilder oder Wörter, die Ihnen am natürlichsten erscheinen; Sie verfügen über unbegrenzte Kreativität. Die Form Ihrer Affirmation ist nur wichtig, um Ihre Absicht einzufangen; Ihre Absicht ist es, die die Transformation aktiviert.

EINE BRÜCKE ÜBER DIE SPALTUNG SCHLAGEN

Wir haben über die Spaltung als eine Kluft gesprochen, die zwischen Begrenzung und Unbegrenztheit in unserem Leben zu existieren scheint. Die Spaltung kann in vielfältiger Weise wahrgenommen werden, auch in unserer Schwierigkeit, greifbare äußere Bedingungen oder Ereignisse zu erschaffen, die unser inneres erweitertes Gewahrsein widerspiegeln. Solange wir Begrenzung und Grenzenlosigkeit als getrennt voneinander und nicht miteinander verbunden erleben, scheint die Spaltung weiterhin wirklich zu sein.

Ferner haben wir hervorgehoben, wie wichtig es ist, nicht zu versuchen, der Spaltung zu entkommen oder sie abzulehnen, und Möglichkeiten betrachtet, wie wir von der Macht, die in ihr verborgen liegt, Gebrauch machen können. Es sollte jedoch klar sein, daß Sie nicht unbedingt dazu bestimmt sind, für immer in der Spaltung zu bleiben. Die Schritte, die Sie bei der Erforschung der Spaltung unternehmen, sollen Sie zu einer Brücke führen, mit deren Hilfe Sie die Kluft überschreiten können. Oder, präziser ausgedrückt, diese Schritte sollen Sie dahin führen, die Brücke zu *sein*, die Ihre innere transzendente Erfahrung in die äußere Manifestation Ihrer Welt hineinbringt.

Die Brücke kann ironischerweise gerade in dem Aspekt Ihres Wesens gefunden werden, der die Spaltung ursprünglich hervorgerufen hat, in Ihrem Ich. Es ist seine Erfahrung von Trennung, die die Existenz der Spaltung aufrechterhält.

Wenn es Unbegrenztheit in sein Gewahrsein und Glaubenssystem hineinläßt und akzeptiert, beginnt sich seine Wirklichkeit zu verändern; das Ich erfährt sich selbst dann als Teil des größeren Ganzen und nicht als davon getrennt. Indem sich die Wirklichkeit Ihres Ich dahingehend verändert, daß es diese Einheit einbezieht, verengt sich die Spaltung, und Unbegrenztheit beginnt in Ihren Manifestationen der äußeren Welt zum Ausdruck zu kommen.

◆ *Das Ich übernimmt eine neue Rolle, wenn es seine wahre Kraft darin findet, dem unbegrenzten Geist ein loyaler Diener zu sein.*

Sie können diese Veränderung als etwas ansehen, das die Kluft zwischen der alltäglichen Wirklichkeit Ihres Ich und Ihren Gelegenheiten zum erweiterten Gewahrsein verkleinert. Sie haben nicht länger das Gefühl, das erweiterte Gewahrsein aufgeben zu müssen, um in der begrenzten Welt zu funktionieren, und Sie müssen auch nicht die täglichen Schwierigkeiten aufgeben, die es Ihrem Ich bereitet, mit einem erweiterten Gewahrsein zu leben. Die zwei Wirklichkeiten werden in Ihnen zusammengeführt, und diese Integration wird in Ihren äußeren Manifestationen sichtbar. Es ist, als wäre mehr Raum für Sie vorhanden, um all das zu sein, was Sie sind – überall!

Weil sich das Ich an der physischen Wirklichkeit orientiert und geschickt darin ist, in der Begrenzung zu funktionieren, weiß es Bescheid über das Manifestieren in der physischen Welt. Ihre Frustration in der Vergangenheit beruhte genaugenommen darauf, daß die meisten Ihrer Manifestationen direkt von Ihrem Ich ausgingen und daher zu einschränkend waren für den im Wachstum begriffenen Teil von Ihnen. Ihr Ich kann nur das manifestieren, was es erfährt. Wenn es Begrenzung erfährt, ist es das, was es in äußerer Form erschafft.

Wenn Ihr Ich in das grenzenlose Gewahrsein einbezogen wird und es als real erfährt, vermag es diese Unbegrenztheit nach außen zu manifestieren. Dann sind Sie in der Lage, äußere Veränderungen in Ihrem Leben zu sehen, die die innere Transformation widerspiegeln, die Sie mit sich getragen haben. Alles, wonach Sie gestrebt haben – ob eine befriedigende Arbeit, Beziehung oder eine andere Situation, um Ihr Wahres Selbst in der Welt auszudrücken –, wird mühelos und angemessen erschaffen.

Unter diesem Aspekt macht sich ein starkes und gesundes Ich bezahlt. Je klarer, ausgeglichener und geschickter Ihr Ich darin ist, gut in der physischen Welt zu funktionieren, um so mehr Kraft der unendlichen Quelle kann es in die Formen einbringen, die es in Ihrem Leben erschafft. Es wird ein starkes Medium sein, um den Fluß des kraftvollen Lebens zu leiten.

Ein gesundes Ich, das sein Bewußtsein der Unbegrenztheit geöffnet hat, wird ebenfalls imstande sein, Schritte in der Welt zu unternehmen und dabei einen Sinn für das Wahre Selbst zu bewahren. Und es wird fähig sein, über das Wahre Selbst zu sprechen oder zu schreiben, um es durch diese Kommunikation bewußt zum Ausdruck zu bringen. Und eine seiner größten Freuden wird es sein, die Widerspiegelung des unbegrenzten Geistes in Situationen zu erkennen, die einst mit Begrenzung erfüllt zu sein schienen.

SICH DER BRÜCKE NÄHERN

Kurz bevor Sie die Brücke der Integration erreichen, gelangen Sie an ein Tor. Vor dem Tor zu stehen, kann einem fast wie eine Folter vorkommen. Sie sind ungeduldig und wollen die Brücke überqueren. Sie treten von einem Fuß auf den anderen, während Sie darauf warten, daß sich das Tor öffnet. Sie können sehen, wo Sie sein wollen, und sich sogar vorstellen, wie es wäre, ein Leben zu führen, welches das Unbegrenzte widerspiegelt. Das Wahre Selbst wird immer realer und die Begrenzung immer unerträglicher. Trotzdem läßt das Tor Sie nicht passieren.

Während Sie am Tor warten, gibt es Ihnen am meisten Kraft, wenn Sie genau dort, wo Sie stehen, voll und ganz präsent sind. Es mag verführerisch sein, sich im Geiste hinüber auf die andere Seite zu projizieren, indem Sie sich entweder fragen, warum Sie noch nicht da sind, oder indem

Sie sich davon überzeugen, daß Sie bereits da sind. Sich die neue Wirklichkeit vorzustellen kann als Vorbereitung darauf hilfreich sein, sie in Ihrem Leben zu erschaffen, aber das geistige Entrinnen in die neue Wirklichkeit, um der Tatsache, daß sie da sind, wo Sie sind, auszuweichen, ist eine Form von Selbstablehnung und wird Ihren Fortschritt hemmen.

◆ *Jede wahre Veränderung wird in einem Zustand herbeigeführt, in dem Sie sich wirklich selbst akzeptieren.*

Sie werden das Tor dadurch öffnen, daß Sie akzeptieren, wo Sie sind. Während Sie vor dem Tor stehen, besitzen Sie eine enorme Macht, über die Sie sich vielleicht nicht einmal im klaren sind. Sie besitzen die Macht, Begrenzung zu akzeptieren. Das mag sich enttäuschend anhören, und vielleicht antworten Sie darauf mit: „Aber ich will keine Begrenzung akzeptieren! Ich will von ihr wegkommen!" Denken Sie über zwei Dinge nach: Erstens, beachten Sie, daß der völlig integrierte Zustand, wie er im Kapitel „Eine Brücke über die Spaltung schlagen" beschrieben wurde, Begrenzung einschließt. Auch wenn Sie zu der Brücke werden, funktionieren Sie noch immer in einer Welt, in der Begrenzung existiert, aber Sie werden nicht in der Begrenzung gefangen sein. Sie werden imstande sein, beides, das Begrenzte und das Grenzenlose, in sich zu tragen. Sie können nicht etwas in sich tragen, gegen das Sie sich wehren, also müssen Sie ohne Widerstand sein. Wenn Sie weiterhin versuchen, der Begrenzung zu entkommen, widersetzen Sie sich ihr und sind nicht für die Integration bereit.

Zweitens sollten Sie einsehen, daß Begrenzung zu akzeptieren nicht bedeutet, daß Sie sich dabei wohl fühlen müssen. Sie können sich akzeptieren und trotzdem nicht immer bei sich wohl fühlen. Sie können Angst akzeptieren, auch wenn Ihnen nicht unbedingt wohl in Situationen ist, in denen Sie Angst haben. Also können Sie auch Begrenzung akzeptieren und sich dabei nicht völlig wohl fühlen. Beim Akzeptieren ist es jedoch von Bedeutung, daß – während Sie Ihr Unbehagen erleben – Sie gleichzeitig spüren, daß es Ihnen in Ihrem Innersten gutgeht. Selbst wenn Ihre

Emotionen und Ihr Nervensystem sich gegen die Situation sträuben, geht es Ihrem inneren Zeugen gut, und Sie erkennen ihn als die größere Macht. Dieser Unterschied ist wichtig.

◆ *Wenn Sie bereit sind, sich dem Paradox des Wohlergehens im Schmerz gewahr zu werden, haben Sie wirkliche Macht.*

Wenn Sie noch immer vor dem Tor stehen, entwickeln Sie noch immer Ihre Fähigkeit, machtvoll zu sein und diese Macht in Ihr Leben hineinzubringen. Nachdem Sie durch das Tor gegangen sind, werden Sie diese Fähigkeit bestimmt brauchen, so daß es aus mitfühlender Weisheit geschieht, wenn Ihr Höheres Selbst Sie auf dieser Seite des Tores stehen läßt, bis Sie bereit sind, es zu öffnen.

Die beste Übung dafür, seine Macht zurückzugewinnen, besteht darin, daß Sie es sich erlauben, ausgedehnte Zeiträume des wahren Wohlergehens und der Verbindung mit der Quelle aufrechtzuerhalten. Das ist die Macht, die letztendlich durch Ihr Wesen hindurch in Ihr Leben fließen und Sie mit den unendlichen Möglichkeiten vereinigen wird, die Sie jetzt in Ihrem Herzen tragen.

KRAFT IN SICH TRAGEN

Macht rührt daher, daß man bewußt unbegrenzt ist. Sie sind bereits unbegrenzt und waren es schon immer. Ein anhaltendes bewußtes Gewahrsein Ihrer Grenzenlosigkeit ist alles, was wirklich notwendig ist, um einen einschneidenden Unterschied in Ihrem Leben zu bewirken. Mit dieser Veränderung verkörpern Sie wahres Wohlergehen, gleichgültig ob Sie sich in einer Situation befinden, die angenehm oder unangenehm, „positiv" oder „negativ" ist. Nichts vermag Sie von der Quelle zu trennen.

Während Sie am Tor stehen und Kraft sammeln, lernt Ihr System, immer mehr Wohlergehen in sich aufzunehmen. Wenn Sie wählen, sich nach der Quelle in der Mitte aller Gedanken, aller Gefühle und aller Situationen auszurichten, lehren Sie Ihren Körper über die Gegenwart des Wahren Selbst.

Es mag zwar seltsam erscheinen, daß Ihr Körper diese Präsenz lernen muß, aber seine Schaltungen sind überwiegend entsprechend der Erfahrung Ihres Ich von Begrenzung angelegt. Wenn Sie sich in höherem Maße nach dem Wahren Selbst ausrichten und das Wohlergehen der Quelle immer mehr von Ihrem physischen Körper zu füllen beginnt, werden die Bewußtseinsbahnen Ihres Körpers mit neuen Mustern versehen. Es ist so, als sollten die Kanäle einst eine kleinere Wirklichkeit aufnehmen, und jetzt müssen sie sich ausdehnen, um unbegrenzes Leben zu führen.

Sie können sich vorstellen, daß selbst das Gewebe Ihres Körpers etwas Neues gelehrt wird. Jede Zelle hat in sich nicht nur ihre physische Funktion programmiert, sondern auch die Fähigkeit, Bewußtsein zu erfahren. Jede Zelle in Ihrem Körper birgt in sich eine gewisse Erfahrung von dem Bewußtsein des ganzen Organismus, der Sie sind. So wie die inneren Schaltungen zunehmen, werden die Zellen in gewissem Sinne mit einem höheren Bewußtsein und folglich mit einer höheren Vitalität neu programmiert. Der physische Körper wird mit einem machtvolleren Wohlergehen und dem Potential für ein gesünderes, umfassendes Leben erfüllt.

ÜBERSCHÜSSIGE ENERGIE FREIGEBEN

Es kann unangenehm sein, das Wohlergehen in seinem Körper zu steigern! Die inneren Anpassungen können eine gewisse Zeit in Anspruch nehmen, bis sich nach der Zunahme der Schwingungen, die Sie in sich tragen, ein Gleichgewicht eingestellt hat. Wenn Sie an diesen Zustand, nämlich daß Sie derart hoch aufgeladen sind, nicht gewöhnt sind, kann Ihr Körper den Impuls verspüren, etwas von der Energie freizusetzen. Das ist völlig in Ordnung; nachdem Ihr Körper die erhöhte Ladung empfangen hat, wird er die vollständige Blaupause als Muster dafür verwenden, seine energetischen Schaltungen zu erweitern. Diese Blaupause wird bleiben und von Ihrem Körper benutzt werden, lange nachdem Sie alles freigesetzt haben, was Sie als überschüssig empfunden haben.

Wie Sie diese Energie freisetzen, ist wichtig und erfordert einige bewußte Entscheidungen von Ihrer Seite. Lassen Sie uns einige Möglichkeiten untersuchen. Ganz oben auf der Liste der angemessenen Ventile steht die körperliche Bewegung. Natürlich sollte es eine Bewegung sein, die Ihrem besonderen Körpertyp zuträglich ist, und vorzugsweise eine, die Ihnen zusagt. Bei der körperlichen Bewegung setzen Sie einen Überschuß an pulsierender Lebenskraft durch eine Tätigkeit frei, die außerdem Ihren Körper und folglich Ihr Ich physisch kräftigt. Dadurch wird Ihr gesamtes Wohlbefinden unterstützt und Ihre Fähigkeit direkt erhöht, in der Zukunft Kraft in sich zu tragen.

Und wenn Sie sich nun wirklich nicht körperlich betätigen wollen oder es Ihr körperlicher Zustand nicht erlaubt? Das Leben ist unbegrenzt; Ihnen steht immer eine Alternative zur Verfügung. Ihr Körper braucht einfach eine Art von zusätzlichem Gewahrsein, das es dabei unterstützt, vital zu werden. Ihre Vorstellungskraft ist ein gutes Hilfsmittel. Sich etwas vorzustellen ist einfach und kann zusammen mit oder anstatt körperlicher Bewegung durchgeführt werden. Wenn Sie beispielsweise einen Überschuß an starker Schwingung und das Bedürfnis nach Entladung spüren, nehmen Sie sich für den folgenden inneren Prozeß fünf bis zwanzig Minuten Zeit.

◆ ◆ ◆

Einstimmung

Überschüssige Energie freisetzen

1. Stellen Sie sich vor, daß Ihr Körper vom Kopf bis zu den Füßen in Lebenskraft eingetaucht ist. ... Ihr Gewebe empfängt diese Lebenskraft als spirituellen Nährstoff, und Ihre Zellen strahlen vor Leben. ...

2. Wenn Ihr Körper von dieser Lebenskraft erfüllt ist, weiß er intuitiv, wieviel Energie er bewahren und wieviel er freigeben muß. Stellen Sie sich vor, daß Ihr Körper die richtige Menge durch die Poren Ihrer Haut freigibt. Wie Licht, das durch einen durchlässigen Stoff scheint, erleuchtet diese zusätzliche Lebenskraft den Raum um Sie herum und wird dann in Ihr Leben freigelassen. ...

3. Nehmen Sie sich abschließend mindestens eine Minute Zeit, um Ihrem Körper ein behagliches Gefühl des Wohlergehens und der Ruhe spüren zu lassen. ...

◆ ◆ ◆

Fühlen Sie sich frei, mit verschiedenen Bildern zu experimentieren. Manchmal stellen Sie vielleicht fest, daß die Energie durch bestimmte Bereiche Ihres Körpers austreten will, oder vielleicht neigen Sie dazu, die Energie mit jedem Ausatmen entweichen zu lassen.

Wenn überschüssige Energie freigegeben wird, bedeutet das nicht, daß man sie „losgeworden ist", weil mit ihr etwas nicht stimmt. Mit ihr ist alles in Ordnung; sie ist Lebenskraft von der Quelle. Zunächst einmal wäre sie nicht in Ihnen gewesen, wenn sie Ihnen nicht etwas von Bedeutung hätte geben wollen. Wenn Sie diese Energie freigeben, weiß sie durch ihre eigene Intelligenz, wohin sie in Ihrem Leben gehen muß. Sie weiß, wie Sie zu führen sind und was zu manifestieren ist, ohne daß Sie einen weiteren Gedanken daran verschwenden müssen!

Seien Sie schöpferisch dabei, andere Möglichkeiten der energetischen Entladung zu finden, die bei Ihnen funktionieren. Ein warmes Bad oder ein ruhiger Spaziergang im Wald kann helfen. Hausputz, Gartenarbeit oder ein Comic-Heft zu lesen kann geeignet sein. Einen Freund oder eine Freundin anzurufen, der/die Ihren Prozeß versteht, und einen „Schwingungsbericht" abzugeben, ist ein hervorragender Weg, um die Energie zu spüren und dadurch freizugeben, daß man über sie redet.

Zu erkennen, wann Sie überschüssige Schwingungen entladen müssen, und sich zu diesem Zweck bewußt für einen selbstnährenden Weg zu entscheiden kann, Sie davon abhalten, in ein Muster des unbewußten Verhaltens zu verfallen, das Ihr System schwächt, anstatt es zu stärken. Falls keine Entladung von überschüssiger Energie erfolgt, kann jegliches Unbehagen, das Sie von der erhöhten Lebenskraft spüren, Sie ganz automatisch und unbewußt dazu veranlassen, sich zu betäuben, abzulenken oder zu dämpfen. Vielleicht trinken Sie Kaffee, essen zuviel oder zuwenig, nehmen Zucker zu sich, treiben zuviel oder zuwenig Sport, flüchten sich in mentale Aktivität, konzentrieren sich übermäßig auf eine Beziehung, nehmen Drogen oder Alkohol oder wenden sich anderen Formen von suchterzeugenden oder potentiell selbstzerstörerischen Verhaltensweisen zu.

Wenn Sie also neue Ebenen des kraftvollen Lebens in sich aufnehmen, nehmen Sie wahr, ob es unangenehm für Sie ist. Übernehmen Sie die Verantwortung dafür, Rituale zu erschaffen, die es Ihnen ermöglichen, pulsierendes Wohlergehen zu erhalten, zu leiten und in Ihr Leben freizugeben. Das ist „Schwingungsmanagement" und Ihr Geheimnis, wie Sie es schaffen, machtvoll zu sein.

DURCH DAS TOR GEHEN

Wenn Sie die Begrenzung anerkennen und mit dem Wohlergehen vertraut sind, öffnet sich das Tor; dann wird Ihre Fähigkeit, sich mit dem Unbegrenzten zu identifizieren, es geschehen lassen. Sie können ebensowenig erzwingen oder kontrollieren, daß und wie Sie sich durch das Tor bewegen, wie Sie das Tor mit Gewalt hätten öffnen oder sich anfangs über die Spaltung hinweg stürzen können. Den Wechsel zu vollziehen von der Identifikation mit der Begrenzung in Ihren Gedanken und Erfahrungen zur Identifikation mit dem Grenzenlosen ist es, was Sie vorwärtstreibt.

Warum ist es notwendig, die Begrenzung zu akzeptieren, wenn Sie damit aufzuhören wollen, sich mit ihr zu identifizieren? Sie identifizieren sich mit allem, gegen das Sie sich wehren. Wenn Sie damit aufhören wollen, sich mit der Begrenzung zu identifizieren, müssen Sie aufhören, Ihr Widerstand zu leisten. Wenn Sie sich nicht mehr mit der Begrenzung identifizieren, erfahren Sie sie immer noch, aber sie wird einfach zu einer weiteren Untersuchung in Ihrem Leben. Sie ist nicht länger in Ihrem Selbstgefühl enthalten und hält Sie nicht länger davon ab, all das zu sein und auszudrücken, der Sie wahrhaftig sind.

Indem Sie durch das Tor gehen und zu der Brücke werden, verändert sich Ihr Leben auf greifbare Weise. Wenn Sie sich beispielsweise abgequält haben, eine Arbeit zu finden, die es Ihnen ermöglicht, sich von Ihrem erweiterten Gewahrsein aus auf die Welt zu beziehen, wird sich diese Arbeit manifestieren. Wenn Sie nach einer Beziehung gesucht haben, die Sie darin unterstützt, all das zu sein, was Sie wahrhaftig sind, werden Sie Ihren Partner finden. Wenn Sie sich nach äußerer Fülle gesehnt haben, die den Sinn für Fülle und Wohlergehen widerspiegelt, der in Ihnen zu wachsen angefangen hat, werden Sie auch diese finden. Die Liste der Möglichkeiten ist endlos.

◆ *Was sich für Sie in der Welt manifestiert, entspringt direkt Ihrem Selbst-Gefühl.*

In dem Maße, wie Sie sich mit der Begrenzung identifizieren, tragen Sie sie in Ihrem Selbst-Gefühl mit sich. Diese Begrenzung manifestiert sich in Ihre Welt hinein. Wenn Sie sich weniger mit der Begrenzung identifizieren, spiegeln Ihre äußeren Manifestationen auch weniger Begrenzung wider. Wenn Sie sich mehr mit der Grenzenlosigkeit identifizieren, tragen Sie entsprechend Unbegrenztheit in Ihrem Selbst-Gefühl mit sich, die durch Ihre äußeren Manifestationen zum Ausdruck kommt. Sie leben dann mit mehr Situationen, die erkennbar unendliches Sein reflektieren und Ihr erweitertes Gewahrsein unterstützen.

Sie sollten verstehen, daß die Identifikation mit der Unbegrenztheit oder Begrenztheit nicht dasselbe ist wie die Identifikation mit dem, was „positiv" oder „negativ" ist. Es ist der begrenzte Aspekt des Ich, der in Begriffen wie „positiv" und

„negativ" denkt und entsprechend alles beurteilt. Das Ich kann fest davon überzeugt sein, daß gewisse Gedanken, Emotionen und Situationen positiv sind und andere negativ. Um Sie durch diese Wirklichkeit zu führen, kann es Ihnen einreden, daß Sie mehr positive Gedanken denken oder sich nur auf die positiven Erfahrungen beziehen sollten, wenn Sie in einer positiven Welt leben wollen.

Die verborgene, selbstverteidigende Botschaft in dieser Überzeugung ist die, daß alles, was als negativ wahrgenommen wird, potentiell gefährlich ist. Daher läßt das Bedürfnis, das Negative zu vermeiden, zu verleugnen oder ihm Widerstand zu leisten, indem man sich fortwährend dem Positiven zuwendet, Sie tatsächlich mit Gefahr und dem Verlust Ihrer Macht identifiziert sein. Wenn Sie damit zufrieden sind, auf der Ich-Ebene der Begrenzung zu bleiben, mag es angemessen erscheinen, negativen Dingen auszuweichen. Aber wenn Sie beabsichtigen, Ihr Gewahrsein Ihrer selbst, anderer und der Welt über die engen Grenzen der Identifikation mit der Begrenzung hinaus zu erweitern, werden Sie erkennen müssen, daß nichts von Natur aus positiv oder negativ ist.

„Positiv" und „negativ" sind einfach die Bezeichnungen des Ich für „angenehm" und „nicht angenehm", „bewährt" und „nicht bewährt". Doch wenn die Quelle, die Vitalität des Lebens und die Brillanz jeder Schöpfung, die Energie im Kern aller Gedanken, Gefühle und Situationen ist, wie kann dann etwas von Natur aus negativ sein? Unbegrenzte Liebe, unbegrenzte Möglichkeit und absolutes Wohlergehen ist also die Essenz aller Ihrer Erfahrungen, ob angenehm oder unangenehm – wo liegt da echte Gefahr?

◆ *Sie können es sich leisten, alles zu umarmen.*

Es kann hilfreich sein, darauf zu achten, wenn Ihnen etwas angenehm oder unangenehm, behaglich oder unbehaglich, sicher oder unsicher, Kraft gebend oder erschöpfend erscheint. Verwenden Sie diese Informationen, um Ihre Entscheidungen zu treffen. Dies ist Teil dessen, die Bedürfnisse Ihres Ich zu respektieren, und zuweilen notwendig, um sich selbst zu schützen oder Ihre emotionale und physische Gesundheit zu unterstützen. Aber Sie arbeiten gegen Ihre Entwicklung zum höheren Gewahrsein, wenn Sie alle Gedanken, Gefühle und Lebenssituationen ablehnen oder sich ihnen widersetzen, die Ihr Ich als negativ empfindet. Es kann Ihnen manchmal dienen, über das Unbehagen und das „Negative" hinauszuschauen und sich mit der Quelle zu verbinden, die im Kern von allem ist, was Sie erfahren.

◆ ◆ ◆

Meditation

Durch das Tor gehen

1. Atmen Sie sanft und leicht, und lassen Sie es zu, daß jeder Atemzug Sie ein wenig tiefer in den Kern Ihres Wesens führt, tiefer in denjenigen, der Sie wahrhaftig sind. ...

2. Während Sie tiefer in sich hineinatmen, atmen Sie in ein starkes Gefühl des Wohlergehens hinein. ... Sie müssen nicht versuchen, dieses Wohlergehen zu erschaffen oder etwas zu unternehmen, um es noch stärker zu machen. Unbegrenztes Wohlergehen ist bereits in Ihnen, und Ihr Atem führt Sie sanft und leicht zu ihm. ...

3. Das Tor, das Sie passieren werden, befindet sich in diesem Wohlergehen. Wenn Sie sich in Ihr Wahres Selbst und in das Wohlergehen hinein bewegen, finden Sie das Tor. ... Wenn Sie vor dem Tor stehen, öffnet es sich für Sie. ...

4. Um durch das Tor zu gehen, nutzen Sie die Quellenenergie in der Mitte all Ihrer Gedanken, Emotionen und physischen Empfindungen. ... Sie ist pulsierendes Leben und unbegrenzte Liebe, die inmitten all Ihrer Erfahrung am realsten sind. ...

5. Wenn Sie überschüssige Energie in Ihrem System spüren, lassen Sie sie durch die Poren Ihrer Haut in die Welt hinein frei. ...

6. Erlauben Sie es Ihren Körper abschließend, in ein Gefühl des Behagens und der Entspannung eingetaucht zu sein. ...

◆ ◆ ◆

Treten Sie der Welt mit Mitgefühl gegenüber

*Mitgefühl ermöglicht es Ihnen,
dem Leiden zu trotzen*

◆

ERHÖHEN SIE IHR GEWAHRSEIN

Ihr Atem verfügt über Intelligenz; er kann Ihr Gewahrsein zum Kern des Wahren Selbst führen, sobald Sie ihn darum bitten. Sie können von dieser Intelligenz augenblicklich Gebrauch machen. Achten Sie in den nächsten paar Momenten auf Ihre Atmung, und stellen Sie sich vor, daß jeder Atemzug Sie in das Wahre Selbst führt. Es ist lediglich eine leichte Veränderung notwendig; Sie sind dem Wahren Selbst näher, als Sie denken. Lassen Sie es zu, daß der nächste Atemzug Sie noch ein wenig tiefer führt. ... Und der nächste Atemzug noch ein wenig tiefer. ... Und der nächste Atemzug. ...

Wenn Sie Ihren Tag einige Minuten lang mit der Präsenz im Wahren Selbst beginnen und im Laufe des Tages regelmäßig darauf zurückkommen, verändern Sie buchstäblich die Qualität Ihres Lebens. Sie handeln von einer neuen inneren Tiefe aus und beziehen sich folglich auf eine tiefere Ebene von jedem und allem um sich herum. Am Ende des Tages, auch wenn die Ereignisse vielleicht ihren normalen Gang genommen haben und Sie Ihre gewöhnlichen Verhaltensweisen und Reaktionen auf Menschen gezeigt haben, wird etwas anders sein. Die Welt wird einen neuen Eindruck auf Sie hinterlassen haben, und, ob Sie es bemerkt haben oder nicht, Sie werden eine neue Wirkung auf andere Menschen ausgeübt haben.

◆ *Indem Sie von einem nur ein wenig tieferen Ort in sich aus leben, erweitert sich Ihre Wahrnehmung von der Welt um Sie herum, und Ihre Interaktionen mit anderen Menschen werden bereichert.*

Dies bedeutet nicht unbedingt, daß Sie die ganze Zeit ruhig und gelassen oder glücklich sein werden, daß Menschen tun werden, was Sie von Ihnen wollen, oder daß nichts Sie mehr stören wird. Es bedeutet nicht einmal, daß Ereignisse in Ihrem Leben anders eintreten werden. Es ist die Qualität Ihres Lebens, die sich verändern wird. Sie werden in höherem Maße präsent sein, näher bei dem Essenz-Gewahrsein und einem Zustand des Wohlergehens, der unveränderlich bleibt, ungeachtet irgendwelcher Schwankungen in Gefühlen oder Umständen. Sie werden zentrierter in der Wahrheit sein.

Diese Transformation ist von Bedeutung, weil Sie Teil einer planetarischen Bewußtseinsveränderung sind, einer übereinstimmenden weltweiten Weiterentwicklung zu tieferen, umfassenderen Ebenen des Selbst. Die Welt, die Sie in zehn oder zwanzig Jahren erleben werden, wird sich sehr von derjenigen unterscheiden, die Sie heute kennen. Sie sind Teil dieser Welt und mit allem in ihr eng verbunden; das höhere Gewahrsein, das Sie in Ihrem Leben entwickeln, ist Ihr persönlicher Beitrag zum planetarischen Wachstum.

ÜBERLEBEN UND DER EINE GEIST

Trotz der spirituellen Transformation, die im Gange ist, kann es ziemlich beunruhigend sein, darüber nachzudenken, wie die Welt in zehn oder zwanzig Jahren aussehen wird. Die gegenwärtige Krisenstimmung auf dem Planeten entspringt realen und weitverbreiteten Problemen wie einem gestörten Gleichgewicht in der Umwelt, ungelösten Kriegen, Hungersnöten, Gesundheitsproblemen, einer instabilen Wirtschaftslage, verletzten Menschenrechten, gesellschaftlicher Gewalt und den Gefahren der Atomkraft und -waffen. Es liegt auf der Hand, daß der Kurs, dem wir folgen, einiger wichtiger Korrekturen bedarf, wenn wir uns von ihm erhoffen, daß er uns in eine gesunde Zukunft führt.

Viele spirituell orientierte Menschen reagieren auf diese Krise mit Angst und Panik. „Wenn wir überleben wollen, müssen wir uns schnell entwickeln!" Was für ein interessanter Widerspruch: der Glaube an die Macht der spirituellen Entwickung und die Angst ums Überleben – beides in demselben Gedanken. Aber die spirituelle Entwicklung ist eine gegebene Tatsache; es ist nicht notwendig, Angst davor zu haben, daß sie überhaupt nicht oder nicht schnell genug eintreten wird.

◆ *Die Menschheit und der Planet werden überleben und ge-deihen.*

In der ganzen menschlichen Existenz hatten die Menschen immer Gründe dafür, besorgt um ihr Überleben zu sein. Die besondere Bedeutung der aktuellen Überlebensfragen liegt darin, daß sie nicht mehr auf individuelle, persönliche Belange begrenzt sind („Werden ich/meine Familie/mein Land überleben?"), sondern sich auf Ängste und große Sorgen um den Zustand des gesamten Planeten ausdehnen. Das ist logisch, weil wir wissen, daß wir inzwischen über die Macht verfügen, das Leben in diesem großen Umfang zu vernichten. Und zusammen mit der Entwicklung dieser destruktiven Kraft sind unsere ersten im Weltraum aufgenommenen Fotos von dem Planeten Erde erschienen – ein greifbarer Beweis dafür, daß wir eine Bevölkerung sind, die sich eine Heimat teilt, unleugbar miteinander verbunden und voneinander abhängig.

Da wir unsere gemeinsame Existenz und unsere gemeinsame Verwundbarkeit erkannt haben, müssen sich einzelne Menschen nicht länger ganz ohne fremde Hilfe und allein mit ihren persönlichen Überlebensproblemen abmühen. Weil es das Überleben der Welt ist, das jetzt auf dem Spiel steht, ist es für alle Menschen notwendig, sich über ihren Einfluß auf das planetarische Ganze im klaren zu werden. Und von da muß es noch einen Schritt tiefer gehen.

◆ *Der Gruppengeist, das von allen Wesen auf Erden geteilte Bewußtsein, muß sichtbar und als wirklich erfahren werden.*

Lassen Sie uns für einen Augenblick zurücktreten und dies aus der erweiterten Sicht überblicken: Unbegrenzte Liebe ist die Essenz unseres Seins. Sie ist der Baustoff für alle Lebensformen und alle Ereignisse, die überall auf der Erde vorkommen. Als die Quelle der ganzen Schöpfung und Existenz ist unbegrenzte Liebe das, was in höchstem Maße wirklich ist. Sie ist außerdem das, was in höchstem Maße beständig ist; sie kann nicht zerstört werden. Die Formen ihres Ausdrucks können verändert werden, aber der unbegrenzten Liebe und schöpferischen Intelligenz der pulsierenden Lebenskraft kann kein Schaden zugefügt werden. Sie kennt nur Freude, die Freude über das Sein.

Sie sollten in Betracht ziehen, daß die unbegrenzte Quelle keine Angst um ihr Überleben hat. Weil sie alle Ereignisse als schöpferische Manifestationen ihrer Liebe erkennt, fürchtet sie sich vor nichts. Sie vergißt niemals, daß die Liebe und das kraftvolle Leben, die sich im Kern jeder Erfahrung befinden, in höchstem Maße wirklich sind.

Sich ihrer selbst voll und ganz bewußt, weiß die unbegrenzte Quelle auch, daß die Manifestation ihrer selbst, das sogenannte „menschliche Ich", an Angst glaubt und täglich mit Begrenzung lebt. Das Ich sehnt sich danach, sich über die Zwänge und Leiden seiner begrenzten Wirklichkeit hinaus zu dem umfassenden Wohlergehen des unbegrenzten Lebens zu entwickeln, was der Quelle Anreiz dazu gibt, Beistand zu leisten. Beistand stellt sich durch Ereignisse ein, die es dem Ich erlauben, zu seinen eigenen Bedingungen zu wachsen, und mit Fragen verbunden sind, die das Ich als wirklich erkennt.

Die grundlegende Sorge des Ich betrifft sein Überleben. Weil es sich als wirklicher erfährt als den unbegrenzten Geist, fürchtet es den Verlust seiner selbst mehr als alles andere. Das Ich will seine Art und Weise, wie es die Welt um sich herum organisiert, bewahren und sträubt sich massiv gegen jede drastische Veränderung. Das bedeutet, daß

Überlebensfragen die volle Aufmerksamkeit des Ich erhalten, sobald sie auftreten.

Mit der Unterstützung des höheren Bewußtseins der Quelle haben wir alle die gegenwärtige Krise auf diesem Planeten hervorgerufen, um dem Ich zu helfen, die Einheit, die wir alle miteinander teilen, zu erkennen. Die grundlegende Ebene des Überlebens des Ich-Bewußtseins hängt jetzt buchstäblich davon ab, daß die Menschen auf der Welt mit einem Geist, einer Absicht, einem Zweck zusammenkommen: um Werte und Maßnahmen zu finden, die die Erde und ihre Bewohner nähren.

Ihr größter persönlicher Beitrag zum Überleben – und zur Weiterentwicklung – des Planeten kann dadurch geleistet werden, daß Sie die Verbindung erfahren, die Sie mit allen Wesen auf dem Planeten teilen. Sie müssen überhaupt nichts unternehmen, um sich mit anderen zu vereinigen, denn diese Vereinigung ist bereits eingetreten; einfach durch Ihre Existenz sind Sie auf natürliche Weise in dem Einen Geist. Der Eine Geist geht von der Quelle aus und ist das unbegrenzte Denken und die unbegrenzte schöpferische Kraft, die von allen Wesen geteilt werden. Von größter Bedeutung ist jetzt, daß Sie Ihr bewußtes Gewahrsein auf diese Verbindung richten.

Sie sollten verstehen, daß in dem Einen Geist zu sein nicht bedeutet, daß jeder dieselben Gedanken hegt; es ist keine Massenvereinigung des auf der Ich-Ebene angesiedelten Intellekts. Es bedeutet auch nicht, daß Sie etwas von Ihrer Selbständigkeit verlieren. Sie werden weiterhin das ganze Individuum sein, das Sie schon immer gewesen sind. Der Eine Geist ist einfach ein Miteinander-Verbundensein auf spiritueller Ebene, das die Ich-Erfahrung von Trennung und Begrenzung überschreitet.

◆ *Der Eine Geist ist die Intelligenz der Lebenskraft, die alle Wesen miteinander teilen.*

Wenn Sie sich Ihrer Beteiligung an dem Einen Geist bewußt werden, öffnen Sie dem umfassenden Denken die Tür, damit es in Ihr bewußtes alltägliches Leben eintritt, wo es praktisch eingesetzt werden kann. Sie reichen in eine

Sphäre hinein, in der alles als Möglichkeit vorhanden ist, und laden dies ein, sich durch Sie hindurch in das „wirkliche Leben" zu bewegen. Natürlich erweitert dies den Umfang von Informationen und schöpferischen Impulsen, aus denen Sie schöpfen, während Sie Ihr Leben erschaffen und Ihren Beitrag zur Transformation auf diesen Planeten leisten.

Diese Erweiterung wird sich einstellen, wenn Sie regelmäßig Ihre Vereinigung mit allen Wesen erleben. Sie können dieses Erleben mittels Meditationen üben, wie beispielsweise „Der Eine Geist" am Ende dieses Kapitels, oder indem Sie es sich von Zeit zu Zeit im Laufe des Tages vorstellen. Sobald Ihr natürlicher Platz in dem Einen Geist für Sie real geworden ist, wird Ihr Ich imstande sein, die in der Vereinigung miteinander geteilte unbegrenzte schöpferische Kraft zu empfangen und zu verwenden. Diese Verbindung wird Ihren Gedanken, Ideen und Handlungen eine subtile, neue Kraft einflößen.

◆ *In dem Einen Geist teilen Sie eine grenzenlose Quelle des Denkens mit allen Wesen auf dem Planeten.*

Der Eine Geist ist ein kollektives Gedankenbecken – was bedeutet, daß jeder daraus schöpfen kann. Diese Hilfsquelle setzt sich nicht aus bestimmten Ideen zusammen, so daß sie nicht auf den menschlichen Intellekt begrenzt ist oder allein von ihm beeinflußt wird. Sie ist reines Denken. Sie ist die Quelle aller Ideen, doch zugleich ist sie unendlich mehr als Ideen: sie ist das Unbegrenzte.

Mit anderen Worten: Der Eine Geist ist kein Netzwerk, durch das jeder Ideen austauschen kann. Um an eine Idee zu kommen, greift man nicht in dieses Reservoir und zieht einen Gedanken heraus, der einem zusagt. Statt dessen bewegt sich die pulsierende Energie des unbegrenzten Denkens immer durch Sie hindurch. Es ist Ihr Gehirn, das die Energie des reinen Denkens in Ihre persönlichen Gedanken, Ihrem Wirklichkeitsgefühl entsprechend, überträgt. Ihre Ideen tauchen dann innerhalb Ihrer physischen Identität auf, aber die Energie der Essenz dieser Ideen entspringt Ihrer Verbindung mit allen Wesen und Möglichkeiten.

Vielleicht kennen Sie andere Menschen, deren Ideen den Ihren annähernd gleich sind. Es gibt immer Gruppen von Menschen, die die unbegrenzte Schwingung des Denkens auf ähnliche Weise übertragen. Doch jede Idee, die von der Gruppe geteilt wird, nimmt immer in der physischen Identität jeder einzelnen Person ihren Anfang. Die Idee selbst ist ebensowenig wirklich wie das, was wirklich ist – vor, während und nach dem Leben der Idee –, das ist die pulsierende Energie des unbegrenzten Denkens.

Dies bezieht sich direkt auf den Übergang des Bewußtseins auf diesen Planeten. Erinnern Sie sich daran, daß Sie im Laufe der nächsten zehn bis zwanzig Jahre, während Sie sich immer tiefer und tiefer in das Selbst hineinbewegen, buchstäblich in einer anderen Welt leben werden. Das ist nicht nur so, weil die Welt sich verändert haben wird, sondern weil Sie sich mit dem Selbst und daher mit jedem und allem auf einer tieferen Ebene verbunden haben werden.

Wie Sie Ihr Denken benutzen, wird von dieser Veränderung beeinflußt werden. Ihr Kontakt zu der tieferen Ebene des Selbst wird Ihr Gewahrsein auf eine verfeinertere Schwingung einstimmen, eine andere Frequenz als die, mit der Sie sich jetzt identifizieren. Dies wird Ihr Gehirn dazu befähigen, die Energiemuster des reinen Denkens auf eine Art und Weise zu übertragen, wozu es gegenwärtig nicht in der Lage ist. Sie werden das Denken in Ideen umsetzen, die jetzt über Sie hinauszugehen scheinen, weil Sie noch nicht bewußt mit dem Wahren Selbst auf einer solch tiefen Ebene verbunden sind.

Die tiefgründigen Ideen, die zur Weiterentwicklung des Planeten beitragen werden, werden daraus resultieren, daß eine Verfeinerung bei der Übertragung des unbegrenzten Denkens in Ideen stattfindet. Indem Sie mit Ihrem Engagement fortfahren, sich in Ihrem alltäglichen Leben tiefer in das Selbst hineinzubewegen, unterstützen Sie diesen Evolutionsprozeß. Wenn Sie Ihre bewußte Verbindung mit dem Wahren Selbst und dem Einen Geist vertiefen, wird das Ihre Fähigkeit erhöhen, das Gewahrsein in einer verfeinerteren Schwingungsfrequenz zu halten. Und das Energiemuster Ihres neuen Selbstgefühls wird sich in umfassenderen Gedanken, Handlungen und Lebenserfahrungen manifestieren.

Erkennen Sie den Beitrag, den Sie nun in der Welt leisten können. Vielleicht beinhaltet Ihre Art, wie Sie daran arbeiten, daß es auf unserem Planeten harmonischer zugeht, vielleicht werden Sie sogar politisch aktiv oder verändern Ihren Lebensstil – möglicherweise steht das sogar im Mittelpunkt. Doch selbst in der Mitte Ihrer lebensverbessernden Maßnahmen ist das Wirkungsvollste, was Sie unternehmen können, sich weiterhin mit tieferen Ebenen des Selbst in Verbindung zu setzen. Dies wird die energetischen Schaltungen offenhalten, so daß Ihre Maßnahmen größere Wirkung zeitigen werden, und Sie mit der notwendigen Einstimmung versehen, um schöpferische, neue Lösungen in die Welt zu bringen.

* * *

Meditation

Der Eine Geist

1. Lassen Sie es zu, daß die natürliche Intelligenz Ihres Atems Sie nach demjenigen ausrichtet, der Sie wirklich sind. Jeder Atemzug weiß genau, wo er Ihr Wahres Selbst finden wird, und führt Sie sofort dorthin. ...

2. Während Sie sanft tiefer in sich selbst hinein atmen, gestatten Sie es Ihrer Vorstellungskraft, Ihnen Ihre Verbindung mit dem Gruppenbewußtsein, dem Einen Geist aller Wesen auf dem Planeten, zu zeigen. ... Der Eine Geist hat einen kraftvollen Lebenspuls in sich. Er trägt unbegrenzte Liebe und unbegrenztes Denken unmittelbar in Ihr Wesen hinein. ...

3. Beachten Sie, daß diese kraftvolle Essenz von unbegrenzter Liebe und unbegrenztem Denken umfassender ist als das persönliche Ich, doch Ihr Geist überträgt sie in Ideen und Wahrnehmungen und erschafft so buchstäblich Ihre Erfahrung der Welt. ...

222

4. Die Energie des Denkens bewegt sich durch Ihr Wesen hindurch und wird schließlich freigegeben, um wieder unbegrenztes, ungeformtes Denken zu werden. ... Erleben Sie weiterhin den Einen Geist, wie er in Sie eintritt, in Ihre Welt übertragen wird, dann weiterfließt, um aufs neue der Eine Geist zu werden. ...

5. Nehmen Sie wahr, während Sie nach wie vor den Einen Geist aufnehmen, wie die unbegrenzte Liebe durch Sie fließt. Mit jedem Atemzug lassen Sie Ihren Körper die Freude darüber fühlen, daß diese Liebesenergie direkt in Ihr Gewebe strömt. ...

6. Stellen Sie sich vor, daß diese Liebe durch Ihren Körper und aus den Poren Ihrer Haut herausstrahlt, direkt in Ihre persönliche Welt hinein, die Welt, in der Sie jeden Tag leben. ... Unbegrenzte Liebe geht direkt in alles in Ihrer Umgebung hinein. Sie geht in das Metall Ihres Autos hinein, in das Material Ihres Hauses, in die Kleidung in Ihrem Kleiderschrank. ...

7. Öffnen Sie langsam Ihre Augen und sehen Sie sich um. Seien Sie sich bewußt, daß sich die Ausstrahlung von Liebe und unbegrenztem Denken fortsetzt, während Sie Ihr Leben leben. ... Sie haben Ihre Verbindung mit dem Einen Geist erlebt. Sie haben ihm erlaubt, Sie zu berühren, für Sie realer zu werden und in Ihr bewußtes Leben einzutreten.

◆ ◆ ◆

ANGST TRANSFORMIEREN

Wir leben in einer Zeit, in der die Überlebensfragen des Ich weltweit stimuliert werden, und die Angst vor der möglichen Zerstörung des Planeten ist auf dem Höchststand. Viele wirklich verängstigte Menschen weisen auf vergangene, gegenwärtige und für die Zukunft prophezeite

Katastrophen hin, die von Menschen oder durch die Natur verursacht wurden, und behaupten, daß diese Katastrophen Beweis dafür seien, wie kurz der Planet vor der Zerstörung stünde.

Angst ist in dem Maße nützlich, wie sie Sie veranlaßt, Notiz von den Tatsachen zu nehmen, mit denen Sie leben, und Sie dazu motiviert, konstruktive Schritte zu unternehmen. Sie kann ein gesunder Weckruf sein und genügend Adrenalin in Ihr System freisetzen, um Ihnen zu helfen, sich durch alte Muster der Leugnung oder Untätigkeit hindurchzubewegen. Aber wenn Angst Sie oft überwältigt und Sie veranlaßt, sich zu verschließen oder sich mit Untergang zu identifizieren, stimmt etwas nicht. Sie sind in einem geschlossenen Schaltkreis der Begrenzung gefangen, in dem die Angst eher gegen Sie arbeitet anstatt für Sie.

◆ *Eine Krise ist dazu bestimmt, erkannt zu werden, aber nicht dazu, daß man sich mit ihr identifiziert.*

Erinnern Sie sich daran, daß Sie manifestieren, was Sie in Ihrer Selbst-Erfahrung in sich tragen, besonders die Probleme, mit denen Sie sich identifizieren oder die Sie für überaus real halten. Wenn Sie sich mit Angst und Katastrophe identifizieren, treten die Energiemuster dieser Identität in Ihre Welt ein und nehmen Form an, so daß sich gerade die Sorge, die Sie bereits überwältigt, immerwährend fortsetzt.

Das soll nicht heißen, daß Sie sich Ihrer Angst (oder anderen Gefühlen) widersetzen oder das Leid in der Welt ignorieren sollen, um zu verhindern, daß Sie noch mehr davon manifestieren. Sie manifestieren nicht alles, was Sie fühlen, wahrnehmen oder worauf Sie reagieren, sondern vielmehr nur das, was Sie in Ihrer Identität in sich tragen. Tatsächlich wird die Weigerung, gewisse Gefühle zuzulassen oder bestimmte Probleme zu betrachten, Sie nicht davor bewahren, sich mit ihnen zu identifizieren; sie wird Sie einfach ohne Kontakt zu dem lassen, was Sie in sich tragen.

Was können Sie also tun, wenn Sie von gegenwärtigen oder von Menschen prophezeiten Katastrophen hören, die sich selbst in einem Zustand der Angst oder Panik befinden? Die folgenden vier Schritte können Ihnen helfen, das, was ein überwältigender kultureller Input an erschreckenden Informationen bewirkt, konstruktiv zu nutzen.

◆ ◆ ◆

Einstimmung

Auf die Angst anderer reagieren

1. Seien Sie sich der Angst bewußt, die diese Menschen projizieren. Dann achten Sie darauf, wo diese Angst in Ihnen selbst mitschwingt. Überlebensängste können sich um Ihre menschlichen Grundbedürfnisse herum zentrieren, wie z.B. genügend Geld oder eine liebevolle Beziehung zu haben. Oder vielleicht haben Sie Angst um Ihr physisches Überleben oder um das Überleben des ganzen Planeten. Beachten Sie die Art von Angst, die Sie fühlen, und erkennen Sie sie als die Ihre an.

2. Bleiben Sie einige Augenblicke sitzen und unterstützen Sie sich dabei, Ihre Angst zu akzeptieren. Die meisten Menschen tun das nicht, sondern versuchen, die Angst zu übergehen, und ergreifen sofort Maßnahmen oder lassen sich auf Beschwerden oder Verleugnung ein, weil sie sich, wenn Sie hinter die Angst schauen, hilflos und allein fühlen.

An Ihrer Angst ist nichts falsch. Sie schwächt Sie nicht und macht aus Ihnen keinen weniger spirituellen Mensch, noch läßt sie Sie unbedingt weniger effektiv in der Welt sein. Genaugenommen trägt Angst eine starke Energie in sich, die bewußt in konstruktive Gedanken und Handlungen hineingeleitet werden kann. Sie können sich diese verborgene Kraft zunutze machen, indem Sie sich Zeit nehmen, um die Angst zu beachten. Solange sie da ist, fahren Sie damit fort und fühlen sie. Gestatten Sie es ihr, ihren Ausdruck zu haben und real zu sein: „So fühlt es sich also an, wenn ich Angst um mein Überleben habe." Lassen Sie es zu, daß die Angst sich voll und ganz offenbart.

3. Begeben Sie sich auf eine tiefere Ebene des Selbst, die gerade jenseits der Angst liegt. Die Angst kann noch immer bei Ihnen sein, aber sie ist nicht allein da. Zusammen mit der Angst gibt es etwas Größeres, einen höheren Aspekt von Ihnen, der die Wahrheit der unbegrenzten Liebe und des Wohlergehens in sich trägt. Ihr Atem kann Sie sofort dorthin führen. Lassen Sie sich von jedem Ihrer nächsten zehn Atemzüge sanft und leicht tiefer in das Wahre Selbst hinein atmen.

4. Während Ihr Atem Sie immer tiefer in das Selbst hineinführt, lassen Sie sich Ihre Verbindung mit allem auf diesem Planeten erleben. Lassen Sie sich diese Verbindung durch Ihre Vorstellungskraft zeigen. Sie kann Ihnen als ein Bild davon, mit allen anderen auf dem Planeten verbunden zu sein, erscheinen, oder vielleicht fühlen oder spüren Sie sie einfach.

Wenn Sie sich dies zunächst in kleinerem, persönlicherem Umfang vorstellen müssen, malen Sie sich aus, mit Ihrer Nachbarschaft oder Ihren Freunden in dem Einen Geist zu sein. Vielleicht fällt es Ihnen leichter, sich mit Ihrer Stadt, Ihrem Bundesland oder Ihrem Land zu verbinden. Die Größe der Gruppe spielt keine Rolle. Seine Verbindung in dem Einen Geist mit einer kleinen Gruppe zu erleben ist genauso wirkungsvoll wie mit dem ganzen Planeten. Der Eine Geist ist der Eine Geist, gleichgültig, wie Sie es sich vorstellen; Sie erleben die Verbindung, die Sie mit der ganzen Welt teilen.

Verweilen Sie ein paar Augenblicke in der Erfahrung des Einen Geistes. Sie verbindet Sie mit anderen Menschen in Geist, in Liebe, in unbegrenztem Denken. Erfreuen Sie sich an der Lebendigkeit und Vitalität dieser Verbindung.

◆ ◆ ◆

ANHAFTUNG, LEIDEN UND UNGLÜCK

Viele Situationen, die als Katastrophen betrachtet werden, sind durchaus natürliche und notwendige Ereignisse im erweiterten Spektrum der Natur. Überschwemmungen, Dürren, Erdbeben, Vulkanausbrüche, Brände, Hurrikane, Tornados und andere kataklystische Ereignisse sind schon immer als der Puls und Atem der planetarischen Evolution aufgetreten. Ähnlich zeigt die Menschheit durch Gewalttätigkeit, ökologische Fehler und ökonomische und politische Krisen ihre Extreme bei ihren eigenen evolutionären Bemühungen.

Das höhere kollektive Bewußtsein, von dem jeder von uns Teil ist, weiß, wie wichtig Überlebensfragen sind, um unsere abgespaltenen Identitäten dazu zu bringen, sich des Einen Geistes gewahr zu werden, und daher werden „Katastrophen" noch eine Zeitlang Bestandteil des menschlichen Lebens sein.

Das Erschreckendste an Katastrophen ist, daß sie unsere Anhaftungen bedrohen. Wir neigen dazu, an materiellen Dingen zu hängen, an Menschen, daran, schmerzfrei zu sein, gewisse Gefühle zu hegen, am Leben zu bleiben und an einer Reihe anderer Zustände. Natürlich ist es nicht falsch, diese Dinge haben zu wollen. Es ist ziemlich verständlich, daß unser Ich nach Sicherheit, Wohlbefinden und Gemeinschaft strebt; das Ich hat den Wunsch, auf jede mögliche Weise gesund und vital zu sein. Doch der Wunsch und die Anhaftung sind nicht immer ein und dasselbe. Falls unser Sinn für Wohlergehen bedroht wird, wenn unsere Wünsche nicht erfüllt werden oder wir Angst davor haben, daß sie vielleicht nicht erfüllt werden, sprechen wir von „Anhaftung".

◆ *Anhaftung ist all das, was das Ich mit wahrem Wohlergehen verwechselt.*

Lassen Sie uns die grundlegendste Anhaftung betrachten: Überleben. Der Überlebensinstinkt verleiht Ihnen den Wunsch, in physischer Form präsent und aktiv zu bleiben. Das Anhaften daran, am Leben zu bleiben, umfaßt jedoch ebenfalls den tieferen Glauben, daß Sie auf irgendeine Weise leiden werden, wenn Sie sterben. Der Aspekt des Ich, der davon überzeugt ist, daß sein Wohlergehen von seiner physischen Existenz abhängt, gerät bei dem Gedanken ans Sterben in Panik. In dem Maße, wie Sie fürchten, daß der Tod bedeutet, etwas für Ihre *wahre* Existenz und Ihr *wahres* Wohlergehen Wichtiges zu verlieren, werden Sie dem Überleben in der physischen Welt verhaftet sein.

An der Wurzel jeder Anhaftung findet sich ein Glaube an Begrenzung. Wenn Sie mit jeder Faser Ihres Wesens wissen, daß unbegrenzte Essenz das ist, was in höchstem Maße wirklich ist, wird der Gedanke ans Sterben Sie nicht in Panik, Schmerz oder Leiden versetzen. Sie können sich noch immer wünschen, physisch am Leben zu bleiben, aber Ihr Wunsch wird von einem *wahren* Wunsch herrühren und nicht von bloßem Verhaftet-Sein.

Es kann schwer sein, Anhaftung in einer Beziehung zu erkennen, weil Liebe und Verhaftet-Sein ineinander verschlungen sein können. Vielleicht sind Sie geneigt zu sagen: „Nun, es ist in Ordnung, für mein Gefühl des Wohlergehens auf andere Menschen zu zählen, weil sie mehr Bedeutung haben als materielle Objekte. Materielle Dinge wie Geld, Autos und Häuser haben geringeren spirituellen Wert, aber Menschen sind wirklich wichtig." Auf einer Ebene des Ich trifft das zu. Auf einer anderen Ebene ist eine Abhängigkeit eine Abhängigkeit, und Sie können sie nicht „aufwerten", indem Sie eine erhabenere wählen. Indem Sie einer Person, einem Ort oder einer Erfahrung mehr vertrauen als Ihrer höheren Wahrheit entsteht Anhaftung.

Wenn Sie sich dem Wahren Selbst öffnen, werden Sie schließlich einen Verlust erfahren, der mit jeder Ihrer Anhaftungen verknüpft ist. Am Anfang, wenn Sie das Licht des Wahren Selbst Ihr Leben erfüllen lassen, wird die unbegrenzte Freude und das unbegrenzte Vergnügen an der Quelle für Sie realer werden. Aufgrund seines Ausdehnungsvermögens strahlt das Licht in Ihre Ängste hinein und lockert den Griff Ihres Ich an Anhaftungen. Manchmal wird der Prozeß, indem Sie Ihren Griff von der Begrenzung lösen, leicht vonstatten gehen und Ihnen ein tiefes Gefühl der Erleichterung vermitteln. Ein anderes Mal wird er mühsamer und schmerzhafter verlaufen und die Art von Angst und Kummer beleben, die Sie Ihr ganzes Leben zu vermeiden gehofft hatten. Früher oder später wird, während Sie nach der Quelle greifen, jede Anhaftung in Frage gestellt und muß aufgegeben werden.

Einige Menschen durchlaufen diesen Prozeß in Dramen in der äußeren Welt. Sie verlieren ihr Zuhause bei einem Brand; sie verlieren geliebte Menschen bei Unfällen; sie verlieren ihren Arbeitsplatz in Rezessionsphasen. Dies kann ihnen immer wieder passieren, indem sie etwa alle paar Jahre einem neuen Verlust gegenüberstehen, oder sie verlieren vielleicht alles auf einmal bei einer Katastrophe.

Andere Menschen machen den Prozeß, ihre Anhaftungen freizugeben, innerlich durch, ohne daß sie einen besonders merklichen äußeren Verlust manifestieren. Beispielsweise kann Zwietracht in ihrer Ehe hochkommen und einen langen, schmerzhaften Prozeß der Innenschau auslösen. Vielleicht lernen sie, ihren Partner emotional loszulassen und ihre Anhaftung an die Beziehung als ihre Hauptquelle des Wohlergehens freizugeben. Die Folge könnte sein, daß sie ihre Probleme lösen und ihre Ehe bestehen bleibt. Oder dramatische Veränderungen am Arbeitsplatz können sie zwingen, sich nicht mehr auf ihre Arbeit als ihre Quelle der persönlichen Identität zu verlassen, was jedoch nicht damit enden muß, daß sie ihre Stelle verlieren.

Anhaftungen lenken das Ich von der Wahrheit ab und führen unser Gewahrsein weg von der Erkenntnis unseres unbegrenzten Wesens. Der Glaube daran, daß unser Überleben davon abhängt, Geld, ein Haus, ein gutes Auto, schöne Kleidung oder sogar eine hervorragende physische Gesundheit zu haben, verstärkt die Illusion, daß diese begrenzten Dinge die Quelle unserer Existenz und unseres Wohlergehens sind.

◆ *Ziehen Sie in Betracht, daß unser Überleben vielleicht nur von unserer Ausrichtung nach dem unbegrenzten Geist abhängt.*

Es ist die durch Ihren Körper und Ihr Energiesystem strömende vitale Lebenskraft des unbegrenzten Seins, die

Ihnen physisches Leben und Bewußtsein verleiht. Ferner ist es die unbegrenzte Quelle, die die wahre Freude und das wahre Vergnügen daran, am Leben zu sein, in sich trägt. Kein materielles Ding, kein anderes physisches Wesen kann Ihnen das höchste Glück der bewußten Hingabe an die unbegrenzte Lebenskraft geben, denn diese Lebenskraft trägt Sie in der Welt vorwärts. Wenn Sie keinen Kontakt zur Quelle haben, wird die Erfüllung Ihrer Anhaftungen eine schwache und vorübergehende Kompensation sein, aber kein zufriedenstellender Ersatz.

Es gibt keinen Grund, eine schlechte Meinung über sich wegen seines Verhaftet-Seins an Äußerlichkeiten zu haben. Das gehört einfach zu der Art und Weise, wie sich Ihr Ich auf die physische Welt bezieht. Aber es kann hilfreich sein, wenn Sie Ihre Anhaftungen erleben und sie ehrlich als das anerkennen, was sie sind: Versuche, das Gefühl der Trennung von der Quelle zu kompensieren. Es kann Sie nervös machen, weil dadurch Ihr Augenmerk auf die innere Abgetrenntheit gerichtet wird, mit der Sie gelebt haben, und das ist einfach unangenehm. Trotzdem ist es hilfreich, dieses Abgespaltensein mitfühlend zu erleben, bei sich selbst zu bleiben und sich nicht abzuwenden, auch wenn Sie sich unbehaglich oder verwirrt fühlen.

Sie sehnen sich danach, ganz zu sein. Sie sehnen sich danach, die unbegrenzte Liebe und die Freude, die Ihre wahre Natur ist, zu kennen. Wenn Sie sich getrennt und ängstlich – sogar im geheimen enttäuscht im Leben – fühlen, ist es wichtig, daß Sie Ihre Trennung von der Quelle erkennen, weil dies im wesentlichen die Ursache all Ihres Leidens ist.

◆ *Alles Leiden ist auf die Trennung von der Quelle zurück-*
zuführen.

Lassen Sie uns betrachten, was das in Hinblick auf Ihre Ängste ums Überleben bedeutet. Wenn sich eine oder mehrere Ihrer grundlegenden Überlebensängste manifestieren würden, würden Sie es wahrscheinlich als „Unglück" oder „Katastrophe" bezeichnen. Ihr Haus und alle Ihre Habseligkeiten bei einer Überschwemmung zu verlieren wäre ein

solches Ereignis; und vielleicht fürchten Sie sich davor, weil
Sie Leiden fühlen würden. Doch der Verlust Ihres Hauses
verursacht kein Leiden; Ihr Haus zu verlieren und sich nicht
der unbegrenzten Quelle, die durch Ihr Wesen fließt, bewußt zu sein, ruft das Leiden hervor.

Viele Menschen haben Angst davor, eine schwächende
oder unheilbare Krankheit zu haben. Sicherlich kann eine
solche Krankheit physischen und emotionalen Schmerz,
Erschöpfung und fortwährende Qual hervorrufen. Doch
wie unangenehm die Krankheit auch sein mag, sie ist nicht
die Ursache des Leidens; eine Krankheit zu haben, ohne
daß die grenzenlose Quelle bewußt erfahren wird, ist die
Ursache des Leidens.

Selbst Schmerz ist nicht notwendigerweise Leiden.
Schmerz ist einfach Schmerz – eine starke Empfindung, die
durch unser Bewußtsein gefiltert wird, wo sie unserer Wirklichkeit entsprechend interpretiert wird. Sie wird nur dann
als Leiden interpretiert, wenn sie nicht mit dem bewußten
Gewahrsein des Wohlergehens erfahren wird, das tiefer
geht als jede Empfindung: das Wohlergehen der Quelle.

Genaugenommen verursacht jede Lebensweise, bei der
Sie den kraftvollen Fluß der Quelle durch Ihr Wesen nicht
wahrnehmen, Leiden. Sie können eine Menge Geld, ein
schönes Haus, eine hervorragende Gesundheit, eine liebevolle Familie und Freunde und all die anderen „richtigen"
Dinge haben und trotzdem still und ständig leiden.

Alle Menschen beeinflussen einander und werden voneinander beeinflußt, da Sie am kollektiven Bewußtsein
beteiligt sind. Aufgrund dieser Verbindung werden Gruppen von Menschen die verschiedenen Überlebensprobleme
des ganzen Planeten durchspielen, um jedem auf diesem
Planeten zu Wachstum und Ausrichtung zu verhelfen. Menschen werden also zu verschiedenen Zeiten und an verschiedenen Orten durch ihr persönliches Leben das kollektive Leiden des Planeten über die Trennung von der Quelle
aufzeigen. Dies wird oft dadurch geschehen, daß diese
Menschen an Katastrophen beteiligt sind.

Sie können Zeuge dieser Katastrophen sein, weil Sie in
der Nähe der Betreffenden leben oder sie kennen. Oder Sie
erleben sie vielleicht im Fernsehen oder in der Zeitung. Als

Zeuge befinden Sie sich in einer heiligen Position. Sie beobachten die Entwicklung eines Problems, das Sie mit diesen Menschen verbindet, gleichgültig wie weit entfernt sie sind – physisch oder kulturell. Sie beobachten eine Situation, die sich – zum Teil – sowohl zu Ihrem Wachstum als auch für den Beitrag entwickelt, den Sie für das Ganze durch Ihre Reaktion leisten können.

Wenn Sie andere Menschen leiden sehen, erleben Sie ihre Trennung von der Quelle. Wenn der Anblick ihres Leidens Sie verletzt oder veranlaßt, diese Menschen zu kritisieren oder zu beurteilen, liegt das daran, weil sie den Schmerz Ihrer eigenen Trennung widerspiegeln. Diese Situation kann wertvoll sein, wenn Sie zulassen, daß Mitgefühl Ihr Herz für Sie und Ihre Gefühle öffnet. Dann lassen Sie zu, daß das Mitgefühl Sie mit den anderen verbindet, die Ihr Leiden teilen und es Ihnen zeigen.

VON DER KRISE ZUM MITGEFÜHL

Es kann ein bißchen viel verlangt sein, auf ein Unglück aus Mitgefühl und nicht aus der Krise heraus zu reagieren. Ihrer Trennung von der Quelle gegenüberzustehen kann sehr erschreckend erscheinen. Tatsächlich fühlen sich viele Menschen derart bedroht von ihrer inneren Trennung, daß sie sich dessen überhaupt nicht bewußt sind und nicht zulassen, sie zu fühlen oder sich mit ihr zu befassen. Die Folge ist, daß sie auf Katastrophen, ob eigene oder die anderer, automatisch sofort mit Angst oder Tadel reagieren.

Für die meisten Menschen ist die Leugnung des Schmerzes über die Trennung so massiv, daß das alltägliche Leben auf Anhaftungen – Äußerlichkeiten, Menschen oder bestimmte Situationen – konzentriert ist, in dem Versuch, Glück und Sicherheit zu finden, die eigentlich von der Quelle kommen würden. Das ist eine Art von Sucht. Ironischerweise kann das Leiden an der Trennung so weit ins Unbewußte hineingedrängt werden, daß es die Wucht einer Katastrophe annimmt, die durchbricht.

Ein Unglück verursacht oft den Verlust einer oder mehrerer wichtiger äußerer Anhaftungen. Es kann Menschen aus ihrem Suchtmuster heraus erschüttern und sie zwingen, ihr Leben neu einzuschätzen. Beispielsweise kann der Verlust Ihres Hauses Sie zwingen, zu untersuchen, wie stark Sie auf Ihre Besitztümer um ein Gefühl der Identität und Sicherheit willen gebaut haben. Vielleicht haben Sie dann die Motivation, nach innen zu schauen, um Ihre wahre Identität zu finden, weil Sie erkannt haben, daß die äußere Welt Ihnen diese Identität zwar widerspiegelt, aber nicht erschafft. Ähnlich kann der Verlust Ihrer Arbeit oder Ihrer Ersparnisse Sie zwingen, sich mit Fragen darüber zu konfrontieren, wo Ihrer Meinung nach Ihre wahre Quelle der Unterstützung existiert und wie voll und ganz Sie imstande sind, ihr zu vertrauen und auf sie zu bauen.

Jedes mit Verlust verbundene Ereignis kann zugrundeliegende Ängste und Schmerzen auslösen, die von den beharrlichen Versuchen Ihres Ich herrühren, die Kontrolle in einer Welt zu behalten, die in Wirklichkeit über seine Kontrolle hinausgeht. Um sich zu „erholen", müssen Sie sich vielleicht einem inneren Wohlergehen hingeben, das Ihr Leben bereichert, ungeachtet der äußeren Umstände, und dann sorgfältig Ihr Leben – auf dieser Hingabe basierend – neu erschaffen.

Der Verlust von geliebten Menschen oder sogar der Verlust der Beziehung zu ihnen kann die kritischste Katastrophe hervorrufen. Alle Heilung von diesem Verlust muß mit Mitgefühl und Geduld für sich selbst erfolgen. Die meisten engen Beziehungen sind eine Kombination aus wahrer, aufrichtiger Liebe und dem projizierten Bedürfnis des Ich. Das projizierte Bedürfnis – der Wunsch nach der äußeren Beziehung, um das leere Abgetrenntsein in sich selbst zu füllen – ist der Ort, wo das Verhaftet-Sein seinen Einfluß ausübt. Mit dem Verlust einer Beziehung wird es notwendig, sich dieser inneren Leere zu stellen und mehr von der Fülle seines Wesens zu entdecken.

Einige Menschen, die Unglück erfahren, sind imstande, diese Situation als Auslöser dafür zu verwenden, sich von der Anhaftung zu befreien, die brüchig geworden ist. Sie lassen zu, daß ihr Leben für immer verändert ist. Sie lernen,

Entscheidungen zu treffen, die von der tieferen Wahrheit ausgehen, indem Sie Ihren Standpunkt verändern. Andere kehren zu der Sucht zurück, sobald die äußere Krise vorbei ist.

Ob Sie ein Unglück unmittelbar erfahren oder es woanders miterleben, Sie haben immer die Gelegenheit, daß die Situation Sie berührt und eine tiefgehende Veränderung in Ihrem Leben bewirkt. Sie können zulassen, daß das äußere Unglück ein Spiegel ist, der Ihnen Ihr inneres Unglück, von der Quelle getrennt zu leben, zeigt. Fühlen Sie alle Emotionen, die da sind. Öffnen Sie sich Ihrem Leiden, ohne sich von ihm abzuwenden; fortan verfügen Sie über die Kraft, neue Entscheidungen zu treffen und neue Möglichkeiten zu erschaffen.

Das Leiden anderer an einem katastrophalen Ereignis mitzuerleben, kann traumatisch sein, selbst wenn das Ereignis lediglich über die Massenmedien miterlebt wird. Aufgrund ihrer Schwierigkeit, das Trauma zu bewältigen, versuchen Zeugen oft, eine Reihenfolge in der Situation zu finden, indem sie vernünftige Erklärungen oder ein Urteil über die Menschen abgeben, die die „Opfer" des Unglücks sind. In dem Versuch, über ihr Unbehagen, von der Quelle getrennt zu sein, hinwegzugehen, können Zeugen auf die Situation reagieren, indem sie sich wie folgt äußern: „Diese Menschen müssen etwas getan haben, um das zu verdienen [oder zu erschaffen]." „Ihre Lebensweise war derart aus dem Gleichgewicht, daß die Natur [oder Gott] ihnen einen Denkzettel verpaßt hat." „Es ist Ihr Pech [oder schlechtes Karma], das ihnen das hat zustoßen lassen", „Diese Menschen denken über Dinge wirklich nicht so wie wir".

Die Liste der möglichen Urteile kann endlos weitergeführt werden und dient als ein Weg, um sich vom Leiden zu distanzieren. Das geschieht automatisch und gewöhnlich unbewußt, denn das Leiden anderer erinnert uns an unsere eigene bedrückende Trennung. Ein Urteil zu fällen ist eine überaus menschliche Sache und nicht „falsch", aber sie ist auch nicht hilfreich. Es hindert uns daran, tiefer in das Selbst zu gehen, wo die Wiederverbindung mit der Quelle stattfinden kann.

Wenn Sie bei sich feststellen, daß Sie das Leiden eines anderen rationalisieren, beurteilen oder abtun, können Sie etwas unternehmen, um sich behutsam von dieser automatischen, begrenzten Reaktion zu lösen.

◆ ◆ ◆

Einstimmung

Mitgefühl in einer Krise finden

1. Holen Sie tief Luft und gönnen Sie sich einige Augenblicke Ruhe.

2. Erkennen Sie Ihr Urteil als ein Zeichen an, daß Sie Mitgefühl für Ihr eigenes tiefes, vielleicht verstecktes Leiden benötigen.

3. Lassen Sie sich das Unbehagen über das Gefühl, nicht mit der Quelle verbunden zu sein, leben; je nachdem, wie stark es vorhanden sein mag. Fühlen Sie jetzt die Qual darüber, diese Verbindung zu vermissen. Sie können auch den Schmerz darüber fühlen, sie zu gewissen Zeiten in der Vergangenheit vermißt zu haben.

4. Lassen Sie sich fühlen, wie sehr Sie sich nach der bewußten Erfahrung Ihres unbegrenzten Geistes sehnen, wie sehr Sie sich danach sehnen, die Vitalität und Liebe der unbegrenzten Quelle zu spüren, die durch Ihr Wesen hindurchströmt, Ihnen Freude und echtes Wohlergehen bringt.

5. Nehmen Sie behutsam weitere fünf bis zehn Atemzüge und stellen Sie sich vor, daß jeder Atemzug Sie ein wenig tiefer in Ihr Wahres Selbst führt.

6. Von diesem tieferen Ort aus lassen Sie die unbegrenzte Liebe, die die Essenz Ihres Wesens ist, durch sich hindurchfließen und Ihnen Behagen und Verbundenheit mit allem bringen.

◆ ◆ ◆

DIE INTEGRATION ZULASSEN

Ungeachtet dessen, wie Sie den Prozeß, Bindungen loszulassen, durchmachen, und gleichgültig, wie schwierig er sich auch gestalten mag – indem Sie loslassen und Ihr Gewahrsein auf die Quelle richten, öffnen Sie sich dem größeren Licht des unbegrenzten Seins. Die innere Leere, die Sie mit Bindungen zu füllen versucht haben, wird schließlich alles andere als leer sein; es wird viel Raum sein. Sie wird zu einer Öffnung, durch die kraftvolles Wohlergehen in Ihr Leben hineinfließen kann.

Wenn Sie anfangen, mit neuer Erfüllung zu leben, können Sie mit unvorhergesehenen Gefühlen der Trauer konfrontiert werden. Selbst wenn Sie ein wirkliches Selbst-Gefühl haben und eine tiefere Liebe und Freude spüren, muß Ihr Ich möglicherweise noch immer über den Verlust der Anhaftungen trauern, die es so lange mit sich herumgetragen hat. Das ist Teil seiner Anpassung an die neue Wirklichkeit, die Sie für sich erschaffen. Seien Sie sich also dessen bewußt, daß gelegentlich, wenn Sie in einen Zustand kommen, wo Ihr Sein sich ausweitet, ebenfalls ein Gefühl des Verlustes auftauchen kann. Dieses Gefühl ist völlig natürlich. Fühlen Sie die Freude und zugleich den Kummer. Akzeptieren Sie die volle Bandbreite desjenigen, der Sie in diesen Augenblicken sind.

Sie sollten sich ferner bewußt machen, daß Ihre Transformation Sie zwischen anscheinend entgegengesetzten inneren Wirklichkeiten hin- und herführen kann. Eine Zeitlang leben Sie vielleicht in der Ausweitung Ihres Seins und fühlen sich wirklich weniger an Äußerlichkeiten gebunden. Sie können sich auf die Arbeit, Menschen und materielle Dinge von einem Ort der tieferen, unerschütterlichen Verbindung mit dem Wahren Selbst aus beziehen. Dann wiederum, ein paar Augenblicke, Tage oder Wochen später, können Sie sich plötzlich wieder in Ihren alten Bindungen gefangen fühlen, als ob Sie im Grunde nie frei von ihnen gewesen wären. Dieser Prozeß, durch ein Gewahrsein zu dem anderen zu kreisen, ist Teil der Integration der neugelernten Erfahrung. Haben Sie in solchen Zeiten Geduld,

bleiben Sie bei sich präsent und lassen Sie zu, daß Ihr Atem
Sie zur Quelle zurückbringt.

◆ ◆ ◆

Einstimmung

Seien Sie Zeuge Ihrer Anhaftungen

Wenn Sie Ihren Anhaftungen gegenübertreten, besteht Ihr erster Akt des Mitgefühls für sich selbst darin, zuzulassen, daß dieses Verhaftet-Sein da ist. Lassen Sie es zu, daß diese Anhaftungen in Ordnung sind. Sie müssen sie nicht überwinden. Sie würden zuviel von sich selbst verlangen, wenn Sie Anhaftungen beachten *und* sie gleichzeitig überwinden wollen; Ihr Ich würde sich dieser Art von Druck widersetzen. Sie können jedoch Ihr Verhaftet-Sein beachten und sich die Erlaubnis erteilen, es zu haben. Sie sind ein mitfühlender Zeuge.

Achten Sie auf Ihre Anhaftungen, sowie sie an die Oberfläche treten, und notieren Sie sie sich. In einer Woche können Sie wahrscheinlich eine Liste von zehn oder mehr Dingen erstellen, denen Sie verhaftet sind. Vielleicht sollten Sie die Liste wie einen Einkaufszettel am Kühlschrank anbringen, wo sie jederzeit zugänglich ist. Teilen Sie die Liste in zwei Spalten auf, und gehen Sie wie folgt vor.

1. Immer wenn Ihnen eine Anhaftung auffällt, schreiben Sie sie in der ersten Spalte auf. Es ist nicht notwendig, sie ausführlich zu beschreiben oder zu erklären. Führen Sie einfach die Anhaftung auf. Beispielsweise könnten Sie schreiben:

„Heute war ich folgendem verhaftet:

 ◆ Geld
 ◆ mein Kind
 ◆ meinen Willen am Arbeitsplatz durchzusetzen
 ◆ eine Beziehung zu finden
 ◆ Süßigkeiten zu essen."

237

2. Nachdem Sie jede Anhaftung beim Namen genannt haben, schreiben Sie in die zweite Spalte, was Sie von ihr zu bekommen erhofft haben. Bei „Geld" könnten Sie „Sicherheitsgefühl" oder „Garantie" einsetzen. Bei „mein Kind" haben Sie vielleicht gehofft, „mich wie eine vollständige Person zu fühlen". Mit „eine Beziehung zu finden" könnte gemeint sein, Ihnen die „Bestätigung, daß ich der Liebe und guter Dinge würdig bin" zu geben. „Süßigkeiten zu essen" stand vielleicht für „sich getröstet fühlen."

Erlauben Sie es sich, Ihr Verhaftet-Sein anzuerkennen, während Sie diese Dinge auflisten. Sie sind bereit, sie zu betrachten, und das ist der erste Schritt dazu, sie loszulassen. Es ist nicht notwendig, daß Sie am Ende der Woche über Ihre Anhaftungen hinweggekommen sind. Sie müssen sie einfach erforschen. Seien Sie ehrlich und offen sich selbst gegenüber. Sie machen sich ein wichtiges Geschenk: das Gewahrsein dessen, was Sie an diese Welt bindet und Ihr Ersatz für die Quelle wird.

◆ ◆ ◆

Vertrauen Sie darauf, daß Ihre Heilung und Ihr Wachstum anderen hilft

Sie sind ein wichtiger Teil des großartigen Lebensplans

❖

INNERE UND ÄUSSERE WIRKLICHKEIT

Unsere Kultur hat traditionell eine starke Trennung zwischen innerer Erfahrung und äußerer Wirklichkeit aufrechterhalten. In dieser Trennung hat das Ich unter der Voraussetzung funktioniert, daß unsere innere Wirklichkeit nur minimal mit der äußeren Wirklichkeit verbunden ist. In erster Linie haben wir geglaubt, daß die äußere Wirklichkeit auf uns einwirkt und wir reagieren. Beispielsweise haben wir es als selbstverständlich hingenommen, daß unsere Gefühle von äußeren Ereignissen, wie etwa den Worten und Taten anderer Menschen oder Ereignissen, die um uns herum geschehen, beeinflußt oder sogar verursacht werden. Und außerdem haben wir gewußt, daß unser Denken von dem beeinflußt wird, was wir lesen, was Menschen uns erzählen und was um uns herum passiert.

Wir haben das Leben auf diese Weise durch unser Ich erfahren. Doch gerade über das Gewahrsein des Ich hinaus entfaltet sich eine engere wechselseitige Beziehung zwischen unserem inneren Selbst und der äußeren Wirklichkeit. Um sie zu sehen, lassen Sie uns einen weiteren Blick auf die Manifestation werfen.

Ihr Leben manifestiert sich von Ihrem vollkommenen Selbstgefühl aus. Alles, was Sie in Ihrem Selbstgefühl bewahren – ob bewußt oder unbewußt –, geht energetisch in die Welt hinaus und erschafft alles in Ihrem Leben und beeinflußt Ihre Reaktion darauf. Das bedeutet, daß Sie das Innere in die Welt hineinprojizieren und dann mit seiner Projektion interagieren. Im Grunde begegnen Sie jeden Tag Manifestationen Ihrer selbst.

Auch wenn diese Dynamik der Manifestation unaufhörlich im Gange ist, nimmt die Kultur den Standpunkt ein, daß unsere innere Erfahrung nicht direkt unsere äußere Wirklichkeit beeinflußt. Es wird zwar eingeräumt, daß die äußere Wirklichkeit die innere Wirklichkeit beeinflußt und die innere Erfahrung auf die persönliche Interpretation der äußeren Wirklichkeit einwirkt. Doch zum größten Teil wird standhaft behauptet, daß die innere Wirklichkeit von sich aus keinen Einfluß darauf ausübt, was sich außen ereignet. Vielmehr wird vorausgesetzt, daß die äußere Wirklichkeit nur durch unsere persönlichen Handlungen oder durch irgendeine andere äußere Einwirkung beeinflußt wird. Das Ergebnis ist durchweg der Glaube an zwei Wirklichkeiten, die voneinander getrennt sind, anstatt an einer vereinten.

Diese Trennung von innerer und äußerer Wirklichkeit war wertvoll, um die menschliche Erforschung der Begrenzung zu unterstützen. Aber nun, da das kulturelle Bewußtsein bereit ist, die Grenzen eines auf Trennung beruhenden Lebens zu überschreiten, geschieht etwas Neues. Die Mauer des Glaubens, die die innere und die äußere Wirklichkeit voneinander getrennt gehalten hat, löst sich auf.

◆ *Ein Großteil der Not, die Sie in der Welt sehen, rührt daher, daß Menschen so leben, als hätten sie mit jedem und allem, was sie beeinflussen, nichts zu tun.*

Menschen sind bereit, sich mit allen Arten von Zerstörung abzufinden, solange sie glauben, daß sie persönlich davon verschont bleiben. Das läßt sich auch auf Ihr Leben anwenden. Zum Beispiel glauben Sie vielleicht, daß die Ressourcen der Erde erschöpft werden. Auch wenn dieses Problem Sie sehr beunruhigen kann, spüren Sie diesen Raubbau wahrscheinlich nicht auf die gleiche Weise, wie Sie beispielsweise Ihren Fuß fühlen, wenn er aufgeschürft ist.

Doch sind diese beiden Ereignisse buchstäblich ein und dasselbe; und ohne den Glauben an Trennung würden Sie sie auch so empfinden. In dem Maße, wie Sie sich nicht voll und ganz dessen bewußt sind, daß alles, was Sie in Ihrem äußeren Leben tun, etwas ist, das Sie sich selbst antun, tragen Sie zum kulturellen Glauben an Trennung bei.

Um es nochmals zu wiederholen: Nun, da das kulturelle Bewußtsein für Veränderung bereit ist, verschiebt sich der kollektive Glaube an Trennung. In gewissem Sinne verliert die Energetik des Bewußtseins, die für die Aufrechterhaltung der klaren Trennung zwischen innerer und äußerer Wirklichkeit verantwortlich ist, ihre Einheit. Das alte Muster kann nicht länger erhalten werden. Während sich das Muster verwandelt, beginnen die innere und äußere Wirklichkeit, sich im Gewahrsein der Menschen zu vermischen. Es ist, als ob diese zwei einst voneinander getrennten Wirklichkeiten jetzt angefangen hätten, miteinander hin- und herzuflackern. Dies wird sich mit zunehmender Geschwindigkeit fortsetzen, bis es keine Trennung mehr gibt, sondern ein Verschmelzen stattfindet, eine Einheit. Unser Gewahrsein wird verändert sein. Das, von dem wir einst glaubten, es existiere nur in der äußeren Wirklichkeit, wird auch in uns erkannt werden. Und alles, was in uns entsteht, wird überall klar ersichtlich sein.

Das sind erfreuliche Neuigkeiten. Es bedeutet, daß die Kultur, individuell und kollektiv, nicht länger die Trennung aufrechterhalten kann. Sie kann nicht länger Raubbau an der Erde treiben, ohne daß die Menschen die Empfindung in ihren Körpern und Emotionen spüren. Vielleicht spüren Sie bereits etwas davon. Wenn Sie eine Liebe zur Erde empfinden und Schmerz deswegen spüren, was mit ihr geschieht, sind Sie im Erwachen begriffen. Auch wenn es unangenehm sein mag, sollten Sie sich über Ihre Sensitivität freuen. Sie stellen eine wichtige Verbindung her.

Während die innere und äußere Wirklichkeit weiterhin miteinander verschmelzen, kommt es zwangsläufig zu einer gewaltigen Orientierungslosigkeit im Leben der Menschen überall auf dem Planeten. Diese wird sich besonders im Wirtschaftsleben zeigen. In den meisten Kulturen basiert die Verwendung von Geld auf dem Glauben an die Trennung zwischen Innen und Außen. Menschen halten Geld für etwas Getrenntes und Manipulierbares, ohne Beziehung zu dem, der sie sind oder wie sie sich selbst erfahren. In dem Maße, wie dies auf eine Kultur zutrifft, wird ihre Wirtschaft erschüttert, wenn sich der Bewußtseinsbereich, der die Trennung aufrechterhalten hat, transformiert. Die Entwicklung in der Wirtschaft wird unvorhersehbar, sobald das Bewußtsein, das es widerspiegelt, sich in eine neue Seinsweise hinein bewegt. Wahrscheinlich wird sich keine Wirtschaft stabilisieren (auch die Weltwirtschaft als Ganzes nicht), bis das sie widerspiegelnde kulturelle Bewußtsein sich in dem neuen Glaubensmuster stabilisiert hat.

Das Ich beurteilt solche wirtschaftlichen Veränderungen als „gut" oder „schlecht". Es fällt diese Urteile automatisch und willkürlich und stützt sich dabei völlig darauf, wie angenehm oder unangenehm die Situation ist und wie stark die Veränderung die Anhaftungen des Ich bedroht. Wenn die Wirtschaft eine Wende nimmt, die Anlaß zur Sorge gibt, wird dies als schlecht angesehen. Falls es sich um einen schweren oder einen unangenehmen Umschwung handelt, der lange Zeit anhält, werden die Untergangsstimmung der Menschen und die Überlebensängste des Ich aktiviert.

Die Reaktionen des Ich sind zu respektieren, denn sie spiegeln eine Wirklichkeit wider, die auf einer Bewußtseinsebene berechtigt ist. Doch vielleicht sollten wir uns auch dem Wahren Selbst und seiner unerschütterlichen Erkenntnis von Vollkommenheit zuwenden und die Gelegenheit ergreifen, der Begrenzung des Ich seine Unbegrenztheit aufzuzeigen.

DIE WELT HOLT SIE EIN

Erlauben Sie es sich, die Veränderung in Ihrem Leben wahrzunehmen, während die Trennung zwischen innerer und äußerer Wirklichkeit schwächer wird und verschwindet. Vielleicht fällt Ihnen auf, daß es Ihnen immer schwerer zu fallen scheint, sich der Welt und der Menschen in ihr zu verschließen. Vielleicht werden Sie leichter von dem berührt und beeinflußt, was Sie in der Welt wahrnehmen. Zuweilen können Sie sich fühlen, als ob der ganze Schmerz und Kummer in der Welt in Ihnen sei und Sie dem hilflos ausgeliefert seien. Es wird schwieriger für Ihren Geist, Ihnen weiterhin zu sagen: „Das geschieht anderen Menschen. Es hat nichts mit mir zu tun." Statt dessen fangen Sie an zu denken: „Ich habe vorher nie darauf geachtet, wie schlecht die Dinge wirklich für so viele Menschen stehen. So schlimm war es doch zuvor nie gewesen, oder?"

Die Wahrheit ist, daß es schon immer für den Großteil der menschlichen Existenz auf die eine oder die andere Weise so „schlimm" gewesen war, aber Sie sind nicht länger imstande, sich davon getrennt zu halten. Nun, da Sie den Glauben an Trennung nicht mehr so heftig aufrechterhalten können, sind Sie tiefer in die Welt eingetaucht und anfälliger dafür, unmittelbar all das zu erfahren, was manifestiert wird.

◆ *Die Welt wird für Sie immer persönlicher.*

Was für Sie immer außen gewesen war, wird auf einer inneren, persönlichen Ebene immer wirklicher. Sie können in zunehmendem Maße das Gefühl haben, nicht von dem loszukommen, was in der Welt vor sich geht. Es ist ein zutreffendes Gefühl; Sie können sich nicht von der äußeren Welt distanzieren, weil alles in ihr auf irgendeine Weise Ihrem Inneren entspringt.

Das bedeutet, daß Sie keine anhaltende Veränderung in der Welt bewirken können, indem Sie ausschließlich daran arbeiten, die Veränderung „da draußen" vorzunehmen. Weil die äußere Wirklichkeit Ihrer bewußten und unbewußten Selbst-Erfahrung entspringt, bildet sie sich, um Sie widerzuspiegeln. Wenn Sie in einer Welt leben wollen, die sich außerordentlich verändert hat im Vergleich zu dem, was Sie heute sehen, dann betrachten Sie die Welt als eine Widerspiegelung von dem, was Sie in sich tragen. Lassen Sie es zu, daß die äußere Welt Sie zurück zu ihrer Quelle der Schöpfung bringt, nämlich zu Ihrem inneren Selbst.

Das ist der Ort, an dem die Transformation ihren Anfang nimmt.

Viele Menschen versuchen, die äußere Welt draußen zu lassen. Sie sehen, was da draußen „falsch" ist, und geben sich alle Mühe, es in Ordnung zu bringen. Aber die ganze Zeit über schauen Sie sich nicht selbst ins Gesicht. Auf diese Weise kann die Welt nicht in Ordnung gebracht werden. Genaugenommen kann die Welt überhaupt nicht in Ordnung gebracht werden. Vielmehr wird die Welt wohlwollend der Transformation zustimmen, wenn Sie sie zurück in Ihr Herz, zurück in Ihr Wesen lassen.

DIE WELT HEILEN

Vielleicht arbeiten Sie bereits auf Ihre Weise an dieser Transformation. Der Schlüssel dazu ist, sich zu öffnen. Wenn Sie Ihre verborgenen persönlichen Qualen und selbst emotionalen oder physischen Mißbrauch in Ihrem Leben an sich hochkommen lassen, um bewußt gefühlt und erkannt und mit Menschen geteilt zu werden, die dem Verständnis und Unterstützung entgegenbringen können, heilen Sie die Welt. Im wesentlichen holen Sie die Selbst-Erfahrungen ins Bewußtsein, die Sie unbewußt in die Welt ausgestrahlt haben. Ebenso wie die Energie dieser inneren Konflikte die ganze Zeit die Erfahrung von Leid oder Mißbrauch in Ihrem System wiederholt hat, trägt sie zur Manifestation von Mißbrauch und Zerstörung in der Welt bei. Indem Sie sich Heilung zukommen lassen, bieten Sie der Welt Heilung dar.

Es mag unangenehm sein, zu hören, daß Probleme, die Sie innen und wahrscheinlich unbewußt mit sich herumgetragen haben, „zur Manifestation von Mißbrauch und Zerstörung in der Welt beitragen". Wenn das zutrifft, holen Sie tief Luft, und lassen Sie das Bewußtsein zu, daß damit nicht gesagt sein soll, daß mit Ihnen etwas nicht stimmt. Es bedeutet auch nicht, daß Sie unbedingt für das Leiden, die Gewalttätigkeit oder fehlgeleitete Handlungen eines anderen verantwortlich sind. Es bedeutet lediglich, daß die innere Wirklichkeit, die Sie mit sich herumtragen, zum kulturellen Bewußtsein und zum Bewußtsein auf diesem Planeten beiträgt, das diese Dinge manifestiert.

◆ *Sie sind Teil der Schöpfung all dessen, was in der Welt existiert.*

Es ist wichtig, diesen starken Einfluß zu erkennen, den Ihre innere Wirklichkeit auf die äußere Welt ausübt. Wenn Sie sich von ihr abwenden und darauf bestehen, daß das, was „da draußen" passiert, auch „draußen" verursacht wird, halten Sie sich selbst getrennt von Ihrer Macht, Veränderung zu bewirken, von sich selbst. Nichts kann sich in Ihrer äußeren Wirklichkeit manifestieren, was nicht einen Teil von Ihnen widerspiegelt. Wenn Sie Ihre Verbindung mit dem, was manifestiert wird, als Ihre eigene anerkennen, verbinden Sie sich mit sich selbst wieder auf einer Ebene, wo Sie bedeutungsvolle Veränderungen sowohl innen als auch außen vornehmen können.

Lassen Sie uns ein Beispiel betrachten: Wir haben bereits erörtert, daß Ihr Ich sich vor seiner Zerstörung fürchtet, weil es die unerschütterliche Unterstützung und das unbegrenzte Leben, das im reinen Geist existiert, nicht als wirklich anerkennt. Als Teil Ihrer Selbst-Erfahrung tragen Sie also Überzeugungen und Ängste, daß Sie zerstört werden könnten, mit sich. Die Energiemuster dieser Überzeugungen und Ängste um Ihre Zerstörung strahlen in die Welt aus, wo sie sich in Situationen manifestieren, die unabhängig von Ihnen aufzutreten scheinen. Die Möglichkeit der Zerstörung des Planeten ist eine Manifestation dieses Problems des Ich-Bewußtseins in großem Umfang.

Sie können unzählige Maßnahmen treffen in dem Versuch, die Zerstörung des Planeten zu verhindern. Sie können versuchen, sowohl das Verhalten anderer Menschen als auch das Ihrige zu verändern. Sie können versuchen, die Prioritäten und Sichtweisen anderer Menschen darüber, wie ihre Handlungen die Welt beeinflussen, zu verändern. Diese Bemühungen können spürbare Fortschritte zeitigen, aber wenn sich das innere Problem nicht ebenfalls verändert, werden diese äußeren Fortschritte mit beträchtlichen

Rückschlägen einhergehen. Solange das innere Problem Ihrer eigenen Zerstörung aktiv ist, wird das äußere Problem der Zerstörung weiterhin in der Welt zum Ausdruck kommen.

Die Konfrontation mit diesem äußeren Problem als Widerspiegelung eines inneren Problems bietet die Gelegenheit, zuerst Frieden an dem einflußreichsten Ort zu schließen: nämlich in Ihrem Inneren. Wenn Ihr Ich zu Ihnen über seine Verwundbarkeit und Angst spricht und Ihnen den ganzen Umfang von Emotionen, Überzeugungen und persönlicher Geschichte zeigt, die seinen Kummer verursacht haben, können Sie mitfühlend die Existenz seiner Wirklichkeit akzeptieren. Wenn Sie nicht auf diese Wirklichkeit – in sich und in der Welt – begrenzt sein wollen, können Sie ebenfalls wählen, die Grenzenlosigkeit in die Erfahrung eintreten zu lassen.

Damit Sie diese Wahl treffen können, erinnern Sie sich an die Liebe, die Sie sind, und an die Liebe, die in allen Dingen und allen Wesen existiert. Geben Sie sich der unerschütterlichen Unterstützung hin, die immer bei Ihnen ist. Lassen Sie zu, daß Sie sich dem pulsierenden Fluß der Lebenskraft öffnen, der von keinen Gedanken, Gefühlen oder Ereignissen bedroht und geschwächt werden kann. Dadurch stellen Sie die Unbegrenztheit (den Sinn für grenzenloses Leben, Liebe und Unterstützung) den Begrenzung (den Ängsten und Überzeugungen des Ich über seine Zerstörbarkeit) zur Seite.

Indem Sie wiederholt die Unendlichkeit in Ihre innere Erfahrung dessen, was in der Welt manifestiert wird, hineinbringen, werden Sie sich allmählich stärker auf die Kräfte der Unzerstörbarkeit beziehen anstatt auf die der Zerstörbarkeit. Mit der Zeit werden Ihre Gedanken, Gefühle und Handlungen eine erweiterte Sicht widerspiegeln. Wollen Sie sich in dieser Transformation unterstützen, so könnten Sie die von Ihnen bevorzugten Anregungen in diesem Buch befolgen, um sich nach dem Wahren Selbst und der unbegrenzten Quelle auszurichten. Aber vielleicht möchten Sie sich auf Gebete oder regelmäßige Meditation stützen oder Ihre eigenen Rituale der Befähigung erschaffen. Finden Sie Ihre eigenen Wege, um sich an das Unbegrenzte zu wenden und es für sich wirklich werden zu lassen.

Erinnern Sie sich daran, daß die Grenzenlosigkeit eine höhere essentielle Wahrheit in sich birgt als die Begrenzung – und daß, wenn Sie beide in Ihrem Gewahrsein mit sich tragen, das erste letzteres beeinflussen wird. Wenn Sie sich nach der Unbegrenztheit ausrichten und diese Ausrichtung die Begrenzung Ihres Ich zu lehren und mit neuen Mustern zu versehen beginnt, wird Ihre Selbst-Erfahrung umfassender werden. Die Energiemuster, die Ihr Bewußtsein in die Welt ausstrahlt, werden diese neue Ausdehnung widerspiegeln und Ihr Beitrag zum kollektiven Bewußtsein sein.

Das kollektive Bewußtsein manifestiert Weltereignisse und -situationen. Und weil Sie Teil des kollektiven Bewußtseins sind, wird Ihr erweitertes Gewahrsein zur Schöpfung von greifbaren globalen Zuständen beitragen, die unbegrenzte Liebe und unbegrenztes Wohlergehen reflektieren. Andere, die praktische Schritte unternehmen, um diese Zustände ins Leben zu rufen, werden ebenfalls von Ihrer Energie unterstützt werden.

Dieses beachtend, lassen Sie uns die wichtigsten Schritte dazu überblicken, damit Sie die Kraft der inneren Verbindung nutzen können, um mit Weltproblemen umzugehen, die Sie bedrücken.

◆ ◆ ◆

Einstimmung

Auf Notlagen in der Welt reagieren

1. Lassen Sie zu, daß Ihr Gewahrsein irgendein Problem, das Sie in der Welt beunruhigt, an den Ort in Ihnen bringt, wo dieses Problem ebenfalls existiert.

2. Lassen Sie zu, daß Sie dieses innere Problem daraufhin untersuchen, wie es mit Ihrem persönlichen Leben verbunden ist; empfinden Sie alle Gefühle, nehmen Sie die mit ihm assoziierten Glaubensmuster wahr, und teilen Sie Ihre aufrichtige Erfahrung mit vertrauenswürdigen, unterstützenden Menschen.

3. Indem Sie die Existenz der inneren Begrenzung akzeptieren, finden Sie auch Ihren Weg, um die Unbegrenztheit für sich wirklich werden zu lassen.

4. Beachten Sie Ihre neue Ausrichtung auf die Unbegrenztheit, wodurch größeres Wohlergehen in Ihr Leben hineingebracht und Ihre Wahrnehmung von sich selbst, anderen und der Welt erweitert wird.

5. Unternehmen Sie den Schritt im Außen, um eine gesündere Welt zu schaffen, die sich wirklich richtig für Sie anfühlt, und erinnern Sie sich an Ihre innere Ausrichtung, während Sie diesen Schritt unternehmen.

◆ ◆ ◆

DAS BEWUSSTSEIN MIT DER ERDE TEILEN

Es stimmt, was man sagt, daß die Erde unsere Mutter *ist*. Dieses Bild ist nicht nur poetisch, sondern auch auf der Ebene der Essenz zutreffend. Das Schwingungsmuster Ihres Körpers entspricht genau dem Schwingungsmuster der Erde, was bedeutet, daß Sie und die Erde miteinander Bewußtsein teilen. Die Erde beeinflußt Sie, und Sie beeinflussen die Erde.

Sie nehmen nicht nur Energie direkt von der Erde in sich auf, sondern die Erde nimmt auch Energie von Ihnen in sich auf. Alles, was in Ihrem Körper vor sich geht, wird energetisch nach außen projiziert, und die Erde empfängt es. Weil das Ich in Ihrem Körper wohnt, werden Ihre Probleme, die Sie mit Mißbrauch haben, und Überzeugungen über Ihre eigene Zerstörbarkeit nach außen auf die Erde projiziert und tragen zu ihrer Anfälligkeit für die gleichen Erfahrungen von Mißbrauch und Zerstörung bei.

Sie können die natürliche Ausstrahlung Ihrer Energiemuster auf die Erde ebensowenig aufhalten wie Sie die Luft daran hindern können, Ihre Lungen beim Ausatmen zu verlassen. Es wird nicht helfen, zu versuchen, den Prozeß zu kontrollieren, indem Sie denken: „Ich werde nichts Negatives und keine Zerstörung in die Welt projizieren." Ein solcher Widerstand gegen sich selbst wird nur mehr Energie von Krieg und Kampf hervorrufen, die ebenfalls nach außen austrahlen wird.

Sie sollten vielmehr die Verbindung, die Sie mit der Erde haben, akzeptieren und sich um sich selbst und die Erde kümmern. Damit können Sie beginnen, indem Sie sich Ihre inneren Probleme bewußtmachen. Akzeptieren Sie, daß die Energie dieser Probleme Sie jederzeit mit der äußeren Welt verbindet. Stellen Sie sich allen Erfahrungen, die Sie noch immer mit sich herumtragen – Erfahrungen, die irgendwann in Ihrer Vergangenheit für Ihr emotionales oder physisches Überleben bedrohlich zu sein schienen. Sie können vergangene Augenblicke von Verlassensein, Vernachlässigung oder Mißbrauch entdecken. Öffnen Sie Ihr Herz während Ihrer Untersuchung, und sorgen Sie gegebenenfalls für die Unterstützung anderer Menschen. Geben Sie nicht auf; indem Sie sich heilen, heilen Sie die Erde. Und weil Ihre Heilung und die Heilung der Erde ein und dasselbe sind, gehen Sie tiefer an die Orte in Ihrem Inneren, die der Heilung bedürfen, wann immer Sie sich größere Heilung für die Erde wünschen. Das ist Ihre Arbeit.

Innere Heilung zu finden kann das Akzeptieren von Gefühlen der Angst oder Qual umfassen, denen Sie Ihr ganzes Leben lang ausgewichen sind. Es kann außerdem erforderlich sein, daß Sie lernen, Liebe zu empfangen, die Sie niemals zu verdienen glaubten, oder zu vergeben, wo Sie Vergebung niemals für möglich hielten. Indem Sie sich Ihrer Heilung hingeben, erreichen Sie eine tiefe Verbindung mit dem, der Sie wirklich sind, die Sie daran erinnert, daß die höchste Wahrheit unerschütterliche Vollkommenheit ist und schon immer war. Sie haben die Gelegenheit, diese Wahrheit zu verkörpern, indem Sie Ihr Herz in Mitgefühl der Begrenzung und dem Leiden Ihres Ich öffnen und Ihren Geist Ihrer tiefen Erinnerung an das unbegrenzte Sein.

◆ *Aus der Sicht des unbegrenzten Geistes ist Vollkommenheit alles, was je existiert hat, und sie ist alles, was jetzt existiert.*

Unsere Heimreise ist unsere Entwicklung zum vollen Gewahrsein dieser Vollkommenheit. Indem wir unser inneres Gehör auf die zarte, leise Stimme der höheren Führung und des Wahren Selbst einstimmen, bewegen wir uns vorwärts auf einem Weg der Selbst-Erforschung. Indem wir uns auf unserem Weg selbst und gegenseitig Liebe geben, erzeugen wir das Licht, das uns jeden Schritt vor uns sehen läßt. Diese Reise birgt Risiken und zugleich kraftvolle Möglichkeiten in sich. Angesichts der neuen Wirklichkeit, die uns lockt, wissen wir nur eines bestimmt: Wir werden niemals wieder die gleichen sein.

Möchten Sie etwas über Ihren spirituellen Lebensentwurf erfahren?

———————————— ◆ ————————————

Martia Nelson bietet Menschen, die sich Klarheit und Unterstützung wünschen, während sie sich dem Wahren Selbst öffnen, individuelle Readings an. Die Readings werden auf englisch gehalten und können persönlich oder telefonisch erfolgen. Sie dienen dazu,

- ◆ Ihr Gewahrsein des Wahren Selbst und des Lebenszwecks zu stärken;
- ◆ unerschlossene Ressourcen, die Sie in sich tragen, zu offenbaren;
- ◆ Ihren Erfolg und Ihr Glück zu steigern;
- ◆ Sie Mitgefühl für sich selbst und Selbstliebe zu lehren;
- ◆ Ihnen zu helfen, den nächsten Schritt in Ihrem spirituellen Wachstum zu unternehmen;
- ◆ Ihnen zu helfen, Ihre wirklichen Ziele zu erreichen;
- ◆ Ihnen den größeren spirituellen Kontext Ihres Lebens zu zeigen.

Martia Nelson bietet über 80 Audiokassetten mit neuen Informationen an, damit Sie Ihre Reise über die Schritte in diesem Buch hinaus fortsetzen können. Falls Sie an einem kostenlosen Katalog oder Readings interessiert sind, wenden Sie sich bitte an:

> Martia Nelson
> P.O.Box 1932
> Sebastopol, CA 95473
> USA
> Telefon: 001/707/823-4403,
> Telefax: 001/707/823-4463,
> E-Mail: martia@sonic.net

Möchten Sie mehr tun? Sie können aus Martia Nelsons Wissen persönlich Nutzen ziehen, indem Sie einen Workshop in Ihrer Gegend organisieren.

Arian Sarris

EMOTIONALE WIEDERBEBURT

Befreiung von den Fesseln der Vergangenheit

Psychologen und therapeutisch arbeitende Heiler wissen es längst: Die meisten Ängste und die Unzufriedenheit, die einen immer wieder überwältigen, entstammen der Kindheit. Schlechte Erfahrungen wie Mißbrauch, körperliche Mißhandlung, seelische Übergriffe u.ä. brennen sich tief im Gedächtnis der Seele ein. Das innere Kind entwickelt bestimmte Abwehrmechanismen und ist damit ständig flucht- oder kampfbereit. Die verdrängten Gefühle machen jedoch immer wieder durch Phobien, Zwangshandlungen, Komplexe oder Krankheiten auf sich aufmerksam. So holt die Vergan- genheit uns regelmäßig ein. Wir treten auf der Stelle – Entfaltung und ein Leben in Fülle sind kaum möglich.

Arian Sarris geht in *Emotionale Wiedergeburt* weit über die herkömmlichen psychotherapeutischen Ansätze hinaus. Es werden nicht nur traumatische Erfahrungen aus der Kindheit aufgespürt, sondern eine noch tiefere Schicht aufgedeckt: die emotionalen Rückstände, die sich aus früheren Leben „herübergerettet" haben. Auch diese Erfahrungen werden so umgewandelt, daß sie keinen Einfluß mehr auf unser heutiges Verhalten nehmen können.

Einfach auszuführende Erlebensübungen und Visualisierungen sowie spirituelle und feinstoffliche Arbeit an sich selbst bilden das Gerüst dieses einzigartigen Selbstheilungsprozesses auf dem Weg zur emotionalen Wiedergeburt.

248 Seiten, gebunden
DM 34,– / SFr 32,– / ÖS 248,–   ISBN 3-929475-82-0

Erreiche deine spirituellen Ziele

Diana Cooper

DEIN AUFSTIEG INS LICHT

Schlüssel zur Entfaltung deines Meisterpotentials

Wir leben in einer aufregenden Zeit. Zum ersten Mal in der Geschichte des Planeten existiert die Gelegenheit, unser spirituelles Wachstum tausendfach zu beschleunigen und aufzusteigen. Aufstieg bedeutet die Erhöhung unserer Schwingungen zur Ebene des Lichts.

Bevor wir jedoch unsere Lichtebenen erhöhen, müssen wir unsere persönliche Dunkelheit loslassen. Dies bedeutet, unsere Gedanken und Emotionen zu reinigen und zu heilen. Hierzu bietet dieses Buch viele effektive Übungen.

In den 33 Kapiteln erklärt Diana Cooper u.a. folgende Themen, die für jeden Lichtarbeiter von höchstem Interesse sind: Geistführer, Erzengel, Aufgestiegene Meister, die Violette Flamme, Karma, Freiheit, innerer Frieden, Mantren, Rituale, viertdimensionale Chakren, die fünfte Dimension, die Monade, intergalaktischer Dienst, Reiki und Unterscheidungskraft.

Die vielen Fallbeispiele aus dem großen Erfahrungsschatz der Autorin, in denen sich die Leserin und der Leser wiedererkennen wird, sowie die Klarheit des Textes machen dieses Buch zu einem einzigartigen Handbuch für praktizierende Lichtarbeiter. So können wir buchstäblich auf eine neue und höhere Schwingung aufsteigen. Unser Leben wird Freude, bedingungslose Liebe und Einheit ausstrahlen.

176 Seiten, gebunden
DM 29,80 / SFr 27,50 / ÖS 218,–   ISBN 3-929475-76-6

Tashira Tachi-ren

DER LICHTKÖRPER-PROZESS

12 Stufen vom dichten zum lichten Körper

Die mittlerweile auch von Wissenschaftlern anerkannte Schwingungserhöhung der Erde und ihrer Bewohner hat nicht nur Auswirkungen auf das Bewußtsein des Menschen, sondern transformiert auch seinen physischen Körper. Erzengel Ariel beschreibt die zwölf Stufen des „Lichtkörper-Prozesses" und gibt Erklärungen für die vielfältigen körperlichen Symptome, die auf dem Weg vom „dichten zum lichten Körper" auf jeder Stufe auftreten. Es wird klar herausgestellt, daß dieser Lichtkörper-Prozeß keine spirituelle Technik für eine „esoterische Elite" ist, sondern alle Menschen und den Planeten Erde betrifft. Ariel gibt uns Werkzeuge, Techniken und kraftvolle Invokationen, die uns in dieser Zeit des Übergangs helfen. Dieses Buch ist die ideale Ergänzung für das „Handbuch für den Aufstieg" von Tony Stubbs.

„Die beste Erklärung des Lichtkörper-Prozesses, und sie kommt direkt von Erzengel Ariel. Eine Pflichtlektüre für jeden Lichtarbeiter!"

Tony Stubbs

128 Seiten, gebunden
DM 24,– / SFr 22,– / ÖS 175,–   ISBN 3-929475-66-9

Tachyon-Energie –
Der neue Weg zu körperlicher Heilung und geistiger Entwicklung

Christian Opitz

UNBEGRENZTE LEBENSKRAFT DURCH TACHYONEN

Die neue Tachyon-Technologie des Amerikaners David Wagner ist das Tor zur „Medizin der Zukunft" und hat bereits Tausende begeisterter Anwender gefunden.

Christian Opitz ist der führende Experte in Deutschland. Seine Beispiele aus der Praxis belegen das großartige Potential dieses Verfahrens, das die Intelligenz und universelle Kraft der kosmischen Urenergie für jeden Menschen direkt nutzbar macht.

Er zeigt, wie Tachyon-Energie nicht nur für das körperliche Wohlbefinden, sondern auch zur Lösung emotionaler Blockaden und zur geistigen Entwicklung eingesetzt werden kann.

„Ich bin Christian Opitz sehr dankbar für das vorliegende, mit sehr viel Fachwissen und flüssig geschriebene Buch. So bringt er auf seine Weise den Menschen das näher, was sie ins nächste Jahrtausend begleiten wird. Es ist das Jahrtausend der Tachyon-Energie, die, so Gott will, nur zum Wohl der Menschen benutzt wird."

Herbert Hoffmann

128 Seiten, gebunden
DM 24,– / SFr 22,– / ÖS 175,–   ISBN 3-929475-34-0